U0780761

"十二五"国家重点图书出版规划项目

会计经典

1900年前会计的演进

Accounting Evolution to 1900

［美］A·C·利特尔顿 著

宋小明 等 译

立信会计出版社
LIXIN ACCOUNTING PUBLISHING HOUSE

图书在版编目(CIP)数据

1900 年前会计的演进/(美)利特尔顿著;宋小明等译.
—上海:立信会计出版社,2014.6
(会计经典)
ISBN 978－7－5429－4027－8

Ⅰ.①1… Ⅱ.①利…②宋… Ⅲ.①会计史 Ⅳ.①F23-09

中国版本图书馆 CIP 数据核字(2014)第 097202 号

策划编辑　　黄成良
责任编辑　　黄成良
封面设计　　陈　楠

1900 年前会计的演进

出版发行	立信会计出版社		
地　　址	上海市中山西路 2230 号	邮政编码	200235
电　　话	(021)64411389	传　　真	(021)64411325
网　　址	www. lixinaph. com	电子邮箱	lxaph@sh163. net
网上书店	www. shlx. net	电　　话	(021)64411071
经　　销	各地新华书店		

印　　刷	上海中华印刷有限公司		
开　　本	670 毫米×965 毫米　1/16		
印　　张	22.75	插　　页	4
字　　数	297 千字		
版　　次	2014 年 6 月第 1 版		
印　　次	2014 年 6 月第 1 次		
印　　数	1－3 100		
书　　号	ISBN 978－7－5429－4027－8/F		
定　　价	83.00 元		

如有印订差错,请与本社联系调换

会计经典编辑指导委员会

指导委员会

主任委员　葛家澍　郭道扬
委　　员　(以姓氏笔画为序)
于玉林　王庆成　王松年　成圣树
吴水澎　汤云为　张文贤　张以宽
杨宗昌　徐政旦　盖　地　傅　磊
常　勋　裘宗舜

编辑委员会

主任委员　邵瑞庆
委　　员　(以姓氏笔画为序)
李颖琦　邵　军　张维宾　曹惠民

谨以此书献给

H·R·哈特菲尔德

其名作《簿记之历史性辩护》为本书带来灵感并成
为本书效仿的楷模

前　言

　　受过一定教育的每个人都会认识到,历史上所发生的事件的意义不仅仅在于事件本身,更重要的是其所产生的影响。这种意识在学校或社会中产生的时间可能有早有晚,然而,不论早晚,只有当萌生这种意识之后,人们才会直觉地意识到历史的重要性。起初,人们认为,哥伦布航海只是希望开辟通往印度和中国的海上航线,后来才意识到抵达东方的许多更为重要的意义。一开始人们认为,抵达中国只是为了寻找新的贸易对象,后来才发现,与其说整个东方是新的贸易对象,不如说是早已有之的贸易伙伴。不久之后,一些学者在其著作中将1492年的事件与先前1453年所发生的事件联系起来进行考察,对此有了更全面的认识。人们因为发现了这些事件间的联系而倍感兴奋,历史学家的雄心壮志一定程度上也因此备受鼓舞。

　　历史于人大有教益,且具有充分的感召性。每当紧要关头,唤起对历史的回忆,对于认识不断变化的事物皆大有助益。我们总有必要对各种思想观念不断作出哪怕是很谨慎的修正,对各种方法进行耐心细致的调适与修复。除了历史,我们还可从何处获得更多觉悟?

　　历史亦锤炼人的洞察力,从而使人借此作出更好的权衡。倘若只是直接观察当今之人与事,而不用源自过去的恰当知识进行检验,则很难作出明智的抉择。其原因在于,当今事件相互之间未必有着必然的联系,而且尚处在不断变化之中;有关证据可能是支离破碎的;各种不合逻辑的成分可能与后来证明具有根本性作用的部分相混杂。事物总是处在不断变化之中，然而，要预判其变化方向却非易事。有了良好的洞察力，则可将许多不合时宜的建议置之一旁，而从以前曾经尝试过的各种较好的建议中找到可行的路径。

就会计史而言，和一般历史一样，在其整个过程中，各种事件是彼此相连的，并以变化为其永久性特征。或许，在这个特殊领域中，不像在国家事务中那样对洞察力有着极高的要求。然而，会计仍处在演进之中——而当今可能正处在一场伟大变革的中心。如果我们不具备很好的历史洞察力，势必无法了解这一趋势。如果无法明了这一趋势，我们将无法在整个发展中自信地作出明智的反应。因而，即便在今天这样一个忙碌的世界中，我们仍然有必要掌握一些有关过去簿记与会计发展的颇为有趣的历史知识。

然而，我却并不渴望自己能够写出一部簿记史——我深知自己实在缺乏大量查阅档案史料所需的那份耐心；而且，除此之外，对于早期簿记历史，已经有好几部极为优秀的著作做过大量描述，值得细心研读。因此，本书第一编只是对复式簿记发展为一种经过精心设计、颇为完善的记述和计量工具的漫长演进过程作了简要的重构。

我也未曾希冀将本书写成一部会计史。虽然我在第二编中概略描述了由简单事务记录或簿记业务扩展为会计这样一个重要的知识领域的过程中所发生的环境变化，但却不过是一个粗浅的开端，真正要开发出一片新的领地，还需后人作更多、更好的努力。

或许本书仅仅可供人们在闲暇之时当做消遣来读。然而，如果本书有幸被认为揭示了簿记和会计发展中的一些推动形式，并让读者懂得了经济力量、企业组织、工业技术和社会增长与个人雄心、理想、计划及失败之间的综合作用，本书便不失其存在的价值了。

对 M·H·鲁宾逊教授，我有着难以言表的感激之情。他对有关公司发展的精湛学识使我首次认识到公司发展不仅造就了现代生活，对会计的发展同样有更大的促进。我还要感谢 H·L·纽科莫、W·F·弗里斯和佩里·梅森，他们对本书若干章节提供了极具建设性的意见，具有特殊价值。在本书第一编的某些部分，我大量采用了理查德·布朗在 20 年前所作的著名的历史性描述，引用了荷兰权威学者 P·卡兹的不少文字，他近几年的学术研究使我受益匪浅。在此谨向他们表示诚挚的敬意。

A·C·利特尔顿

1933 年 5 月于伊利诺伊州

目　　录

第一编　复式簿记的演进

第二编　由簿记向会计扩展

第一编
复式簿记的演进

第一章

簿 记 的 地 位 [①]

　　我们可以大胆设问：会计作为一种最近才被认可的职业，是否得到了一定程度的尊重？它是否像水晶球或看手相那样具有一定的预测功能？

　　即便最终依然无法得到完全证实，我们至少可以根据以下三项因素对会计的基本地位作出推测：首先是其源流，其次是公司经营的发展，最后是为社会提供的服务。我们可以从这三方面对会计进行考察。

　　古代社会并未提出有关会计的问题。我们将圣方济会修士帕乔利（Pacioli）视为现代会计之父。他出版于 1494 年的著作，不只是第一部印刷版代数著作，也是第一部簿记教科书。那是一部名为《数学大全》[②]（*De Computis et Scripturis*）的薄薄的小册子。

　　抛开其著作，对帕乔利本人我们所知甚少，但其学术地位却是毋庸置疑的。他是一位重要的数学家（如果不能称其为伟大的话），最初任教于佩鲁贾大学，后来又执教于那不勒斯、比萨、佛罗伦萨、博洛尼亚等地。他的职业生涯终于荣誉的巅峰：1514 年，罗马教皇利奥（Leo）十世任命他为"基督教世界最高学府"罗马大学的数学教授。

---

① 本章实为亨利·R·哈特菲尔德的经典之作《簿记之历史性辩护》的节略本。
② 该书又译为《算术、几何、比及比例概要》。——译者

他的大学执教生涯曾在 1496 年因被路德维克·伊·莫洛（Ludovico il Moro）公爵招往米兰而一度中止。这位公爵的宫廷曾是学术与文化交流的中心。他的征召是一种极大的荣耀，就像亚当斯（Adams）被派往中国，霍莱德（Hollander）被派往波多黎各，博加特（Bogart）被派往波斯一样。帕乔利被派往米兰，标志着他崇高的学术地位得到了公认。

帕乔利在米兰同许多上层人物有频繁交往，最有意义的则是与他同时代最杰出的艺术家与伟大的天才达·芬奇（Leonardo da Vinci）的交往。他们两人结下了深厚的友谊。达·芬奇自己就曾讲过，帕乔利的《数学大全》一出版，他便买了一册，后来他与帕乔利合作出版了《神圣比例》（*Divina Proportione*）一书。该书由帕乔利撰文，达·芬奇绘制插图。

今天，我们无需阅读帕乔利的原著，通过杰斯贝克（Geijsbeek）灵活的英文译本及最近克瑞威利（Crivelli）的译文，即可领略帕乔利著作的精神。这部著作很值得一读，不仅因为其为第一部簿记学术著作，还因为其文字表达之奇异，叙述之朴实精炼，以及文风之得体。

帕乔利的《数学大全》一书在簿记这一主题的探讨中具有支配性地位，这种情况是极为罕见的。在出版后的大约 150 年内，该书以英、法、德、意等多种文字出版。此外，还有低地国家①文字的译本。较好的是在帕乔利著作基础之上的修订，最糟糕的则是违反作者意愿的完全的照搬照抄。然而，在后来近 4 个世纪中，逐渐出现了一些有关簿记的小问题。其原因是帕乔利的开创性工作所具有的强大影响力持续了太长时间，如同我们的外衣衣扣，经过长时间磨损，必然逐渐失去原有的光泽。

让那些患有失忆症的人为自己的功劳而尽情炫耀吧。帕乔利的开创性论著虽然不可能做到完美无缺，然而他却清晰地说明了今天的人们所懂得的簿记的基本内容。那些狂妄者们罔顾这样一些基本事实：在帕乔

---

① Low Countries，荷兰、比利时、卢森堡的总称。——译者

利写这部书时，化学带有异想天开的炼金术的神秘色彩，地质学充斥着不可思议的谬误，医学则远较今天更为落后。

我们最好还是看看这门学科（如果不能冒昧地称之为科学的话）在古代与自然科学相比如何显得更加重要。我们无需追溯到这门学科的萌芽时期，只需看一看簿记在其初创时期的地位即可。它首先是由中世纪的大学教授进行体系化的，自然科学的体系化（并非源自远古时期黑暗中的探索）则是由哈佛学院（Harvard College）的一位早期成员所完成。这一比较使我们更加确信，簿记的内容比自然科学更为丰实。① 我们不能罔顾其基本内容而武断地将其归入社会科学的范畴，而且，一般来讲，它们之间并无相互渗透的关系。

像帕乔利一样，查尔斯·莫顿（Charles Morton）在他那个时代也是一位著名的教师兼牧师，在帕乔利使复式簿记体系化差不多两百年之后，簿记才从英国被介绍到哈佛。莫顿即使不是教授起码也是副院长，他的学术著作被学院作为教科书使用。

然而，他却将候鸟的迁徙解释为②：每年秋天鸟儿飞行 20 万英里飞往月球。而在一部教科书中，他将地震解释为"由于风的滞留而使地球上出现骚动、发生爆炸、打击和震动"。或用诗句表达为：

> "当大地母亲陷入痛楚，
>
> 风神在暗洞中嬉戏。"

这种解释与加利福尼亚大学一位地质学教授的教义有异曲同工之妙。据说，当该地质学家作为专家证人出庭时，控方律师曾愚蠢地试图嘲笑教授对知识的自负，问道："你为什么要假装连地壳中发生什么事都知道？"对此，该地质学家回答："我根本不知道地球还有什么地壳！"

---

① 作者在此所要表达的意思是：使簿记体系化（以《簿记论》的出版为标志）的是十分著名的意大利大学的知名教授（帕乔利），而使科学体系化的则是哈佛学院的一位早期成员。不但学院与大学不可同日而语，知名教授与普通成员的差异也是显而易见的。由此证明簿记的非同凡响。——译者

② Meriwether，*Our Continental Curricula*，page 190ff.

如此看来，仅仅两百年前，在一流的美国大学中，所谓科学还只不过是各种谬误和奇谈的集合。而在四百多年前最早出版的第一部簿记著作中，簿记学的内容却已经得到极其规范的反映，而且其大部分内容迄今依然流行。簿记是否可以因此宣称其有荣耀而古老的血统？它是否可以作为一门新兴学科，与地质学、化学、园艺学、社会心理学、商务英语、生理学、蔬菜学和耳鼻喉科医学以及大学所重视的其他课程相抗衡？簿记像圣方济会（San Francesco）一样，同样是由阿西西（Assisi）圣方济各（St. Francis）① 的追随者所建立；它以数学为摇篮，与代数学同源；它又是在一所著名学府的支持下所建立的。所有这些，皆证明簿记有着极为荣耀的学术渊源。

　　有关簿记的第二部著作也是由一位非常杰出的人物所完成的，其名为哥里门德（Grammateus）或斯克里波（Schreiber）。像帕乔利的一样，他也将簿记与代数有机地结合在一起。其著作出版于 1518 年，是第一部有关簿记的德文著作。

　　紧随哥里门德之后的是杰罗姆·卡登（Jerome Cardan）。他是一位性格豪放、成就斐然的学术名流，同时又是占星术大师、物理学家、科学家和数学家。他曾先后在帕维亚和博洛尼亚担任医学教授。他也写了一部融簿记与代数于一体的著作（1539 年）。理查德·加尼特（Richard Garnett）认为，卡登这部著作开创了数学史上的新纪元，首次对三次方程作了全面解释。埃弗雷特（Everett）称之为对代数学文献最有价值的贡献之一。作为物理学家的卡登也是声名卓著，曾被征召到苏格兰去陪伴大主教。作为占星师的他也名气很大，曾应邀前往爱德华六世（Edward VI）的宫廷卜算国王的出生。不过，他最出色的表现还是在科学领域，他的见解远远超越了他所生活的时代。加尼特说过："卡登是天才圣杰，是欧洲科学复兴中最受人们爱戴的名流。他具有真正完美的科学精神。

─────────────

　　① 圣方济各（意大利文为 San Francesco，英文为 St. Francis），1182 年生于意大利阿西西（Assisi），卒于 1226 年 10 月 3 日，是圣方济会（又称"小兄弟会"）的创始人。——译者

作为数学家，他取得了极大的成就，而他作为诗人的成就也不可小觑。"然而，倘若观察他的生平，便会发现卡登总是麻烦不断。他曾沉溺于赌博，因负债而入狱，被逐出米兰，后又被免去教授职务，被监禁一段时间后被释放，被禁止执教，最终不得不靠领取救济金在罗马了却残生。

可以看出，这三位在簿记方面作出了杰出贡献的人物，在其他领域的成就远大于簿记方面，他们并非一心专注于簿记。然而，可以肯定的是，簿记在其早期历史中——如果不能算作是簿记的初创时期的话——的地位是极为崇高的，因此，作为会计人我们丝毫不必感到羞愧。

如果进一步扩大调查范围，我们便会发现，布朗所列的 1800 年前的簿记著作人名单，虽然仅有区区 150 人，但其中很多人在簿记以外的其他领域中享有极高声誉。这些人并非视野狭窄的某一方面的研究专家。我们发现，他们中既有代数学、航海学、光学方面的权威，也有外贸监察官、《1763 法国法》起草人、天文学家、法语语法专家、火药专家以及浸礼会的史学权威。这些人的大名在《大英百科全书》中都可以找到，但不是列在有关会计或簿记的条目之下（这方面的条目往往是微不足道且很难令人满意的，对其历史的描述往往谬误百出），而是列在代数、照相暗室、聋哑、地球形状、筑城与攻城器械、地心引力、微积分、保险、对数、数表、自然对数和航海术等条目之下。

名单上有三位需要特别提及的，一位是西蒙·斯蒂文（Simon Stevin），康托尔（Cantor）曾经讲过，他是一位荷兰数学家，然而他的成就却是多方面的：他发明了一种不用马拉就能自行运转的旧式车辆；他第一次解决了一些关于多面体的问题，证明了在一个斜面上的平衡定理；他发现了流体静力学悖论；他以月球运行规律来解释季节；他发明的护城术被军官、政治家、士兵多次运用并获胜；他还第一次引进了十进制。1602 年，为了培养他的学生奥兰治（Orange）王子，他还写了一部包括簿记内容的著作。

还有一位是查尔斯·赫特（Charles Hutton），他在 18 岁时由矿工转行做了牧师，后来在伍尔维奇担任皇家学院教授、皇族随行外事秘书（简表上的其他 3 位亦兼有此身份）。他最著名的贡献也许是计算了地球的经纬度，这一成就得到了拉普拉斯（Laplace）的认可，经过多次激烈的批评、检验，被证明是极为巧妙的方法，难以推翻。他还是一位作家。莫迪拉（Montucla）讲过，他对圆锥体断面的论证严谨而明晰，他关于火药的论文荣获卡普勒（Copley）奖，他还获得过爱丁堡（Edinburgh）大学法学博士学位。这位杰出人士认为地球是一个平面。在簿记方面他也写了一部著作，其中许多想法引起了数学界和商学院诸多人士的关注。

另一位是罗伯特·汉密尔顿（Robert Hamilton），他在经历了多年银行家生涯之后，开始在阿伯丁任教，起初担任自然哲学教授，后来转而教授数学。不过，作为经济学家的他却更负盛名。他揭露了皮特（Pitt）偿债基金的谬误。他还是一位极具叛逆精神的机智的英国政治家。他的身份如此显赫，却也著文论及簿记，簿记之重要由此可见一斑。

对 1800 年前的作者作这种调查往往会受到多方面限制。从那时起，仅有两位著者未被忽视，一位是奥古斯塔斯·德·摩根（Augustus De Morgan），其盛名传扬四海。他对簿记兴趣甚浓，人们甚至认为，簿记中许多重要内容乃是基于摩根的建议发展起来的。还有一位是亚瑟·凯莱（Arthur Cayley），他曾放弃剑桥大学数学教授职位，花 30 年时间写了一本极负盛名的著作，即《复式簿记原理》（*The Principles of Double-Entry Bookkeeping*）。

这些引证与其说是为了说明那些撰写簿记著作的人，毋宁说是为了说明那些对簿记作出解释的作者的情况。这一段史料性文字是为了树立这样一个信念，即：簿记是值得才智之士关注的，因此不能对一般商学院有任何轻视或贬黜。

然而，并非所有作者在这方面都有所建树。像哥里门德，作为数学家他身居高位，作为簿记作者，他却很难超越前人，因而无法得到赏识。但作为德国人选择在这样一个高难度的领域从事写作，他却仍属第一人。

他出版了一部簿记著作，对此，诺·弗哥（Row Fogo）曾言道："他绝不可能知道自己试图说明的是什么，这让人迷惑不解。"还有卡登，在科学上，他独树一帜，是个十足的天才，作为簿记作者他却十分平庸。还有柯林斯（Collins），享有皇族权贵的崇高地位，他在簿记方面的著述却从来未在这一学科的历史中被提及过。再如汉密尔顿，在这方面，他的成就绝对担当得起赞誉，他曾成功地帮助英国政府解决了颇为棘手的经济问题，而《大英百科全书》上却说他的簿记著作被人们遗忘了。作为著名人物可以从事簿记方面的著述，但却不一定会写得很出色。我们确实很难有足够的把握，说一个特殊天才便可以在簿记研究方面取得巨大成就。

以上事实证明这些人在社会中具有极为重要的地位。那么，会计是否也是如此？这一问题或许可以这样来回答：簿记的出现并非由于偶然，而是明确地表现为对一种社会需求的反应。这一点，帕乔利的时代如此，在今天的时代更是如此。

簿记产生于 15 世纪末，并且是诞生在意大利共和国，这是有着特殊意义的。众所周知，那是一个人类大觉醒的时代，商业获得了极大发展。作为少数几个对这一领域感兴趣的历史学家之一，塞尔维金（Sieveking）曾经说过，簿记的产生乃是建立大规模合伙组织所导致的直接结果，也是商业扩张的重要标志。

但是，在其后数世纪，簿记却处在一种半休眠状态，直到帕乔利的著作出版近 400 年之后，才开始突然觉醒。大量全新的著作出现，不论数量还是质量都是前所未有的。大学也开始认真教授这门学科。在那之前，该学科在学术上的声誉却是不怎么样的。

为什么一门在 1500 年前就已经在讲授的学科会再次拥有如此高的声望？答案很清楚，似乎用不着多作解释。19 世纪末乃是以商业的极度扩张为标志的，其程度比 15 世纪末更甚。那时，大型公司制企业（一般称之为托拉斯）大量涌现，在美、英、德国成为一种十分普遍的现象。如此则出现了价值亿万的大公司。也正是在此时，会计开始觉醒——并非因为某种奇异的巧合，而是作为对社会需求的必要反应。加克（Garcke）和费尔斯（Fells）开始有关成本会计方面的著述。紧随皮克勒（Pixley）之后，迪克西（Dicksee）也开始大量撰写有关公司会计方面更精深问题的文章。英国设立了特许会计师协会（Institute of Chartered Accountants）。美国各州也开始以纽约州为范例颁发注册会计师（Certified Public Accountant）证书。人们发明了加法机，开始在记账业务中使用对数表。随着有关著作大量涌现以及各种惯例被不断遵循，会计开始正式出现。

从某种意义上说，正是所有权的分散化和所有权与控制权的分离这些公司制企业组织的基本特征，赋予了会计全新的意义。如果说，独立的个体商人被合伙组织所取代就已经要求改进簿记方法，那么，当合伙企业被拥有数以万计的所有者的公司组织所取代，是否需要簿记有更大程度的改进呢？

更为重要的是，公司组织形式能够使现代化大生产所必需的大量固定资产投资成为可能。固定资本的大规模使用，极大地增加了确定给定年度赚得利润的难度。在这方面，帕乔利并未提供任何有益的建议。在他所生活的时代，充斥在商业活动中的不过是一系列互不相干的投机活动。船来船往，商队往返，今天可能是和梅塞尔·胡安·安东尼奥一起在法国羊毛上作冒险投机，明天则可能是在调料生意上孤注一掷。当这些投机到期后，就可以确定在整个交易中所赚得的利润——确实有点粗糙，但却相当满意。对于尚未完成的交易，则无需作任何处理。

与此相反，当今企业则是一个连续体。机器设备往往要服务多年，厂房建筑会长期矗立，铁路建成后将永久使用。工业生产则是由原材料、在产品和产成品所构成的一个不间断的流转过程。费用的发生成为一种常态，而不像商队费用那样，仅仅是针对某一种货物而发生。然而，尽管社会已经工业化，人们却依然奇怪地保持着农业时代遗留下来的传统。

年复一年的时光流转，时间对他们具有重要意义，因为随着地球围绕太阳旋转，播种与收获会随着时间进程周而复始地发生。人们依然如故地认为，必须按照这种时间循环的周期来计算产出的结果。我们需要了解一个企业一年的所获究竟有多少。我们必须了解，是因为优先股和普通股的互换性权利可能同时发生改变，当然，这取决于利润究竟是计入十二月份，还是计入来年一月份。为了满足计缴所得税的需要，我们也必须了解利润。为此，会计师需要去完成一项几乎让人绝望的任务，把连续的经济活动武断地分割成一些毫无意义的时间段，称之为年度，并把各种成本适当地分摊到每一年度，包括使用年限长达50年的建筑物，使用年限为20年的机器设备，使用年限为10年的鼓风炉，以及十二月份购入、需在开春前用完的煤炭。

会计师的问题，十之八九源自需要按年来表示计算结果。对此会计师常会感到十分棘手。任何人，只要打开这方面的教科书，或者面对错综复杂的所得税问题，都会发现这一问题远未得到解决。

以上各段试图通过表明会计在其起始阶段甚至在学术上也是十分令人起敬的，从而去除加在会计上的污名。我们表明了，虽然会计的声誉曾经不是很好，但它却始终吸引了许多才智之士的关注。我们还证明，会计是应社会需要而生，因为其功用在于明确责任，防止欺诈，指导产业，确定权益，解决企业中最本质的问题——我的利润是多少？帮助政府进行财政运作，指导企业经理人员努力保障效率。这些成就难道不足以引人瞩目？许多令人崇敬的人物都曾对此作出肯定的回答。浪漫主义作家斯科特曾宣称，会计是一个令人尊敬的职业；作为通才的歌德认为，簿记是人类思想中最伟大的发明之一；当之无愧的科学家凯莱则更庄严地宣称："簿记是两门最完美的科学之一。"

第二章

复式簿记产生的前提条件

　　复式簿记产生的前提条件（或构成要素）（也就是那些在当时通过相互作用使得复式簿记的产生成为必然的诸种因素）尽是些人所共知的东西。其中有些非常古老，但大部分都是显而易见的。依我之见，以下诸种当属不可或缺的因素：

　　书写艺术，簿记首先是一种记录；**算术**，簿记就其技术层面而言乃是由一系列简单的计算所构成；**私有财产**，簿记所关心的只是有关财产及产权的各种事实；**货币**（即货币经济），在将所有有关财产及产权交易按这一相同度量因素予以简化之前，簿记是不必要的；**信用**（即未完交易），如果所有交易均在同一时点完成，其对记录的推动作用将是微乎其微的；**商业**，只是本地交易尚不足以产生足够压力（交易量），使人们将各种不同的概念融合为一个系统；**资本**，若没有资本，商业交易就只能是小买卖，信用交易也将无从产生。

　　以上因素是复式簿记的基础，缺失任何一项，复式簿记都不可能出现。如果不存在财产或资本，就没什么可记录的了。没有货币，交易就只能是物物交换；没有信用，每项交易就会当场结清；没有商业，对财务记录的需求就不会超越政府税收的范围；书写艺术与算术如果有一样缺失，簿记就会失去载体。因此，它们属于簿记的必要条件——没有这些要素，复式簿记将不复存在。各种有利可图的商品交换和信用交易为簿记提供了再加工材料；作为交换媒介的货币，用来计算价值、价格、收益等的算术以及作为永久性记录手段的书写，为此提供了一种语言，用做对处于我们观察和控制范围之内的各种材料进行描述。这些要素总体上可作如下分类：

1. 一种材料（需要再加工的东西）

（1）私有财产（改变所有权的力量）。

（2）资本（供生产使用的财富）。

（3）商业（商品交换）。

（4）信用（现在使用未来商品）。

2. 一种语言（用以表现材料的手段）

（1）书写（永久性记录手段）。

（2）货币（交换的媒介，价值尺度）。

（3）算术（计算手段）。

上述要素在适宜的经济和社会环境刺激下，便会产生。

3. 一种方法（一种可以系统地将材料转化为语言的设计）

这种方法就是簿记。

这些要素虽属根本，但也不是说，它们在历史上全都出现，就一定会产生簿记。在古代社会，所有这些要素都曾以某种形式出现，但在早期文明中却并未产生我们今天意义上的复式簿记。

比如，书写本身的历史就和人类文明一样古老。古巴比伦的抵押文书以楔形文字形式刻在黏土板上，古埃及的税收记录则是以象形文字书写在纸草上。这些内容在 4000 多年后的今天依然可读。但是，这样的书写并不意味着复式簿记，虽然簿记必须书写，但簿记并不仅仅是书写。

正如我们所知，算术作为对数字符号简便而系统的处理，在古代世界并不存在——尽管希腊人在几何学方面曾经取得巨大进步。数字可以用字母表中的字母来表示，这是事实，但算术运算却很难——即便是简单的加减法。在当时，缺乏简便的计算手段对有组织的财务记录构成极大障碍，后来这种手段的出现则为记录提供了极大便利。

财产当然也是簿记产生的必要条件。没有财物的占有、使用和处置权，就没有任何理由去"记账"。在远古文明中，尚未出现与产权相伴的其他足以产生簿记的环境条件。通过战争或榨取奴隶劳动而获得的财产，可能被用于奢侈的炫耀或发动下一场战争，总归不会是生产性活动。在这种条件下，对簿记最大的需求，可能通过一种所谓"储藏会计"（stores accounting）而得到满足，它所能说明的仅仅是有多少财产可供使用。古埃及会计如此，古罗马族长的财务记录也好不到哪里去——都不过是简单的收支记录而已。

即使在书写和私有财产因素具备的情况下再加入"货币"因素，也不可能产生复式簿记。这三项因素使得以货币作为价值尺度的有关私有财产的书面记录成为可能。但依然缺少从可能转变为现实的刺激。

由远古时代的货币兑换业延伸出来的信用也是复式簿记赖以产生的条件之一。但它对促使完整系统的簿记产生并无太大作用。如同当代典当行一样，那时的贷款大多以贵重物品为抵押。在古代社会，借钱的目的一般并非为了从事商业活动，而是为了生活所需——为了消费而不是为了生产或贸易。事实上，直至中世纪之前，贷款活动都很难称为信用业务。基于财产抵押的贷款对出借人来说实际上是已经完成的交易。如果借款方不再赎回其抵押物，将是他自己的损失，而不应归责于出借人。因此，在那时不会有进行系统记录的动机。

在远古社会，商业并不发达，从而无法促使簿记产生。腓尼基人在3500年前是地中海东部沿岸的大商人，据说现在有26个字母的字母表就是由他们发明的，但他们是否可以为我们提供复式记录，却令人怀疑。实物交换并不需要簿记。我们所指出的作为簿记产生的前提条件的"商业"并不是指易货交易，而必须是大范围的商业活动。只有如此才能产生巨大的交易量，为复式簿记的产生形成足够推动力，这种情况在远古时代并不存在。当时的商品交易量很小，主要是因为人口相对稀少并且大多只能自给自足，只有少数人拥有财富，其他大都是购买力极低的奴隶、农奴及贫穷的工匠。此外，交易商品的供给量也非常有限，交通运输极为不便。有助于形成复式记录的商业应该是有利可图的商业，因为这是积累资本的最佳手段，然后资本可以投入再生产，从而产生更多资本。

资本的匮乏或许是远古社会无法产生完整簿记的最根本原因。那时还没有生产资本概念，农业社会发展阶段绝对不是将资本作为生产要素考虑的最佳时机。这一时代之后很久才是手工业时代和商业时代，再后来是工业时代。后面这些阶段应该更适合簿记的发展。但是，直到几次蛮族入侵将罗马文明的残留彻底赶出欧洲，古代史结束，这些阶段才开始。

从财富意义上来讲，古代世界也存在资本，但只是财富的存在并不意味着构成复式记录的其他条件也同样存在。大理石宫殿及秘密窖藏中的财富并不能为产生协调的财务记录系统创造适宜的条件；其他形式的财富则可以做到，比如那些以商品和船舶形式存在的财富，它们是活跃的、不停地周转和变化着的，并因此而获得不断地增值。这种形式的财富会带来问题、疑问和希望，在努力寻求答案的过程中，人们逐渐找到各种记录方法，并通过不断改进满足其需求。换言之，古代社会的财富尚没有能力使自己成为作为复式簿记产生前提条件的那种意义上的"资本"。

事实上，如前文所述，所有上述复式簿记产生的前提条件在古代文明中都曾以某种可辨识的形式存在，但在当时却并没有像后来那样产生簿记。为什么后来会产生呢？答案可能在紧接黑暗时代之后的那个特殊时期的历史特征中，在景象与环境的变化中，在人们变化着的渴望和兴趣中，在人们的需求与当时流行观念的品质差异中。

就背景而言，至少有 11 个世纪，整个文明的景象是很令人沮丧的。在罗马帝国最后的日子里，政府由一帮腐败的官僚所组成，他们既缺乏政治理想，也缺乏对远处他方的帝国皇帝的热忱和责任。人民在贫瘠的土地上艰难地挣扎求生，被沉重的税负压榨殆尽，贫困、虚弱、衰落——也就难怪那些来自各行省的、曾经是奴隶和下层军人的勇敢的蛮族人，很快会变为军官，不久之后又成为政府官员。在 15 世纪的最后一季，一位蛮族将军被加冕为皇帝，对君士坦丁堡仅仅是在姿态上有一些感激而已。早已松懈的政府管制因此变得更加松懈，巨大的混乱蔓延至整个欧洲。这是一个漫长的黑暗时代，充斥着个人主义和激烈的小集团的争斗，其间尤以爵位之争以及国王与教皇间的争斗为甚。

曾经几个世纪，教育实际上已经消失；现世的生活变得了无生趣，有识之士就将生活目标转向了为来世作准备。只有教会对人类尚存信念，也只有教会继续对野蛮人进行文明教化，使人类智识活动的火种得以传留①。千年之后，这些尚存的文明的确取得了很大进步。欧洲带着浓烈的宗教热情、封建情结和骑士理想主义进入了中世纪。在整整 10 个世纪之后，整个欧洲才开始第一次以一种统一的姿态，联手开创一项共同的事业。

1075 年，土耳其人占领耶路撒冷，在不到 25 年的时间里，欧洲的成年精英因为同一个理由不断南移，其宗旨乃是应教会之约重新夺回圣地。在随后的 200 年中，人性的涓涓细流，时而汇成巨浪，潮起潮落，随着十字军东征的步伐在欧洲大地上奔涌。耶路撒冷得而又失、失而复得。其实这对文明的进程而言，正如后来所证实的那样，根本无关宏旨。它所带来的结果与最初的意图其实毫无关联。

这场伟大运动所造成的意外后果，首先体现在意大利北部城市共和国——威尼斯、佛罗伦萨、热那亚——中，它们一直保持着与东方的贸

---

① 在 6~8 世纪，所有保留下来的西欧古代思想的精华都保存在本笃会（Benedictine）修道院中。"所有科学努力的目标在于……学习算盘的使用、记账以及了解确定复活节日期的规则。"巴尔，《数学史》，第 123 页。

易关系。在这种贸易中，它们逐渐变得强大。尤其是威尼斯，已经成为一股非常强大的海上力量。它不仅不断向众多海盗船队开战，而且在各战略要地建立贸易站，在可能的情况下会通过条约，必要时则动用武力。这样，当别人需要他们提供交通运输或供应方面的服务时，威尼斯及其他城市共和国就能够及时供应并从中获利。

不过，对后来的发展而言，与对运输业的促进相比，更重要的是它极大地刺激了欧洲大陆对东方商品的巨大需求，同时也促进了本地手工业的发展。十字军战士和随军人员从富庶的东方返回自己落后的家乡之后，再也无法轻易地对自己老旧的生活方式满足。他们希望得到更多东方商品，因此开始着手生产可用来交换的商品。在此过程中，他们的技能也得到了提高。

在此有两个因素刺激了商业的发展，是这个世界中前所未有的：一方面，在北欧过着艰苦生活且数量不断增长的人们渴望得到远方的产品，并乐意通过工作去获得它们；另一方面，在近东有着丰富的商品资源，而近东则是连接不久之前刚刚达到文明巅峰状态的远东国家的纽带。在古代历史中，就商业发展的潜力及实际结果而言，没有哪个时期是可以与这时的情形相比拟的。因其巨大的规模和自由，这样的商业所能达到的成就，是以前任何时候都绝不可能达到的。

古代文明社会大部分处于农业经济发展阶段，当时占最大数量的是奴隶和农奴阶层，他们没有购买力，物物交换是最常见的交换方式，商人充其量只是小商小贩而已。然而，中世纪意大利北部居住的却主要是商人而不是农奴或占有土地的贵族。商业成为主要活动，财富迅速积累，学术与艺术也随之走向繁荣。读写从前只是少数学者的专利，但是现在这种能力在威尼斯商人和银行家中甚至比在外地的修道士中还要普及。学者一直以来就在写作，但是商人中直到现在才第一次有人能够将交易中应该记录的资料记录下来。产权对早些时候作为奴隶的民众而言几乎毫无意义，现在的自由民则可以自由地拥有它。在意大利富庶的城市共和国中，有着近 10 个世纪以来最稳定的政府，财产的私人拥有得到广泛承认与完善的保护。对这一稳定的政府，需要特别注意的是，它特别强调作为交换媒介的货币所具有的重要意义，而这一点几个世纪以来却鲜为人知。正是这一点加速了完全货币经济的到来。

显然，非常古老的货币制度、产权和书写艺术恰好在一个远古时代不可能存在的环境中显露了活力。文艺复兴不只是艺术的觉醒，商业、资本、信用及算术这些簿记的基本要素也同时觉醒，它们集中反映了环绕在其周围的文艺复兴的精神；相对于远古时代的历史，此时的它们似乎又获得了新生。

在 1096—1272 年间，运送大量十字军士兵东征，同时向他们供应各种必需品和装备，是一种有利可图的生意。这是一个新的商业发展的基础。十字军是东部生活用品和商品贸易的获利之源，它极大地刺激了贸易的发展。同时，几个世纪以来，十字军游走于意大利北部城市之间，所以很显然地，资本首先在这些城市迅速积聚起来，而且准备了扩大生产和贸易所必需的雇佣劳动力。

与以船舶形式存在的财富相比，古代文明中以宫殿形式存在的财富是迟钝且很不活跃的。中世纪意大利的城市国家，在 1200—1500 年之间，资本却大量投入到生产之中。贸易可大可小：富有的商人拥有自己的船队并利用其资本满载而归；那些中等境况的人通常作为任职合伙人（active partners）利用隐名合伙人（silent partners）的资本去投机。其他一些人则采用更保守的方法，那就是给有自我保护能力的船队和政府贷款。此乃早期信用交易的实例。

借钱给政府标志着投资银行的发端——许多人参与到一笔贷款中。早在 1178 年，热那亚商人就专门为政府设立了一项基金，用以保障国库安全和军队远征。这一金融业务后来发展为著名的圣乔治银行（Bank of St. George）。威尼斯银行的起源与此颇相类似。1171 年，商人预付给政府黄金就可以获得可转让账面信用证（transferable book credits）。早期一些交易的规模是十分令人震惊的。例如，在 1307 年，一个商人团体借给佛罗伦萨共和国 700 万金弗罗林（约合 1 500 万美元），不久之后（1340 年）又借给英王爱德华三世（King Edward III of England）价值 400 万美元的金弗罗林。

为了给积累下来的大量资本寻找出路，当时的大商号开始插手尚未发展完全的商业银行业务。事实上，不久之后这便成为一种必然，因为交易量越来越大，以致必须防范路途上的风险。早在公元 1200 年前，汇票就已经出现。一个世纪后，由于汇票发展如此之快，以至于必须建立行会来对银行的行为进行规范。行会要求成员银行必须作好记录，并接受行会代表的突击检查。当然，模糊不清、错误和弄虚作假的记录将受到严厉责罚。

至 1230 年，佛罗伦萨及其他地方银行的代理机构已经遍布整个欧洲。这些机构除代理正常业务外，还负责代收大部分教皇收入，并通过银行分支机构办理票汇业务。一个世纪后，这种代理关系得到了更广泛的发展，对此我们或许可以佩鲁兹（Peruzzi）商号为例予以说明。该商号拥有 16 个分号，分布在欧洲及地中海沿岸国家，并有 130 位代理商负责打理利息业务。大多数商号的主要活动是贸易，自然，除此之外还开展银行业务，因为很早以来这两类业务就是密不可分的。

从 1200—1500 年的 300 年间，算术与其他簿记要素一同静静地发挥其应有的作用。古代社会因无法进行简便的计算而受到极大阻碍。希腊人用字符表示数字，罗马人的数字体系则更不完善，这使得他们无法进行简便的计算。中世纪欧洲开始从阿拉伯人那里学习算术，才使这种状况得到了极大改善。

有一点小疑问，即为什么意大利商人会在讨论算术的手稿出现在欧洲之前就已经掌握了早期商业算术的基本内容？他们与北非及君士坦丁堡的阿拉伯人素有往来，这一事实，或许可以对此作出一定程度的解释。1202 年，阿拉伯数字和计算方法由比萨的莱昂纳多（Leonardo）著书引入欧洲。这本书有专门章节介绍加法、减法、商品价格、实物交换、合伙等内容，它或许会引起商人对记账的兴趣，因为该书使用了包括"0"在内的 10 个数字所构成的体系。

这一体系本身可以很自然地用于计算，而且，阿拉伯人已经将它用于解决许多贸易计算问题。在这一时期，意大利人较早地获得了这些知识，这似乎为由汇票而非其他需要所产生的记录开辟了一条系统化的道路（尽管这一点迄今难以得到有效证明）。数学史学家巴尔（Ball）曾经说过，在继比萨人莱昂纳多之后的好几代人中，阿拉伯数字和罗马数字在意大利商人中被同时使用着。然而，必须注意的是，银行家行会规定，在记分类账时必须使用罗马数字，因为长时间以来，人们一直认为罗马数字难以作弊。但是，行会并没有禁止其他形式的数字比如阿拉伯数字的使用。

显然，商业、资本、信用在中世纪所处的环境与古代史上所处的环境是不同的。而且，日益明显的是，这种环境变化使得贸易的规模和范围以及资本和信用的使用目的发生了很大变化，而后面这些因素正是对簿记的产生具有关键性作用的前提条件，在此之前它们并不存在。那时，正是它们直接导致了复式簿记的发展。

第三章

复式簿记的特征

复式簿记是一种记录事实的方法。尽管人类将其基本要素汇集起来形成一种协调的方法至今已有很长时间，令人吃惊的是，在现代条件下它依然适用。对复式簿记的实际形成过程人们所知甚少。然而，从现存的一些有关旧账册的断简残篇以及有关古老惯例的某些描述中，依然可以清楚地看到，我们今天所见的簿记，既不是某个人的发明，也不是某一代人的杰作，而是一项长期演化的结果。

簿记是从一个很粗陋的胚芽逐渐发展起来的。这是因为，在自利本性的支配下，人类能够不断修正已知的思想和方法以适应现实需要。然而，人类究竟如何及何时修正以前的方法，从有关古代及中世纪文明的不太完备的商业史资料中，我们无法得到清晰印象。作为替代，唯有对簿记可能的演进阶段作一定推测，并按某种逻辑顺序对其进行排列。虽然这种方式肯定无法使人信服，但却是我们唯一的选择。此种推测未能得到完全的历史材料支持，但需要记住的是，此种见解乃是得自各种已知的事实，因此并非完全不合逻辑。

在思考簿记可能的演化阶段之前，一个需要考虑的基本问题是，人们如何知道复式簿记的形成时间及其确认标准？如果复式簿记的基本特征甚为简单，它应该在很早以前就已经得到相当完备的阐释。

第一种可能的见解是，复式簿记的名称本身即已表达了其基本特征，即：复式簿记意味着二重记录。不过，这种见解是否有些太过肤浅？在美国，人们普遍用"簿记"一词来表示"复式簿记"，以至于忘了这种方法涉及两项要素这一基本事实。"簿记"只是一种一般性用语，含有记录、计算及账务登记等意思。在加了一个修饰词变为"复式簿记"之后，不经意间就让人们把二重性当成了簿记的基本特征。对此需作深入观察。这一命名虽然由来已久，但却只反映了复式簿记的表面特征而非其根本特征。而且，它也并非用以表示这一学科的唯一术语。下面是用意译方式翻译的一些早期簿记教材的名称，有些只是简称，从中可以看到有关复式簿记的各种不同观念：

《簿记论》——帕乔利（Pacioli），1494 年

《计算教材》——施雷贝尔（Schreiber），1523 年

《簿记》——戈特利布（Gottlieb），1531 年

《复式记录簿》——曼佐尼（Manzoni），1534 年

《名为借贷的记录与计算》——奥德卡斯特（Oldcastle），1543 年

《意大利式账簿》——英平（Ympyn），1543 年

《复式簿记》——斯科维克（Schweicker），1549 年

《账册管理》——门赫（Mennher），1550 年

《借贷账户》——皮尔（Peele），1560 年

《双重分录簿记》——米勒玛（Mellema），1590 年

《意大利式账簿》——斯蒂文（Stevin），1602 年

《论意大利式的复式账簿》——瓦宁汉（Waninghen），1615 年

《复式账户》——无名氏，1624 年

《复式账簿记录》——弗罗瑞（Flori），1636 年

《商人账户》——柯林斯（Collins），1652 年

《借贷式商人账户》——李瑟特（Liset），1660 年

《简易借贷法》——蒙特戈（Monteage），1675 年

《用复式分录记账》——吉洛迪（Giraudeau），1700 年

《单式与复式簿记》——道恩（Donn），1758 年

《复式分录防卫术》——科利尔（Collier），1796 年

有些标题只提到记录，有些则通过增加诸如"意大利式"之类的修饰词使含义有所扩大，但大多没有超出"记录"和"账簿"的范畴。有些标题通过诸如"借贷账户"、"复式账簿"、"复式簿记"、"复式账户"、"复式分录"等词语反映二重性概念。这些用语表达了三种形式的二重性：①账簿的二重性，如分类账和日记账；②账户格式的二重性，即借方与贷方相对；③分录的二重性及分录过账的二重性。

事实上，这些二重性短语只是复式簿记特征的一个组成部分，倘若把它们看成复式记账的标准，则有视形式为实质之嫌。就形式而言，也许二重性是簿记所特有的。会计通过"同位相减"或"异位相减"的方式来运算——也就是说，其目的是为了保持平衡而不是计算余额。簿记（即账户记录）确实是一种分类工具，同时也是一种纯粹的记录，但这并非簿记的决定性特征。如果仅仅是为了分类，各种权宜性方法也都可以保持同样良好的分类效果。簿记不仅仅是一种分类方法，它把各种事实分类之后记入不同账户，在条件许可的情况下，这些账户可以保持"持续平衡"。大多数分类目的在完成数据汇总时即可实现。也就是说，只要做到某种形式的分离即算完成；对簿记而言，分类目的却一直要到每一类中的"正反两面"达到平衡之后才能实现。

然而，二重性，无论是体现在账户的双边格式中，还是体现在分类账与日记账的并存或业务的复式过账中，都依然不是完整的簿记的根本性标准。我们完全可以设想出一种完整的统计程序对一些事实进行分类，或许会有些复杂，但却同样可以在不使用正式二重性的情况下得出与簿记系统相同的汇总数据。而且，有证据表明，在复式簿记完全形成之前，双记录可能已经存在了很长时间。事实上，这种形式

上的二重性很可能只是簿记更深层次、更基本特征的反映或结果，而不是簿记的必要条件。

或许，复式簿记的主旨在于结果的平衡，而非形式上的二重性。

通过考察资产负债表我们可以发现，表内（乃至于作为编表基础的账户内）平衡乃是一种必然。在资产负债表中，无论是作为对立面的（a）正负财产与（b）所有权（即：资产减去负债等于净值）之间，还是彼此相对的（a）资金占用与（b）资金来源（即：资产等于业主资本加借入资本）之间，都存在必然的平衡。但最终事实证明，这些特征与形式上的二重性一样，是复式记录基本特征的结果，而非使簿记变得宏富和完美的决定性因素。当然，部分（正负财产）总是会等于总体（所有者的净投资），这是不言而喻的。同样不言而喻的是，各种财产之和也将总是等于某一方对这些财产的主张权之和。

但是，由此也并不必然得出平衡是复式簿记之所以存在的决定性因素，离开它将不会有完整、协调的簿记的结论。平衡是现代簿记的一项重要元素，它可能为簿记方法增添了某种独特性，就像其他领域中统计方法的使用一样。但是，我们极可能在不使用形式上的二重性或结果平衡的条件下，通过一份完整的财务信息表来提供目前来自复式簿记的所有数据。在大型公司中这已经基本上可以做到。

即使没有结构完整的复式簿记，所记业务存在平衡也是可能的。例如，罗马时代的奴隶在负责管理主人的某些商业事务时，会设立一个"主人账户"。与之相对的，是他手头所持有的各种资金投资，两者之间会保持一种平衡，但主人的许多业务会在这一记录之外。中世纪的代理人有时会同时担任多个大商人的代理，他们可能也发现了保持记录平衡的好处。他们一方面设立委托人账户，另一方面设立与之相对的各种财产账户及债务人账户，这些债务人因为从他这里购买商品而发生欠款。然而，这种记录不管多么出色，与真正的"复式簿记"相比仍是不完善的。仅仅保持代理人记录内部的平衡并不能使不完善变得完善。作为完善的复式簿记的先驱，并有可能作为联结早期简单方法与后来完整学科的桥梁，代理人账户无疑作出了很大贡献。但它们根本无法成为完整的复式簿记，尽管单就定义而论，"复式簿记"一词可以等同于分录上的平衡及形式上的二重性。

然而，严格来说，要更符合现代概念的意义，该词语应有更丰富的内涵。或者应该用两个词，一个用以表示代理人簿记那种简单的内部均衡机制，另一个则指适用于记录现代公司活动的一种更为完善的工具。

由此来看，在完善的复式簿记成为可能之前，必须在平衡与二重性之间加入其他特征。这一新增要素无疑应该是所有权——也就是对所处置货物直接的所有关系，以及对收益的直接主张权。没有该要素，簿记将仅仅是对某一责任细节的扼要阐述，并将其凝成某种极为便利的方式，这种方式确实会对后来形成的某些基本原则有极大助益，但它本身却不足以构成一种能够满足后来各种需求的工具。

直至企业主出现，才开始要求簿记发挥其完全效用。企业主的利益远比代理人更为广泛和深刻。前者不像后者那样只是一味地遵从指令。企业主需要不断使自己的资本增值，而后者只是使资本得到补偿；他不仅要履行责任，而且要选择收益风险；他的兴趣集中于了解所得究竟有多大，以便于判断将资本用于特定时间、特定方式及特定地点的冒险是否明智。簿记只有当为这样的人、这样的问题服务时，才算真正完成了使命。

这些服务才真正是完善、协调的簿记系统的职责所在。它被称为复式簿记，但其名称只是反映了早期强调形式重于实质的倾向，而不是对其功能的完整描述。完善簿记的形式源自早期记录事例的二重性和平衡，其实质则是冒险资本所获收益（或损失）的所有权计算。

因此，复式簿记的根本特征，正如我们今天对该词的理解一样，是商业所有权，尤其是那些被称为"名义账户"或"经济账户"的要素。"所有权"表示财产的所有关系及对收益活动的贡献；"经济账户"旨在计量并解释这种所有权和贡献的有形结果。这是现代簿记的功能。复式簿记是执行该功能的有机工具。当商业所有权与银行代理人及贸易代理人的簿记方法相遇，并使自身成为其必要条件时，就出现了现代复式簿记。"代理人簿记"由此变为"所有者簿记"。

至此，有关复式簿记产生的确认标准已然确立。本章剩余部分将主要讨论由简单簿记演变为协调的所有权簿记体系的可能的发展过程。首先是在债务（个人）账户的基础上增加了商品（非个人）账户；随后则是在债务和商品账户基础上增加了所有权（资本和费用）账户。整个框架到此为止已经构建完成，此后再没有增加任何基本要素。

追本溯源，协调的簿记体系的发展可能有两个起点。一个起点是收入与支出记录，这些记录出现得很早；在埃及、希腊及诺曼时期的英格兰，由于政府税收，有时会需要进行收支记录。不过，这类记录是朝着Logismography①及现代政府会计的方向演进的。它所关心的主要是：①预期收入和实际收入；②预期支出和实际支出。显然，这一发展与复式（所有权）簿记不在同一方向，因为它不含任何可以引起对利润计算或目前资本表述之深切关注的因素。

另一个起点是债务记录，它被认为与簿记体系的形成有更直接的关系。从这一起点可能引出两个不同的发展方向。个人账户一开始可能是对影响未来的协议条款所做的简单而独立的备忘记录。它们很可能只起帮助记忆的作用，而且，当想要用某种方式消除某些记录时，只需在整个记录中划去所要消除的项目，或毁掉羊皮纸。这类记录无疑确实曾经存在，比如古巴比伦的黏土板、埃及的汉莎纸草、中世纪的羊皮卷乃至今天街角小店的草账。它们说明，任何时代都有着以极不正式的方式保持的有关个人债务的备忘记录。

---

① 中文中没有与"Logismography"相当的词汇。1869年，意大利法律开始要求在意大利政府会计中强制性地采用复式记账法，当地会计师因为该法缺乏灵活性而抱怨颇多。1872年，意大利陆军部首席会计师 Giuseppe Cerboni 开始推行一种新的簿记制度，他称之为 Logismography，即对簿记事实的逻辑化表达。这一词汇由此作为一个新词沿袭下来。中文可将其译为"逻辑化簿记"。——译者

然而，要想了解这些互不相干的记录是如何有了账户的特征，并逐渐协调成一个内部一致的系统，却并非易事。分类账户特有的双边格式难道是由这些简单的备忘记录演变而来的？或许是因为处理部分支付以及在为可能发生的取消分录预留必要空间时的困难，使人们产生了把债务记在一边而把偿付记在与之相对的另一边的想法。是否真的如此我们确实不得而知。从现在的角度来看，对于部分支付，与其用那种方式进行处理，倒不如整个划去原有记录，按部分支付后的剩余金额重新做成一笔新的记录来得更容易。在当时，用某一方式进行记录所花时间的长短可能并不重要。不过，即便简单、独立的债务备忘记录能够直接演变为双边账户形式，我们依然难以知道在这种演进中究竟为何给应收账款赋予了一种特征（左增右减），而给应付账款赋予了与此完全相反的特征。

债务记录发展的另一方向更有利于以假设形式重构变化发生的方式。这种发展建立在罗马会计方法之上。在该方法下，债务记录受制于法律要求下所形成的系统惯例。它们显示出了许多与后来复式簿记密切相关的特征。因而，相比之下，这一发展方向让人觉得更为可取。

债务乃是契约，甚至在被作为书面记录的对象之前，它就已经被具有很强法律意识的罗马人简化成了固定格式。誓言最初是一种精神上的债务，性质上就像祭酒时运用的符号誓言一样。后来，当这种宗教誓言被用于法律目的，就逐渐失去了宗教意义。誓言中古老的措词变成了一种正式问答——你发誓？我发誓。誓言因而具有了法律效力，并成为罗马法口头契约的基础。

各种协议必须用某种措词来表达。例如，在担保业务中，债权人会问："你同意为他欠我的这笔钱提供担保吗？"担保人会回答："我同意为此提供担保。"卖主会问："你同意给我这样多钱吗？"买主回答："我同意。"债务人在还债时会问："你收到我还你的钱了吗？"债权人回答："我收到了。"

在帝国后期，受希腊法影响，书写成为口头合约的必要条件，而且通常还要做成备忘记录，证明有关承诺是以适当的问答方式作出的。不过，还有另外一种签订债务契约的方式，同样正式而且有效，这种形式与家庭记录有关。

每一个罗马家庭的户主皆被要求保持家庭会计记录，其中最主要是现金账（cashbook）。最初它可能只是有关实际货币收支的记录。但后来又开始包括另一类业务，该业务仅表示对某项债务的承诺，而不是实际现金付出。有关支付记录因此出现了两种不同的类型，一种是实际现金支付，另一种则是由双方协商确定的虚拟支付，由此产生的法定债务效应演变成了一种文字（书面）契约。

其程序[1]大致如下：债权人在收入项中编制一笔分录，似乎以前（因销售、贷款等）形成的口头债务已被取消；同时他会将该金额登入支付项中，就像现在已经付给了债务人一样①。两笔分录构成一份书面合约，其效果是将以前在简单合约下形成的应收金额转变成现在一定金额的应收贷款，这种关系变化有点像现在将应收账款转变为应收票据时的情况。

正如这种书面义务只是通过账面分录所产生的一样，这种债务仅仅通过取消分录即可予以消除。债权人在收入项中做成有关先前金额及先前债务人的收入分录，表明该债务人已经清偿了该项债务。无论该债务是用现金清偿还是由另一个人来承担，分录是一样的。在以后的情形中，债权人在支付方编制一笔新的分录，通过书面合约对新的债务人形成约束。

这些分录可概略反映如下：

债权人 L 的现金账

收入	支付
（1）取消以前与 A 的口头协议	（2）确定 A 所拖欠的债务，比如一笔贷款
（3）取消 A 应支付的贷款，现在由 B 承担	（4）确定 B 代替 A 承担债务
（5）收到所付款项时，注销 B 的债务	

---

① 债务人通常（尽管法律上并非必要）会在自己的记录中做相应分录。

债务人 A 的现金账

收入	支付
(2) 确定拖欠 L 的债务，比如贷款	(1) 取消以前与 L 的口头协议
(4) 确立对 B 的债务——好像贷款来自 B	(3) 取消应偿还给 L 的贷款——现在转移给 B

如果一个人贷出了许多须以该种方式记录的贷款，显然，其现金账会因实际现金业务和（表示债务的）虚构现金业务而很快变得混乱不堪。而且，如果债权人有时也是借款人并把其借入债款同贷出款项都记入现金账，会使事情变得更糟。显然，现在需要一种有关各笔贷款的详细记录。

在这方面，罗马人已经找到了用于协议表达的相当精准的语言，并做到了债务处理系统化：①明确了把口头协议转变为书面协议的方法；②采用抵销分录来表示取消以前的书面债务；③把抵销分录的运用扩展到包括债务从一个债务人转移给另一债务人。但是，上述做法中并没有确立系统化债务记录的第四项要素，即记录的二重性，也未能确立第五项要素，即应收和应付债务反向加减的特征。不过，这些对复式簿记的最终形成具有举足轻重意义的缺失要素，可能存在于按各个借款人分类反映的贷款记录中。

富有的罗马人把剩余资金小心地投到能够获取利息的项目中，由此产生了上述诸种现金账记录。为了全面追踪这些债务（投资），他们设置了各种专门账簿（ratio calendarii，liber calendarii，codex rationum）作为现金账的补充，由专门的经管人（curator calendarii）负责登记。现金账中以虚构或实际支付方式登记的贷款，也可能[2]是按借款人姓名分别登记的。但是，仅仅这一点并不能填补上面所缺失的第四项要素和第五项要素。有关这方面的线索可能来自皮·卡兹（P. Kats）[3]的建议，他认为 curator calendarii（经管人）会是一名训练有素的奴隶，他作为代理人替主人处理各种商业事务。作为代理人，他会认为有必要开设一个"主人账户"以更好地向主人报告自己履行职责的情况。

这并非没有可能。从事贸易不仅有损贵族的尊严，同时也会有失去作为罗马公民政治权利的风险。因此，奴隶主贵族很自然地会将实际业务委托给他人——可能是受过教育的奴隶。我们有许多理由可以设想这些奴隶会把收到用于投资的货币记入"主人账户"。款项贷出时在现金账和 liber calendarii（人名分类账）中进行登记；收回贷款时则做相反记录。收到利息时，在现金账和主人账户中做分录，根据主人命令所做的支付则做相反分录。

如果真是这样，那应该是已将二重性要素在使用"主人账户"时附带地引入了有关记录之中。不过，应收项目和应付项目加减方的系统排列究竟是如何产生的，至今尚不清楚。人名分类账中双边格式的使用有可能出自现金账惯例。主人账户被奴隶视为另一个个人账户也是出于自然，因为在操作上它与该奴隶按指令从第三方借入款项时的情况极为相像。

以此作为可能的背景，无需任何原则性的预先安排，在各有关账户的左右两方分别做分录的习惯可能会在不自觉中自动形成。在使用现金账的过程中，其实已经很好地确立了以对应方式编制分录的观念；当它进一步扩展时，无疑很容易做成双重（duplicate）分录。即：在个人账户中，现金账右首（费用）记录将被记入主人账户左首；现金账左首所反映的利息收入则记入主人账户与之相反的一边。这种做法明显是对的，因为该项收入将会在这一方与主人应得的其他数额相遇，比如主人最初交给奴隶的投资款。现金账左首所记收到的归还贷款项目，将记到个人账户右首，以抵销（通过对销方式）以前在贷款时做成的左首记录。如果一个聪明的受过教育的奴隶会因为压力开设一个"主人账户"，也就有相当理由认为，他不久就会想到在双边账户中采用自足的双重记录系统，尽管他有可能无法解释为什么所做的分录会构成一个自足的体系。

有关"代理人簿记"的研究为本部分重构复式簿记的形成提供了一种很好的答案，也为研究中世纪簿记提供了极好的线索。当然，随着罗马帝国的衰亡和黑暗时代的到来，历史的连续发生了中断。我们无法证实，出现在中世纪的罗马式做法是自身的存留通过蛮族人遗留给了意大利，还是通过君士坦丁堡进入意大利，甚或来自几世纪之后古罗马的一些文献和法律资料公开供人们研究时罗马思想的复兴。不管事实究竟如何，中世纪银行业确实显示出了许多早期的特征，并对簿记的发展产生了重要影响。

罗马帝国的 argentarius（货币兑换者）在中世纪欧洲可能差不多已经被人遗忘，然而，随着商业复苏，他又以 campsore① 的面貌重新出现在意大利商业城市中。市场对其服务的需求很大，因为当时所用的货币繁复多样，因此需要远比普通商人更为广博的估价知识。而且，到远处市场经商的商人通常需要携带黄金，在滞留期间需把黄金兑换为当地货币，离开时又要把当地货币换为黄金。在那些动乱不安的年代，携带贵金属长途奔波显然很不安全。因此，债务转让、信用证和汇票早早地开始在商业交易及纳税时取代黄金和货币的位置，我们一点都不应该感到奇怪。

13 世纪初的货币兑换者逐渐演变为交换商，他们在行会的严格管制下认真登记账务并处理各种债务。正如前面所指出的，各种信用工具在该世纪中期广泛地使用着——1338 年，仅佛罗伦萨就有 80 家银行，到该世纪末，银行总数已经达到 120 家。到了 1450 年，一家名为佩鲁兹的商号，在世界各地有 16 家分号，130 个代理机构。同一时期还存在其他许多商号，使这一行业的规模有了极大扩展。

簿记曾经有过一个极好的框架，但它却未沿着罗马法和罗马惯例所

---

① campsore 是商业复苏初期货币兑换者的意大利语写法，未能查到其对应的汉语词汇。可以依然当"货币兑换者"来理解。——译者

引出的起点继续前行。较为可能的是，中世纪经营兑换业务的银行家所使用的早期账户，很明显局限于有关债务及债务交易记录；现金账处于缺失状态，自足的双重记录系统起初也曾缺失。不过，从 13 世纪至 15 世纪保存下来的一些分类账记录来看①，账户的某些特征曾被完整地保留下来。其分录是为债务而做，所有分录皆按类似措词极为仔细地进行表述，显示出早期罗马法中标准化口头合约的影响。其账户通常都是双边式的，债务的取消或更新通过抵销分录来表示。

下面是一笔假定的债务更新业务，目的是比较前面曾介绍过的罗马方法和中世纪早期分类账记录中的代表性分录[4]。

银行家在收到一笔存款时，以对存款人承诺的口气在分类账中记：

> "安东尼奥将随时可获得今天存入我处
> 的 200 达克特（Ducat）现金······· 200"

贷出一笔款项给借款人时，银行家以借款人对他承诺的口气在分类账中记录：

> "弗朗西斯科愿意随时偿还今天我
> 借给他的 200 达克特现金······· 200"

当后来某一时间安东尼奥替代弗朗西斯科成为债务人（或许是因为后者无力偿还）时，银行家将编制两笔分录，一笔用于取消应收债务：

> "按照安东尼奥的意愿，弗朗西斯科于今天
> 存入我处 200 达克特现金······· 200"

这笔分录虽然从语言上看像是在表明一笔独立的存款业务，实质上却是表示取消弗朗西斯科前欠债务，并记入原来分录的对面。与此同时，还要编制另一笔分录，陈述的口气好像是贷款给安东尼奥：

> "按照弗朗西斯科的意愿，安东尼奥
> 本日欠我 200 达克特······· 200"

由于安东尼奥早期存有该数目的款项，现在他同意替弗朗西斯科偿

---

① 参看第七章章尾实例。

还该笔债务。最后这笔分录要记到安东尼奥以前分录的相反方向，以冲销原记录。

这些业务表明随着金融客户之间汇票的使用而出现了"对销分录"（cross entries）。在佛罗伦萨银行记录中发现的此类分录最早可追溯至1211年。不过，对销分录并不能形成一个闭合的账户系统。随着个人账户超出金融业而扩展到商业经营中，银行账户中缺失的要素（也就是"主人账户"）得到补足似乎并非完全不可能。

当业主自身即为商人时，他对记账的要求会很低。但是，随着贸易在十字军东征的刺激下持续扩张以及意大利城邦中财富不断积累，每个人自己成为商人的惯例很大程度上被通过代理人和合伙人进行贸易的习俗所取代。

促成这种发展的条件是多方面的。长时间海上航行或陆路行商的巨大风险阻止了某些人从商的意愿。不愿旅行的资本家可以把货物委托给有经验的代理人，或与某些年轻且喜好冒险的人结伙。希望享受贸易果实但却不愿以自己名义从事商业活动的贵族和牧师则可以隐名合伙人的身份贡献资本，实现自己的愿望。这样做的好处是可以使资本交易不落入贷款的范畴，因为取息行为是教会法规严厉禁止的，且为教会坚决反对的。各种行会为了把外地商人阻挡在本地贸易中心之外，对非本地商人课以重税，也进一步促进了合伙组织的发展[5]。与本地商人合伙可以避开这种专门针对外地人的课税。这种本地商人用现代术语更准确的描述，应该属于基于利润分成基础之上的寄售代理人。

隐名合伙尤其在海上贸易中得到了极好的发展。隐名资本家把自己的货物（有时会是船只）以合伙形式交给任职合伙人。自然，在此情形下，后者在返回时需要作出仔细而详细的报告；当其所经营货品属于几个隐名合伙人共同所有时尤应如此。这时明显需要一个可与罗马奴隶使用的主人账户相类比的资本账户；除此之外，还需要一些货物账户，而罗马人所需要的仅仅是有关贷款的个人账户。

毫无疑问，任职合伙人会知道银行家们采用的簿记方法，因为银行业务和贸易业务常常是混在一起的。对他而言，隐名合伙人的投资就像是银行家收到的一笔存款——是一笔需要记入隐名合伙人个人账户贷方的款项（"存入"方）；费用（税金、各种用品、海员工资）则可以便利地确认为委托人应"付给"（欠）代理人的债务。因此，这些项目应记入后者账户的左方，就像从银行借款一样。

　　不难想到，货物账户的起源应该也是遵循了同样路线。如果有 3 位隐名合伙人分别投入不同商品，任职合伙人就会觉得他有责任向各个隐名合伙人报告在不同地方按不同价格处置货物的情况。最初可能只是产生一些债务账户，而且是当在远处城镇出售货物并产生应收债款时才会产生。不过，要由这一步进展到为每个合伙人的投入分别开设货物账户，在一方表明所投入货物的详细情况，而在另一方列示出在不同地点销售货物时收到的货款，应该并非难事。对这类记录的需求应该确实存在，而且，在银行簿记中有一种现成的方法可用。如果精明的任职合伙人能够将两者结合起来，他将会在合伙资本家查问有关其投入货物的详细情况时应答如流以取悦对方，从而进一步促进贸易投资。

　　当货物账户、现金账户、客户账户及隐名合伙人投资账户以这种方式结合在一起时，就会再次出现一个自足的账户系统，在这个系统中将可能很自然地用到在相对的两方以成对方式出现的分录。这将会是一种采用复式分录的簿记。但是，根据本章开头所确立的标准，它仍然不是人们通常所认为的复式簿记。要形成完整的现代复式簿记框架，还有待于所有权、损益及费用等账户的出现。不过，这些要素的出现并不遥远。随着一次性商业冒险和偶发性贸易合作被更持久的合伙贸易所取代，它们将会很自然地从这种"代理"关系中衍生出来。

　　随着贸易由一系列联合冒险变为长久性企业，合伙人开始为整个企业设立账户。与此相应，其着眼点也从一次次具体冒险结束时由参与利润分成的代理人所进行的会计（报告）转为资本家（企业主）自身投资的会计处理。如果他们加入一次冒险生意，资本就会被像其他各种货物投资一样记录，但它只是他们所投入资本的一部分，而且只有这一部分会被记做资本。为了便于汇总许多单笔业务的损益，他们需要使用一个损益账户，定期或在合伙组织发生变动时适当确定合伙人的相对地位。一旦在双边账户相对的两方做双重分录的惯例得以确立，则不难将其采用类推方式扩展到新账户上去。人们无需停下来推想其中的道理。有些账户必然因某些业务而"获得"，又因另一些业务而"付出"；令人费解的是为什么这种"付出"和"获得"特征不能适用于费用账户（即临时性的损益账户）及个人账户。

无论如何，不知何种原因，人们业已发现此种关系。因为在 15 世纪末这种完整的系统已经出现在教科书中；此前很长一段时间，正如现存实际分类账的一些片断所证实的那样，账户的框架（债务、现金、货物、费用、损益、资本及其他所有账户）已然确立，而且人们已在经常性地使用一种明确的记录和转账方法。

现实需要与人类的发明创造力相结合，导致了完整复式簿记的形成。这是一个漫长的过程，不但步履维艰，而且很难以令人满意的方式对其进行追溯。尽管如此，当我们试图用透视的眼光来考察簿记时，依然会发现，它的形成乃是社会缓慢演进的结果。那些搜寻各世纪记录的人，发现了许多有关过去实务的线索。然而，即使把所有这些线索全部放在一起，也难以得出一幅完整的画卷。

比如，他们发现罗马帝国早期的融资合约是由固定语句非常仔细地构成，中世纪分类账记录也是用与之非常相似的语句格式表述的。由于不满足于已有的发现，他们试图了解这些早期思想究竟是如何流传下来，并在传播中吸收了其他思想的。他们发现罗马时期已经在用一项新的反向记录来抵销以前所做的记录。他们认为他们所见到的乃是后来复式簿记的基本要素之一。他们还知道，记录的二重性是复式簿记的一项突出特征；当他们在罗马奴隶的记录中发现通过使用"主人账户"所体现出来的二重性，并在中世纪联合冒险的代理人账户中发现二重性时，他们怀疑这些记录是否对以后复式簿记的形成作出了一定贡献。他们承认所有权、费用账户、损益等是复式簿记的重要组成部分，因此想了解究竟是在什么样的环境条件下，这些因素被加入了以前通过很长时间缓慢积累下来的各种要素之中。

当把所有这些东西放在一起，他们所能拥有的，依然只是对其来源的某种猜测。然而，即便是一种猜测，如果能在各方面得到可接受证据的支持，依然要比各种破碎的片段胡乱拼凑在一起给人的印象好得多。

参考文献

[1] Following Sohm's — *Institutes of Roman Law*（Ledlie，Tr.）Sec. 8r.

[2] P. Kats，in *The Journal of Accountancy*，April，1929.

[3] *The Accounting Review*. December，1930.

[4] From "Two Fable of Bookkeeping" *The Accounting Review*，October，1927.

[5] Buhl，*Die Geschichtlich Begriindete Kontentheorie*，p. 36.

第四章

业 务 分 析

早期簿记作者主要致力于指导簿记实务，很少关注理论建设问题。即便在业务分析方面，也只是从实务的角度对其内含理论进行解释。这些作者并不对如何就业务展开思考作任何解释，也不讲为什么要那样做，而是仅限于详细地告诉人们该怎样做。因此，要想了解通过业务分析确定应借应贷的过程中所涉及的早期推理，必须从所使用的措词中去推想，从有关业务说明的字里行间去揣摩。

对分类账分录实例进行分析将会显示出所用措词后面潜藏的推理，并为推测早期业务分析赖以存在的基础打开一条通路。以下首先给出三组分录：

分类账分录 1（1436—1439 年）

摘自菲利浦·鲍汝梅公司（Fillippo Borromeo e compde）的分类账，该公司为一家大型意大利贸易商行（米兰）的伦敦分部[1]：

Giovanni Bindotti 须于 3 月 8 日经 Giovanni Vanuzzi 付 s. 4, d. 4 给第 13 页贷记人 ·············· l0, 4, 4	Giovanni Bindotti 于 3 月 8 日存入伦敦鲍汝梅公司 l19.11.11, 见第 4 页 ·············· ·············· l19, 11, 11

这笔分录摘自该公司账簿，其记录形式如上所示是双边式，但使用

的是罗马数字。

分类账分录 2 (1494 年)

摘自第一部印刷体簿记著作中帕乔利所提供的唯一分类账分录举例[2]：

Antonio Cavalcanti 之子 Francesco 应于 1493 年 11 月 12 日将他曾经答应因 Pietro Forestani 之子 Ludovico 之事付给我们的 l20, s4, d2, 第 2 页 …… l20, s4, d2.

Antonio Cavalcanti 之子 Francesco 应于 1493 年 11 月 14 日拥有 l62, s13, d6, 这是他自己带来的现金；须在第 2 页上过入现金 …… l62, s13, d6.

这笔分录是帕乔利对他那个时代威尼斯流行的业务处理方式的说明。尽管它并不是直接摘自任何一本实际账簿，但对其代表性，人们还是很满意的。

分类账分录 3 (1522 年)

以下两笔分录摘自一位名为陶斯·豪威尔（Thos Howell）的伦敦染坊主的分类账（1519—1527 年）[3]：

（a）

西班牙加利西亚省穆罗斯市的 John de Lassys 和 John de Rowso 应付在 S't Maria de Rodys 装船的宽幅毛织品款 …………………………………… l74, s0, d0.

（b）

R. Donnington 应收 Th. Petter 送来漂洗一件短衫漂洗费 …………… d8.

对这些古老的分录需要从几方面进行观察。首先需要注意的是，每笔分录都表达了一种完整的思想。在表达思想方面，语言甚至显得有些多余，这样的表达任何人都很容易理解。

如果把上述分录用一种更直白的方式表现出来，并用比较现代的方式来表示金额等，与这种逐字翻译的形式相比，更能够清晰地表达出完整的思想。为此，可将上述分录重述如下：

1436 年分录重述

B—必须（作为所有人或代理人）付给我们 4 美元，因为他在 3 月 8 日负担了 V 以前欠我们的债务 ⋯⋯ 4 美元

B—必须从我们这里获得 3 月 8 日存放在我们（作为所有人或代理人）这里的 19 美元 ⋯⋯⋯⋯⋯⋯ 19 美元

1494 年分录重述

F—应付给我们 20 美元，因为他在 11 月 12 日答应替 L 偿还所欠我们的债务 20 美元 ⋯⋯⋯⋯⋯⋯ 20 美元

F—应获得 11 月 14 日存在我们这里的现金 62 美元 ⋯⋯⋯⋯⋯ 62 美元

1522 年分录重述

L 和 R 应用货币或货物偿付我装运布匹的费用 ⋯⋯⋯⋯⋯⋯ 74 美元

D 应从我这里收取漂洗费 50 美分 ⋯⋯⋯⋯⋯⋯⋯⋯ 50 美分

　　除了用完整的句子表达之外，显而易见，所有分录都包含某些有关"经管责任的措词"——也就是说，这些语句在编制会计分录时，是除其他极为直接的语言之外明显必不可少的措词，与现在票据交易中的协商用词几乎异曲同工。在此可将上述分录中具有重要意义的用词重述如下：

借方	贷方
分录 1 ——必须偿付（must give）	必须获得（must have）
分录 2 ——应偿付（shall give）	应获得（shall have）
分录 3 ——应该偿付（ought to give）	应该收取（out to have）

　　这些短语表达了相同的基本思想，只是强调程度有所差异。很明显，"偿付"（即支付给所有人或代理人）的意念直接和借方相联系，而"获

得"（即从所有人或代理人处收到）和贷方相联系。双边账户的借方为"偿付"方，贷方为"获得"方①。

由此可见，早期分类账是用相当完整的句子表达完整的思想。事实上，它们是一种备忘记录，并被简化为一种用通用语言表达的形式。这些源自旧式教材的记录形式，表明了 15 世纪商人出于记录目的如何考虑其业务的某种思想，所用格式有可能参照了较早时期所使用的类似实务。正如分录中所使用或明确蕴含的人称代词所显示的那样，其视角通常总是落在个人身上。

从分录中所用措词还可以看出，该记录是用着眼于未来的词语来表示的。"必须偿付"、"将获得"、"应偿付"等短语，都是着眼于未来。在重述分录中，这种未来感更是表现得淋漓尽致。

由此可见，旧式分类账分录包含如下三方面特征：

（1）该分录是表达完整思想的完整句子。

（2）分录是从有关所有人或代理人的角度来编制的，即他与他人间的账目。

（3）分录明确表现为有关预期未来事项的备忘记录，而非本期发生事项。

如何用一项总体规则来概括表达编制此类分类账分录时所内含的思想？无人知晓。早期作者没有一个人试图把这一过程归纳为一项总体规则，他们最直接的方法是针对具体账户来设定规则，如"货物账户借方

---

① 需要说明的是，账户设计中所内含的这种基本观念毫无疑问是用拉丁文来表达的，我们可以同时给出在意大利语、法语、德语中账户两边的表达形式：

拉丁语	意大利语	法语	德语
Debent dare Debent habere	Dare Avere	Doit Avoir	Soll Haben

为借、贷方使用的每一术语，就字面意思而言，都相当于"给付"（give）和"获得"（have），或可追溯到这些动词。还需说明的是，后来的作者们广泛使用的用以分析判断借贷方向的基本规则与这些技术术语并非毫无关联。该规则由两部分构成：①"借记已收者"，也即是说：我现在所收，乃我必须给付（must give）出去者；②"贷记给付者"，也即是说：我现在付出的，必须收回（must have）给我。

记采购"。虽然他们并没有说明任何总体规则，但是，通过分析其业务记录，依然可以得出一些规则。

下面提供的各项假定性规则，乃是为了把似乎一直属于复式簿记基础的业务分析思想精简为一些简单具体的陈述。

（a）如果所涉及的某个人有义务在以后某一时日偿还给我一笔款项，其金额与他刚从我这里得到的款额相等，则该笔数额应在记录中记为"应偿付"。

（b）如果所涉及的某个人有资格在以后的某一时日从我这里收回一笔款项，其金额与他刚给我的款额相等，则该笔款项应在记录中登记为"应获得"。

上述原则可作如下简化：

（a）X 应在以后偿付他目前所收——即，借（Dr.）X

（b）Y 应在以后收回他目前所付——即，贷（Cr.）Y

早在获得较多证据证明账务记录超出了个人账户之外以前，分类账记录特有的格式就已完全确定。该记录究竟是如何第一次扩展到包括非个人账户，尚不得而知。不过，要说推动这一变化的是商人而非银行家，似乎并非完全不可能，虽然当时两个职业间的融合程度要大大高于现在。正如前面所指出，似乎很有理由认为，当分类账的使用扩展到贸易中时，记录的不完善性将变得更加明显，原因在于需要对各种商品、各种合伙人投资所要求的账户以及各种普通个人账户进行跟踪记录。

随着这些新账户逐渐被使用，除账户数目增加外，还出现了其他差异。对银行家而言，因为设置的是个人账户，只有当债务从一个人转向另一个人时，才需要编制复式分录（简单的存贷款业务只需在各自的个人账户中做单式记录）；对于商人，因为其记录体系中包含了非个人账户，因此必须对所有业务做复式记录，否则，分类账中的某些账户将无法对影响它们的全部业务作出全面记录。

所有者与账户体系之间因此有了一种全新的关系，使业务分析超出了登记备忘录的简单逻辑，从而变得复杂起来。此逻辑隐含于旧式分类账户的用词中。很难再对账户作抽象的考虑；所有账户都以同样方式加以对待，就像它们是个人账户一样。也就是说，这些记录应该能够显示出所记录业务的初始方应给付或收到的数额。在简单的存贷款业务中，这将非常简单：X 应偿还所有者（该所有者刚向 X 提供了一笔贷款）。当现金和货物账户被引入之后，将适用同样道理。对于从 Z 处赊购来的货物，其中的道理将变为：货物应该偿还给所有者（因为他现在把责任交托给了该账户），Z 应该从所有者处获得或收回款项（Z 目前给了他手头的东西）①。

若要用"应偿付"和"应获得"为上述业务构造一项备忘记录，商人必须确定谁"应偿付"及偿付给谁，也须确定谁"应获得"及从何处获得。显然，商人自己货物账户对外界某一方（比如 Z）的责任，不会比从 A 处借了一笔款项的 B 对作为存款人的 D（他向 A 存入了款项）的责任更大。同样的，Z 也没有资格从除了其给付货物的所有者之外的其他人处"获得"款项。Z 不能越过所有者直接触及货物本身或货物目前的拥有者。一笔债务是从所有人到 Z，另一笔债务则是从货物账户到所有人。因此，在当时不可能推导出如今天所使用的这样的双侧式分类账分录，在借记货物的同时直接贷记 Z（货物供应者），因为这两者之间没有直接的利益关系。当时的推理产生了一种四要素的业务表达方式，现代采用的则是两要素格式。不过，当相互对照的"所有者"项目被取消之后，在所涉及账户方面，所得到的分析结论是相同的。

---

① 或许早期的日记账分录试着在同一时间来表现债权人的收款权和债务人所欠的债务。货品账户有给付（归还）的义务，所有者有收受的权利；Z 有权收受，所有者有义务给付（偿还）。与债务相关的权利和义务的相互依存显然来自罗马法［参看索姆（Sohm）所著 *Institute of Roman Law*，Ledlie 公司版第 379 页］。有关这一关系的极为基础性的知识，很可能经受住了黑暗时代的考验而留存下来，或在其后不久即得以复活。

这即是早期簿记教材未曾涉及的理论。某种意义上，它是一种演绎理论，因为早期簿记作者并没有解释其业务分析背后所隐含的逻辑。不过，他们的确提到了某些他们自己都难以理解，但却能够很好地适应某些业务分析的技巧。对此有两点需要提及。

旧式实务借助了两种符号："〉〉"或"//"，把分录中借方和贷方要素分开。这些符号可能代表了对两个所有人项目的省略，这些项目是业务推理所必需，但在书写记录中却是无用的。显然，业务分析的思想过程是寄望于通过老师而不是教材来交流的，因为教材并没有对这些符号作出解释；或者是因为当时的簿记早已在实务者手中很好地定型了，初学者虽然缺乏深刻的理解，但却能够很好地遵循相关的技术方法。

从曼佐尼 1534 年的著作中我们可以看到，在早期著述中，当问题的关键被发现之后，还有另外的项目可以表明早期作者们在进行业务分析时运用了一定的推理理论。曼佐尼著作中在涉及购买、销售、收受、支付、交换、借出及赠予等业务时，要考虑四种主要事项：

（1）给付方。

（2）收受方。

（3）给付之物。

（4）收受之物[①]。

将这一分类应用于之前从 Z 处赊购货物的业务，可得出如下结果：

项目 1—给付方＝Z（他将货物付给了所有者）

---

① 简·英平·克里斯托弗尔（Jehan Ympyn Christophle）（1547 年）对此有如下观点："在登记第一部分时你必须考虑，所有账户都有两个专门的部分，一个借方表示欠，一个贷方表示贷出。在考虑了这些事务之后，接下来还有另外两点，即所欠金额总计数，以及因何所欠的原因解释。当你专门记住了这些之后，即可以此为例极为便利地确定并登记所有有关账务。"［P. Kats 在 1927 年 8 月 20 日的《会计师》（*The Accountant*）杂志第 264 页复制了以上资料。］H. Herskowitz 在《会计学杂志》（*The Journal of Accountancy*）1930 年 5 月刊上引用了四笔罗马现金账的抵销分录。

项目 2—收受方＝所有者（从 Z 处收到货物）

项目 3—给付之物＝所有者（向 Z 付款）的承诺

项目 4—收受之物＝货物（通过 Z 带到业务中来的）

将这一分类运用于一笔假定的早期日记账分录，则为：

（a）"货物"应付给"所有者"（所有者托付给货物账户的东西）

　　（项目 4）　　　　（项目 2）

（b）Z 应从所有者处获得（已得到所有者承诺）

　　（项目 1）　　　　（项目 3）

用现代方式表示，该分录将变为：

（a）G 欠（P）

（b）（P）欠 Z

删除相互对立且不必要的"所有者"项目之后，该业务将最终表现为非常现代的专门化分录格式：

货物 欠 Z

按 15 世纪的术语，它应解读为：

由货物 ∥ 给 Z

在严格的现代格式中，相关词语的位置摆放和双重数字栏是用以显示一笔分录中借项和贷项的技术手段。按照严格的现代格式，该分录应为[1]：

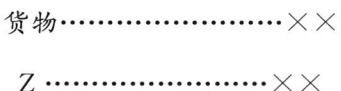

---

① 对旧式日记账分录中双斜线的意义及曼佐尼著作中所提到的"四种主要事项"，哈德卡斯特在其《遗嘱执行人会计》（*Accounting for Executors*）（1903 年）讲座 1 中曾经有过粗略的讨论。杰斯贝克在其《古代复式簿记》（*Ancient Double Entry Bookkeeping*）（1914 年）一书第 15 页和第 58 页中也有提及。在目前的分析中，人们试图把业务要素分析的四分法与先前从技术性分类账术语"应给"和"应收"中演化出来的业务分析系统联系在一起。

这一假定并未能成功地证明业务处理中所包含的实际推理过程究竟为何，但它却表明了，尽管早期作者文中的解释并不完备，但这并不能掩盖早期复式簿记中存在实际推理过程的可能性。

前文已曾指出，最初的簿记教材并没有从业务分析中提炼出一定的总体规则，以据之确定业务的借贷方向。但后来，此类规则成了教材作者关注的主要内容。早期作者在其解释中是否借助了对非个人账户的直接拟人化，至今依然存疑。但这种做法后来十分盛行。在使用旧式术语时，拟人化是不甚必要的，因为"应偿付"明显是与"交出"或"归还"等价的。因此，即便一个非个人的用以存放现金的"库房"，也能够交出存放其中的东西，收回以前从中提走的东西，而不必将其视作一个欠了账或接受委托的个人。在这种情况下，根本无须通过拟人化使意思变得更为清楚。然而，当每个账户的左边被用来代表"债务人"或"借方"，右边代表"债权人"或"贷方"时，拟人化随之变得十分必要。账户由此失去了意大利技术词汇所内含的统计特征，开始具有表现人欠、欠人的债务记录的单一意义。因此，当通过对簿记方法的修正将其作为单式记账法使用时，就会在一定程度上丧失意大利复式簿记所具有的显见的逻辑，而这种逻辑只要不是运用到非个人账户就是非常清晰的。

起初，在分析业务时显然并不需要拟人化；随后，它开始暗含于有关债权债务的用词中；最后，则在教材中被专门提及。

西蒙·斯蒂文（Simon Stevin）（1614 年）曾对一个非个人账户作出如下解释：

"假定一个名叫 Peter 的人欠我一笔钱，他还给我 100 英镑，为安全起见，我把这笔钱放进了钱柜，就像我把钱给了它一样。接下来我可以说，钱柜欠了我这笔钱。由于这一原因，我让钱柜变成了债务人（就像是它一个人一样）。Peter 则因减少了欠我的债务而成为债权人。为此，我在日记账中记：'由 Peter 借现金'。"[4]

理查德·达夫纳（Richard Dafforne）（1636 年）以如下对话方式对投入现金的会计分录作了极为类似的解释：

"问——按照借贷方法，你将如何在账上记投入的现金？

答——借现金，贷股本。

问——为什么要借记现金账户？

答——因为现金账户（收到了我存入其中的钱）按照我的意愿再次存了钱：现金账户（对我而言）代表了一个人，（出于信任）我把自己的钱交给他来保管；他有责任把钱退还给我，或者给我提供一份账单，说明其状况；这样如果现金有什么折损，他就会告诉我我的钱去哪了，这将有助于他把钱完整地归还给我。"[5]

达夫纳显然从斯蒂文那里多有借鉴，在其序言中，他称斯蒂文为"我们的大师"，感激之情溢于言表。

在另一本簿记教材（阿伯拉哈姆·李瑟特，1684年）[6]中，拟人化体现在某些分类账户的描述性标题中，则显得非常直白。其现金账户的题头写着：

"现金账户为债务人，目前处在伦巴达大街上的珠宝商理查德·高德肯（Richard Goldcoin）先生监管之下。"

另一例中的标题则为：

"管家约翰·法斯夫（John Faithful）为债务人"

本账户贷方记录收到的货物、金钱或租金，同时负担购入的物料用品及已付工资等。

毫无疑问，非个人账户作为一个抽象名词，在早期教学过程中要想讲清楚是很难的。因此也就不难理解为什么人们总是用一种简化的方式来对其进行讨论。现金作为一种抽象，或作为一个多少有点像是对总体资产进行统计上的细分的词语，也是不太好掌握的，尤其当簿记经过一定程度的演进已经远远超越早期极为简单的形式之后。当在每笔业务中自觉包含所有者的观念逐渐被忽略，当分类账中的专门用语 de dare（必须偿付）和 de havere（必须获得）被账户中一些不甚适宜，只是具有一定统计意义或仅仅代表了一定记录责任的译词所取代，早期意大利业务分析方式中所内含的简单逻辑开始变得非常模糊。

现金作为一个抽象账户，是颇让人迷惑的。但是，假如将现金看做一个人，看做一个值得信赖的雇员，目前所给予他的构成他所"欠"，目前从他这里拿走的只是他"托付"别人替他进行保管，如此则有关业务处理将与其他个人账户的业务处理别无二致。这样即可实现意想中业务分析的简化，虽然在此过程中逻辑会受到一定损害。不过，这只是一种人为的简化，虚构绝难使本质上复杂的东西真正变得简单起来。

人为的交易分析在一段时间内产生了一定累积效应。不久之后，与之相伴随，出现了各种用以确定应借应贷方向的基本规则，以及对各种层出不穷的业务形式的标准化表达，其目的在于教学生学会如何应对他以后可能遇到的各种账务处理情形。在十七八世纪可以找到很多有关这一发展的证据。19世纪则发生了更为显著的变化，后面我们将对此作进一步讨论。

在此我们将选择一些在十七八世纪广为流传的教材，运用其中的资料来说明对簿记中所包含推理过程的"标准化表述"是如何在这一时期演进为各种基本规则的实际应用的。

作为早期作者之一的乔纳斯·本哈（Joannes Buingha，1627年）以如下列表方式提出了他自己的规则：

借方，或欠者一方	贷方，或必须获得方[7]
（1）我们拥有什么。	（1）它来自何处。
（2）接受方为谁。	（2）发出方为谁。
（3）我们所购为何物。	（3）我们由何处买来。
（4）我们出售给何人。	（4）所售为何物。
（5）我们因何而买。	（5）我们为谁而买。
（6）须付款者为谁。	（6）须收受者为谁。
（7）我们因谁而付。	（7）我们付往何处。
（8）我们为何要进行保险。	（8）保险方是谁。
（9）我们为谁进行保险。	（9）如何计算保费。

(10) 我们送往何处。	(10) 我们所送为何物。
(11) 所得是什么。	(11) 损失是什么。
(12) 损益。	(12) 损益。

达夫纳在其著作中首先对如何根据财产清单编制初始分录作了详细解释，随后提出了 30 条用以确定借贷方向的业务分析规则。以下摘要列出其中部分规则：

首先我将列出一些仔细的辅助性规则，这些规则是开展持续性商业活动所必须，并且是不需通过书本即可学到手的——

(1) 不论是为个人、工厂还是公司账户，举凡我们得来之物（不论现钱还是实物），一律记 …………… 借方	(1) 不论是为个人、工厂还是公司账户，举凡我们付出之物（不论现钱还是实物），一律记 ………… 贷方
(2) 不论谁，只要作出承诺，该承诺方即应记入 …………… 借方	(2) 不论我们对谁作出承诺，接受承诺的一方即应记为 ………… 贷方
(3) 不论对方是谁，只要我们向他自己的账户上有所付出（不管是付出现金、实物，还是进行交换或分配），对方即应记 …………… 借方	(3) 不论对方是谁，只要我们从他自己的账户上有所收受（不管是收到现金、实物，还是进行交换或分配），对方即应记 …………… 贷方
(4) 倘若我们向另一方账户有所付出（项目同上），我们向其账户付出的对方即应记 …………… 借方	(4) 倘若我们从另一方账户有所收受（项目同上），我们从其账户收受的对方即应记 …………… 贷方

············

(15) 当我们因为支付报酬而有所失，不论大小，也不管是因何而发生，皆属损益，记 …………… 借方	(15) 当我们因收取报酬而有所得，不论大小，也不管是因何而发生，皆属损益，记 …………… 贷方

该书随后用了很大篇幅讨论各种不同的业务，并以借贷来标示之。不过却只是表明事实及与之相关的日记账分录，对业务的性质都不置一词。学生需要通过死记硬背而不是推理来学习如何进行业务分析。由此

可以推断，倘若学子们遇到以前例子中未曾列示的业务，将可能变得不知所措。19 世纪的发展引入了现代业务分析，使得学生不再受不真实的"虚构账户"（即拟人化账户）所困扰，并使他们能够基于逻辑基础推想出全新簿记业务的处理，而不必依赖规则或对实例的记忆。

正如以下从三部极为重要的著作中所选事例将会表明的那样，在整个 18 世纪，始终如一地在使用规则和实例。

托马斯·金（Thomas King，1717 年）[8] 曾总结出一条基本规则，并将其应用到许多情形中。他的借贷规则是：

"无论你收到何物，必须在日记账和分类账中做借方记录，对应方则为所收物的付出方，或你之所以收的事由。与此相反，无论你付出何物，必须在日记账和分类账中贷记你所收到之物——钱或物，倘若既非钱也非物，则记在收受方人名项下。"

（第 5 页）

随后是对一系列"事例"或不同类型业务的简要说明，其中，37 项为"国内贸易"业务，20 项为"国外贸易"业务。从下面该作者对一项业务的分析中，可以看出其所用方法。

（业务）*如果你担保的货物丢失*

草账，1715 年 12 月 17 日

"我接到通知，我为

K 先生担保的货物

丢失，价值 …£500"

日记账，1715 年 12 月 17 日

"借记担保账户，

贷记 K 先生£500，

原因是他船上装载的

托马斯和玛丽、约

翰·希曼的货物丢失。"

分类账，1715 年 12 月 17 日

"借记担保账户，对应方

为 K 先生 ………£500

贷记 K 先生，对应方

为担保账户………£500"

然而，此类"解释"充其量也只是一些示例而已。也就是说，它们与出现在各种账簿中的记录并无二致，没有有关账簿记录形式的安排。对于究竟如何推导出该记借方还是贷方，其中并无说明。他只是给出了总体规则并以此来处理大量典型业务（并无任何分析）。由此推想，很有可能是希望老师通过口头方式解释怎样运用规则，或者是让学生自己去揣摩。

威廉·维斯顿（William Weston）（1754 年）[9] 用了许多规则，他有关如何编制日记账分录的规则总数达 45 条，有关这些规则应用的解释在其教材中占了 34 页的篇幅。其中部分规则即足以说明这位 18 世纪作者所遵循的方法。

"规则 4，非等值商品易货交易"

"借记你在交换中所收货物，对应方为你与之易货者；编制一笔日记账分录；然后划一条线，借记与你易货者，对应方记你在交易中发出的货物。（要求记两笔完整的日记账分录）"

"规则 9，遗产赠与"

"假如他们是直接给付现钱于你，按所收钱币的多少借记现金，贷记利润或损失账户。"

"如果他们尚未实际支付，借记遗嘱执行人，贷记利润或损失账户，金额为留赠与你的财产数。当你收到赠与的货币，按所收金额借记现金，贷记遗嘱执行人。"

"规则 22，船舶修理"

"务必按所支付金额借记该船舶，贷记现金，或贷记雇来修船的人员，前提是他们在赊欠工钱的情况下依然愿意为你干活。"

尽管该教材广泛列举了各类业务（包括汇票、寄售、合伙等），但教学却依然需要通过戒条和举例的方式来完成。需要注意的是，上述遗产赠与业务的处理（规则 9），贷记资本账户要比贷记利润或损失账户更合乎逻辑；船舶修理（规则 22）业务中把费用记入相关资产账户（随后再通过存货业务处理而结清）的做法现在已经被废弃，取而代之的是分别记入费用和资产账户。

约翰·迈阿（John Mair）（1765 年）[10] 的簿记教材曾多次再版，其簿记规则概略如下：

"从前面论述可以看出，借贷涉及三种类型的账户，即：个人账户、实账户和虚账户……现在我把这些论述据其实质归结为如下六条规则：

Ⅰ. 因受托关系收到某物，借记该物品账户，贷记该物主人账户。

Ⅱ. 因委托关系将某物交付于某人，借记该人名账户，贷记所交付物品账户。

Ⅲ. 收到某物，借记该物品账户，贷记其来源。

Ⅳ. 在前后各种事例中，性质上彼此相反的组成部分，其借贷方向也是相反的。

Ⅴ. 在需要用到个人账户和实账户的借方或贷方的事例中，缺失部分必须用虚账户来补足。

Ⅵ. 在复杂的事例中，需要综合使用以上各项规则来确定借贷方向。"

继这些规则之后，作者以 50 页的篇幅介绍了这些规则在不同情形中的应用，包括国内和国外贸易，代理（寄售）和合伙。其目的在于尽可能涵盖各种类型的已知业务。在将这些借贷规则应用于采购业务时，作者区分了可能遇到的 7 种不同情况：①现款采购；②票据支付；③分期付款；④部分现款，部分票据；⑤部分现款，部分分期付款；⑥部分票据，部分分期付款；⑦部分现款，部分票据，部分分期付款。针对每种情况，作者演示了怎样编制必要的会计分录，但却并没有对各种情况作逻辑分析。按照同样方式，这些规则可应用于销售业务（7 种不同的情况）、易货业务（4 种情况）、收款业务（12 种情况）及付款业务（14 种情况）。

根据以上所述，我们可以发现，早期簿记实务依赖的仅仅是初步的理论。这些理论是否进入老师的解释和簿记员的推理过程，尚不清楚。在 15 世纪甚至连长除法（long division）问题也只有数学教授才能解决的情况下，该主题很可能显得太过复杂了些。还有一种可能，乃是因为当时学习簿记的秘密及其方法的应用，更多地依赖死记硬背而不是理解。其后一些作者（如 1636 年的达夫纳及继他之后的其他一些人）更多地强调通过大拇指规则（rules of thumb）进行业务分析及确定借贷方向。

他们的使命在于试着去简化本身极为复杂的事物。试算平衡可以通过各笔业务的借贷平衡得到解释，利润和资本的关系却不是那样容易可以说清楚的。之所以要借助于账户的拟人化并运用大拇指规则进行业务分析，是因为无法用抽象的语言对簿记实务作出解释。不过，要是没有诸如此类不断地探索和思考，也就不会使这一局限性显得那样突出。簿记方法抽象的一面时不时受到一些簿记教材作者的关注（尤其在 19 世纪）。正是得益于这些不甚完善的评论，现代会计理论从其一开始就采用了更为明确的形式。

关于规则和拟人化的有关说明

要了解簿记规则中内含的逻辑是极其不易的。托马斯·琼斯（Thomas Jones）以 R 先生（Mr. Rule）和 L 先生（Mr. Logic）对话的方式，巧妙说明了以推理取代规则的过程。下文中将全文复制其对话内容。

下面第二部分资料摘自查尔斯·E·斯普拉格（Charles E. Sprague）的著作。他是另一位积极倡导用推理代替规则的学者，他据以处理拟人化问题的思路与此几近相同。

一堂有关复式簿记原则的课程[11]

R 先生：在确定借贷方向时，你必须采用如下规则：

"人欠记借方，

欠人记贷方。"

L 先生：无疑，这看起来像是一项非常简单的规则。通常认为，簿记并没有什么，只不过是区分人欠、欠人而已，我视其为无需认真研究的问题，但当我试图根据这一原则区分借贷方时，却发现自己如坠云雾之中。由此得出结论，簿记员必须赋予这两个词以不同于常识的含义。

R先生：你可能是把与另一事物相对应的借方当成了与你相对应的借方，而把本该记做贷方的记成了借方，如此导致了迷惑。

L先生：我看出了其中的不同，先生，而且希望能够很容易克服这些困难。我也期望能在新的情况下试用该规则。

R先生：那么，我给你下列业务，请编制日记账分录：购买商品，并因此支付现金500美元。

L先生：我借现金账户，因为它使我失去了这样多财产，欠我；同时贷商品账户，因为我的财产增加了，我欠他。

R先生：不，先生。你把规则弄反了。你必须借记商品，因为是其他人欠你，金额相当于它的价值。

L先生：对不起，先生。我还是搞不明白为什么要记商品账户的借方，因为我为它付出了价值，而不是用赊购方式增加了我的财产。但如果你告诉我因为其有价值就将其做借方记录是你所研究学科的一条法则，我将服从并记下它，并丝毫不会怀疑我之所以这样做的理由随后会自然显现。

R先生：它是本学科的法则，先生。

L先生：我会记下的，先生。（他随之记到："事物因其内部所含价值而记借方"）但现金账户又该如何考虑？

R先生：现金账户应该做贷方记录，因为在你产生该价值的同时，你欠下了那样一些价值。（L先生记到："事物因其产生价值而记贷方"）

R先生：我们因商品损坏而欠约翰·布朗15美元。请编制分录。

L先生：你有时还要做有关损失的账务记录吗？

R先生：当然。为了反映损失和收益，需要专门设置损益账户。

L先生：那么，我想我应该借记损益账户，虽然它和我上面记下来的规则不尽一致，因为它里面并不包含价值，其价值似乎已经消失。而且，对我来说，当我获得收益时，必须有一定价值在其中，因此我必须把收益和损失全记在借方。这似乎又和商品账户有一定关系，但我看不出当发生损失时，我能欠商品账户什么。

R先生：当你知道该分录多么简单时，你肯定会感到吃惊的。你需要贷记约翰·布朗账户 15 美元，这是你目前欠他的，同时借记商品账户，因为是它导致你欠了布朗先生。

L 先生：先生，请务必允许我提醒您，我虽然来学这门学科，但我对商务活动却是一窍不通，因此，对你的大多数学生而言十分清晰的解释对我来说却未必。不过另一方面，我自己就是一个从教多年的教师，对教学艺术颇有研究。我一直在努力避免向学生提出一些根据我以前教给他们的规则和原则无法作出回答的问题。我不可能用无法使我满意并对我构成指导的解释去教导别人；因此，你必须允许我向你指出，你对借方的解释在我看来是前后矛盾且十分奇怪的。前面我已经记下了某物被欠是"因其内部所含价值"，现在我借记商品或损益账户，是因为它内部不含价值。由此可见，导致欠东西的原因肯定不止一个，或者换言之，你说欠你某样东西是因为某一原因，而欠你另外一样东西却是因为另外一种完全相反的原因。这让我觉得你是用一种很随意的方式在使用借方这个术语，而不是如你的规则所暗示的那样，是按负债的字面意义进行解释。在规则中你说，人欠记借方。现在，当所有欠我的东西似乎并非因为同样原因时，你能否给我一些进一步的规则或原则，帮助我搞清楚按你对术语的理解究竟哪些是真正欠我的？能导致欠我的要么是一种原因，要么是好几种原因。如果只有一种原因，只要把它讲清楚，所有的困难也就迎刃而解了。如果有多种原因，那么，在使用该术语之前，就应该将其一一查明。到目前为止，你向我阐述的所有原因，对我收到现金时关于为什么欠我现金的解释，远不如对为什么我要支付现金的解释清楚。

R 先生：我已向你表明，现金欠你是因为它自身的价值，这也是你对现金的期望所在。

L 先生：是的，但是你也向我表明，损益账户欠我是因为其自身没有价值，而我之期望于损益账户的，乃是考虑其失去的价值。

R 先生：你依然可以把它看成是欠你的，尽管它永远不会偿付。

L 先生：也许，但这却无助于让我们就什么原因导致赊欠达成一致意见，因此你的规则依然无法为我所用。究竟是什么原因导致欠我，这是我想要解决的问题。我并不在意究竟有一种还是多种原因。如果有好几种原因，我的第一要务是将其全面了解清楚。

R 先生：你将在实践中通过不断运用这一规则来获得你所想要的。

L先生：如果规则无法使业务清楚明白地显示出来，我将无法认为它能很好地用于处理业务。如果我要理解你期望我养成考虑某些东西为借方或贷方的习惯，你须使我找到可用于指导我的理论和原则。

通过拟人化进行业务分析[12]

有一种方法可用于解释业务与账户间的各种关系，那就是比喻式的或拟人化的方案。我们假设有一位名为斯托克（Stock）的商人，希望今后用复式记账法来记账。他已经为所有与其有业务往来的个人开了账户，并雇佣班能斯先生（Mr. Balance）做他的簿记员，要求他就有关新方法提供帮助和建议。斯托克把其主要职员全部召集到办公室，告诉他们在今后的商务舞台上需要扮演特定的角色（或担负一定的职能），为此我们可以剧本的方式将其细节描述如下。

复 式 簿 记
一部现实主义的剧作

背景：账房

剧中人物：

斯托克（Stock）——店主

班能斯（Balance）——会计师

坎式（Cash）——现金保管人

梅科德斯（Merchandise）——推销员

Wm·瑞赛堡（Wm. Receivable）——文件保护人

普诺菲·劳斯（Profit-and-Loss）——商务经理

艾克彭斯（Expense）及其下属——心肠不错的败家子

史密斯、琼斯、布朗、桑德瑞（Sundries）、Wm·佩爱堡（Wm. Payable）及其他——朋友、客户

班能斯发现在原来的账簿中斯托克已经为所有与之打交道的人设置了适当账户，唯独没有他自己。这一缺失是必须要弥补的。如果史密斯、琼斯等是他的债务人，那他就必须是他们的债权人。与此同时，我们需要在各个职员间按照每个人配定的

角色来分配任务，具体分工斯托克已经成竹在胸：

"坎式！你要管好主人的钱包，

看看你是否真正把它保护好了。

梅科德斯！你的任务是看好堆积如山的财富，

那是许多雄伟壮丽的船舶从遥远的国度带来，

不要让其被虫蚁所毁，更不要让窃贼得逞；

售价不能低于以智慧的方式确定的价格——

那可是安全海上贸易的普利姆索尔标志（Plimsoll mark）。

Wm·瑞赛堡！我们的那些票据，

协议、担保书、应付凭证，

（参见克罗尼很长的专题论文）

请把他们整理好了，当其一旦到期，

就像狠毒的高利贷者那样，大声呼喊：'还我债来！'

普诺菲·劳斯需要主持大局，

因为损失要靠利润来补偿。"

（除班能斯外其他人皆已离开）

班能斯（独白）："现在我主人的财产已经全部变成负债了，接下来我可以按借贷方式对其进行记录。

桑德瑞（杂货），记借斯托克（股本）记贷；

坎式（现金），记实有现金数；

梅科德斯（商品），记库存商品，即存货；

Wm·瑞赛堡（应收票据）：应收价值的书面凭证；以及，

各位男子：史密斯、琼斯等，反映其诸种债务的金额。

我将在新的分类账中为以上各位分别开设账户，按时间顺序记录他们欠斯托克先生债务的适当金额。然后，因为他将成为总金额的债权人，我将记入他的贷方。

但请注意，他又欠了！关于这些债务我有一张清单，接下来我会抄写到每一个债权人，反映其所主张的金额；按照我主人斯托克所欠的总金额做借方记录，而无需提供细目。

'借记斯托克贷记桑德瑞'；这将在今后起到唤醒记忆的作用。"

现在我们的英雄已经设置好了全部账簿。他是他全部欠款的债务人，也是全部别人欠他金额的债权人——或者是真实的或者是虚构的。假如他的账户是平衡的，那么，从理论上来讲，它将表明外界究竟欠他多少。接下来登台的是经营业务。如果商品已经售出，商品将做贷方记录；但究竟是谁欠了他的？其借方或是一些客户，或是企业一些部门的首脑，他已经向其发出同等价值的货物。如此我们将有如下分录："借现金，贷商品"；"借应收票据，贷商品"；或"借史密斯，贷商品"。当因为付给适当部门的首脑而贷记了一定价值，另外某一方——或是一个真实的债务人，或者只是一个假设的债务人——就应相应地做借方记录。

在最后一幕，普诺菲·劳斯视察了整个企业。班能斯紧随其后，分类账夹在胳膊底下，日记账装在口袋里，随时准备记些什么。在视察到梅科德斯（商品）时，经过仔细按进价估值，发现尚未出售的商品价值大于账面金额。为此调高了梅科德斯的价值，普诺菲·劳斯作为斯托克的代表或代理人作了贷方处理。班能斯认可了按新价值对梅科德斯（商品）进行的估值，临时性地减少商品价值，对其作了贷方处理，并归由班能斯（余额）负担。审查发现坎式（现金）账实相符；他得到了一个临时休假的机会，钥匙全部移交给班能斯，让忠诚的坎式暂时摆脱了所承担的责任。Wm·瑞赛堡（应收票据）中有一张票据已经过期而且被对方拒付，已经毫无希望收回。他把其他票据转到了班能斯（余额）（借余额，贷应收票据），而把这一张票据转到了普诺菲·劳斯（损益）（借损益，贷应收票据）。除了收讫票据之外，艾克彭斯（费用）基本与债务无关。普诺菲·劳斯判定其发生皆属正常，因而认为应该免除艾克彭斯的责任（借损益，贷费用）。最后，所有账户的借贷方金额全部转入余额账户，以作最后的调整。但是，如果有任何一项债款被认定为无法收回，则需由普诺菲·劳斯（损益）负担，因为他承担着详细检查各项赊销的责任。现在，只有两个员工——班能斯和普诺菲·劳斯——依然保持着与斯托克（资本）的直接关系。普诺菲·劳斯报告过去一个时期的业务情况。他应该有一定贷方余额，那是各个部门业务增长实现的结果。在感谢其忠诚服务的同时，斯托克命令簿记员将净利润转入其（股本）贷方，因为这是普诺菲·劳斯作为他的代理人所赚得的。这样就又结束了一个账户，剩下来就是斯托克（资本）和班能斯（余额）之间的事了。班能斯说："我的价值倘若没有来自其他方面的主张，就应该全部转给你；如果你的账户是平的，你的主张得到了满足，则表明所有记录完全正确。"斯托克做了检查，发现结算的结果与他的实际主张完全相符。

（闭幕）

参考文献

［1］From a monograph *Archivo Storico Lombardo*，*Giornale della Societa Storica Lombarda* by Dr. Gerolamo Biscaro，Milan，1913，quoted by P. Kats in "Double Entry in England before Hugh Oldcastle," *The Accountant*（London），January 16，1926. Also see an article by B. Penndorf in *The Accounting Review*，September，1930.

［2］*Ancient Double Entry Bookkeeping* by John B. Geijsbeek（Denver，Colorado，1914），where in the original book is photographically reproduced and translated.

［3］Quoted in *The History of the Worshipful Company of Drapers of London* by Rev. A. H. Johnson，Vol. II，p. 253.

［4］Geijsbeek，*op. cit.*，p. 15. See also "Simon Stevin" by P. Kats in *Institute of Bookkeepers Journal*（London），September，1927.

［5］P. 9 of Dafforne's *Merchants Mirrour* bound in Gerard Malynes' *Lex Mercatoria*，London，1636.

［6］Bound with others in Malynes' *Lex Mercatoria*，3d ed.，London，1686.

［7］H. J. Eldridge，*The Evolution of the Science of Bookkeeping*，London，1931，p. 34.

［8］Thomas King，*An Exact Guide to Bookkeeping*，London，1717.

［9］William Weston，*The Complete Merchant's Clerk*，London，1754.

［10］John Mair，*Bookkeeping Methodiz'd*，Edinburgh，8th ed.，1765.

［11］From：*Paradoxes of Debit and Credit Demolished*，Thomas Jones（New York，1859）.

［12］From *The Bookkeeper*（N. Y.，Dec. 5，1882）probably written by Charles E. Sprague，assistant editor.

第五章

成型的结构——帕乔利

引言： 为了勾画出业已成型的复式簿记程序，本章将描述第一部印刷版簿记著作的主要内容。该书为圣方济会修士卢卡·帕乔利所著，1494 年出版于威尼斯，乃一部大部头数学论著之一篇。

此处所选用的是杰斯贝克的英译本（《古代复式记账》，丹佛，1914 年版）。不过，为凝练起见，省略了帕乔利原著中某些段落和语句。为使帕乔利有关复式簿记基本程序的解释更加紧凑，对原章节顺序也做了重新安排。其他一些章节对本主题而言并非十分重要，亦将在本章后半部分刊出。页边位置还将标明有关内容在帕乔利原著中的章节号，以便了解被打乱的章节在原著中的具体位置。

帕乔利的原文

本文采用威尼斯所用的系统，在其他地方也能找到该方法的踪迹。

（第 1 章）

初始之时，商人务须依此方式编制一份财产清单（inventory）：他必须在纸张或独立账册上列明他在这个世界上所拥有的东西：个人财物或不动产，开头记录各种容易丢失的贵重物品如现金、珠宝、银币等，随后一一列出其他物品。

（第 2 章）

为了给你提供一个具体的例证，下面列明按系统方式编制的我个人的财产清单，包括我所拥有的所有财产、个人财物和不动产以及人欠（debiti）、欠人（crediti）之数。（第3章）

第1项　我发现我有许多现金，包括各种金币，其中威尼斯货币若干，匈牙利金币若干；还有若干由罗马教廷、锡耶纳人、佛罗伦萨人制造的大弗罗林。

·········

第14项　我有许多债权（debitori）：其一为某某人欠我的货币若干，我会一一记下欠者姓名和所欠金额。其合计数即为我所拥有的可收回款项总额。其中好人所欠部分可称之为优质债权，否则称为坏账。

继财产清单之后，需使用三种账簿，以使工作简便易行。一是备查账（Memoriale），二是日记账（Giornale），三是分类账（Quaderno）。备查账记录各项交易，当其发生之时，不论交易量大小，皆依时间顺序逐一登记。设置备查账是为了反映交易量，其记录由仆人在主人不在场的情况下完成。一个大商人是绝对不会让他的助手们无所事事的。他们必须详细记录每笔交易，如此则可在备查账中以简明方式反映出每笔交易所涉及的货币单位和重量单位；他们须记下所要收回或可用于交换的各种货币的种类。在将所处理的各种货币转换为标准形式方面，本账簿远不如日记账和分类账重要。　　　　　　　　　　（第5章，第6章）

此类备查账需送交特定商务官员——比如佩罗萨（Perosa）城的执政官（Consuls）——进行审查，报告者须向官员声明这些账簿记录了已经发生的所有交易，并说明其中交易是按何种货币记录的。办事员应在有关上述官员的记录中提到这些情况，并在所呈交账簿扉页亲笔记下该官员的姓名。为了证明相关事务的真实性，还需加盖官员印鉴。如此则该账簿可作为有效证据在法庭上使用。　　　　　　　　　　　　（第7章）

第二种常见商业账簿称为日记账。日记账中使用两种符号，一个是"per"，另一个是"a"，它们各有其特定含义："per"代表借方，"a"代表贷方。在做分录时，总是先写借方，然后才是贷方，两者之间用两条短线（//）隔开。　　　　　　　　　　　　　　　　　（第11章）

日记账分录举例

借：现金//贷：自有资本等。其金额按我目前所拥有的货币数量来表示，如财产清单第一页中所示。须分别列示不同材质的货币量，并最终以威尼斯货币形式记其总价值为：L＿＿ S＿＿ G＿＿ P＿＿

借：银币//贷：同上。反映目前以几种银币形式所拥有的资本：L＿＿ S＿＿ G＿＿ P＿＿

（第12章）

依此方式，可继续把财产清单中的其他所有项目列入分类账。需要说明的是，所有东西的价值只能用一种货币进行计量。当将某一项目从备查账过入日记账时，应在其上划一条通栏单斜线，表示该项目已登入日记账。

在将所有分录有序地记入日记账之后，下一步是将其转入第三种账簿——分类账（quaderno grande，也称大账）。其第一页用以借记现金。习惯上，分类账第一页整个会被用来登记现金，因为与现金有关的分录比其他分录多出很多。

（第13章）

对日记账中的每笔分录，务必在分类账中做两笔记录。一笔在借方（in dare），一笔在贷方（in havere）。借方分录在左边登记，贷方分录在右边登记，且须在借方记录中注明与之相对应的贷方记录的页码数。这样就将分类账中的所有记录连在了一起，并且永远不会出现只有贷方记录而无同等金额的借方记录与之相对应的情况。在此基础上，形成分类账的试算平衡（bilancio）。

由于每笔日记账分录在分类账中都做了两笔记录，在过账时须画两条斜线。在页边上，须在分录前写上两个页码数，一个在上一个在下。上边为借方记录的页码，下边为贷方记录的页码。你总是会尽量把贷方记录紧接借方记录在同一行中加以记录，或在紧接其后的另一行中记录，中间不加任何其他记录，原因在于，当有借方记录出现时，必须有贷方项目同时存在[①]。因而会尽量使两者保持较近距离。

（第14章）

在说明了以上情况后，现在我们将写下分类账中借方栏的第一笔现

---

① 这里是指日记账的记录形式。

金账分录，随后是贷方栏资本账户的第一笔分录。其记录方式为：

公元·············MCCCCLXXXXIII 年

11 月 8 日，借记【dee dare——应给付】"现金"账户，贷记"资本"账户。当日我拥有各种货币，包括金币及其他各种货币，总额为：（第 1 页）L _ _ S _ _ G _ _ P _ _

在按如上方式做了记录之后，你应该按我前面所描述的方式在日记账中做注销处理。然后在贷方做如下记录：

公元·············MCCCCLXXXXIII 年

11 月 8 日，贷记【dee havere——应拥有】我名下的"资本"等账户，借记"现金"账户。我当日所拥有的现金，包括金币和其他各种货币，总额为：（第 1 页）L _ _ S _ _ G _ _ P _ _

如果在同一账户中还有其他项目需要登记，则需按如上所述方式，写"借"某某。然后，可通过划短线的方式注销日记账中的贷方记录，并在页边与该记录相对处写下借方和贷方记录所在的页码数。（第 15 章）

登账的规则只有上述这些。对于每一个项目，你都应在日记账和分类账中予以登记。仔细记下所有东西并核对，不能遗漏，因为与小贩相比，商人需要更全面地了解自己的经营状况。 （第 16 章）

除上面所提到的分录之外，在账簿中，你还需要设置其他账户，包括：商业费用、正常家务费用、临时费用；此外还需设置反映现金收入（entrata）和付出（uscita）的账户，以及用以反映损益（pro e danno）的账户。这些账户在任何时候都是非常必要的。商人可以通过它们了解他的资本状况，以及期末结账（saldo）时的经营状况。 （第 17 章）

我们不可能把任何杂项支出都记入商品购销账户，因此开设了"小额商业费用"账户。我们不得不记录正常家务费用，包括：粮食、酒、木柴、油、盐、肉、鞋、帽、衣服裁剪费、长袜、裁缝费、饮料、小费、理发费、面包、送水费、毛衣、厨房用品、杯子、桶、窗户玻璃及所有浴室用品。许多人为此类费用分别开设专门的账户——但我给出的例子中，商人们并没有这样做。对于一些小的开支项目，如：肉、鱼、乘船费等，你可以专门准备一些钱用于此类支付。你不可能对每一样细琐的东西分别开设一个账户。如果你乐意，也可以把非常损失并入正常家务费用账户进行核算。你的娱乐性支出，或在游戏中输掉的钱，或遗失、被盗、在沉船或火灾事故中损失的钱物等，皆可列为非常损失。你也可以像其他人那样为这些支出单独开设一个账户，这样你就可以在年底时知道你的非常损失是多少，这个账户里也可以包括由于各种原因用于购买礼物的支出。

这些账户后面必然有一个损益账户。损益账户的称谓因地而异。其他分类账户的余额就转入这个账户。你无需在日记账中做这些记录，将其保持在分类账中即可，因为它们来源于各账户借贷方的溢余或短缺，而非真实的交易。如果某一商品销售蒙受损失，分类账中的贷方余额少于借方余额，你就要在贷方加入两者的差额，使其借贷平衡。其分录如下：

贷：单位损益若干，我在此加以记录，乃是为了平衡持续损失账户等，如此等等。

然后再找到损益账户，在其借方栏做如下记录：

本日借记损益账户，对应某某持续损失若干，该损失已记入商品账户贷方以求平衡。

如果这一具体商品账户表现为盈利而非亏损——即贷方大于借方，则需按相反方式加以记录。

如此，本账户（损益账户）必须在结账时过入资本账户。资本账户总是位于分类账的最后，是其他所有账户的综合。　　　　（第27章）

如果因为旧账写完或新的年度开始需要换新账，你还必须知道如何将旧账余额结转到新账中去。在很多著名的地方，特别是在米兰，大商人们习惯每年更换分类账。

这项工作以及我们下面还要介绍的内容，通常称为结账。要想做好这一工作，必须非常小心而且严格地按程序进行。首先得找一个助手，因为一个人单独完成这项工作几乎是不可能的。将日记账交给他，你自己拿分类账。然后让他从日记账第一笔分录开始，先借方后贷方，告诉你每笔分录借贷方在分类账中的页码数。相应地，你能按他说的页码数找到该笔分录，并核对项目或账户。如果项目和金额一致，说明过账正确。核对一致时，做一个记号或打个点，以便你随时知道此项目已核对无误。同时，也让你的助手在日记账同一分录处做上类似记号。需要注意的是，你们俩必须同时对一笔已经核对的分录做记号，否则就会出现错误，因为分录做了记号就意味着它是正确的。

依照上述程序核对完日记账和分类账的所有项目后，如果两个账簿中所有账户相应借方、贷方完全相同，就说明所有账户是正确的，所有结账工作也是正确的。 （第 32 章）

接下来应做的，是将现金、资本、商品、个人财产、不动产、应收账款、应付账款、政府官员、经纪人等账户的旧账转入新账。但有些账户不需要结转到新账中去，比如无须公开的个人账户、小额商业费用、正常家务费用、非常性开支以及收入和费用等，这些账户应该在上期结账时转入损益账户。这些费用类账户应在借方栏登记，因为它们很少有贷方发生额。就像我经常说的那样，加总借方和贷方每栏的差额，将会得到一个较小的总额。做如下分录：借记损益账户，见第 X 页。这样就通过损益账户结平了其他账户的差额，再分别加总损益账户的借方和贷方，就能知道你的盈利或损失是多少，因为所有分录都是借贷平衡的，增减的项目都来自资产和负债的相应增减。如果损益账户的借方金额大于贷方，则意味着企业自开业以来已经发生了相当于该差额的损失；如果贷方金额大于借方，则意味着在这段时期内企业是盈利的。

通过结账知道当期盈利后，你就该将损益账户余额结转到资本账户了。开始经营时，你就已经将你所拥有的财产记入了资本账户，现在应该按如下方式将损益账户发生额转入资本账户：当发生损失——上帝可能是用这种情况来让每个人都成为一个真正的好基督徒——时，你会按通常的方式增加贷方。然后用斜线结平借贷双方，加总借贷双方的发生额总数，两者必然相等。随后，在资本账户的借方栏写入：某某日，资本账户做借方记录，原因是为了结清亏损，在损益账户做了贷方记录。反之，如果是盈利，即损益账户的贷方发生额大于借方发生额，就应在借方加记相应数额，以结平该账户，并提及资本账户和相应的页码。当投入各种物品——包括个人财物和不动产——时，也应在资本账户贷方做同样记录。因此，从资本账户（一般是整本分类账中最后一个账户）中，通过加总所有已结转至新账的借方发生额和贷方发生额，就可以知道你到底拥有多少财富。

资本账户应同其他账户一起结转至新账中，可以只结转总额，也可以一笔一笔结转，但习惯上只结转总额，这样你对整个财产的价值就一目了然了。

为了更清楚地验证结账前账簿记录的正确性，应该找一张纸，将旧账中的借方发生额汇总列于其上靠左一边，然后再将贷方发生额写在其右边。将所有借方发生额加总，可以得到一个数据，称为总计（grand total），所有贷方发生额同样加总，得到贷方总计数。如果两项总计数相等，则可认为分类账的记录和加总正确无误。如果其中一方总计数大于另一方，则说明分类账中存在错误，你必须利用上帝赋予你的才智及所学到的经验仔细查找错误。因此，请依照我的描述，小心谨慎，努力成为一个好的簿记员。且不要忘了向上帝祷告，求他保佑你始终不要出错。

【分店】

如果你在住所外有一家店铺，与你的住所不在同一幢楼里，但店铺内的东西完全由你支配。为便于管理，你应如此记账：对发送到分店的各种东西，应在账簿中逐日登记，并记入不同商品账户的贷方。你可以把这个分店想象成你的一个债权人，你可以因为多种原因把你的东西给它。相反，你可以在分店账户的贷方登记你收到分店或从分店拿回的东西，就像分店是你的债务人，在逐渐偿清债务一样。这样，任何时候你都可以了解该店的经营状况。很多人将与分店之间的往来业务反映在分店负责人名下，但若分店负责人不知情，或在未征得他本人同意的情况下将他作为债务人来记账，就不太合适了。

　　账户不过是用书写形式记录商人们已记在脑海中的各种事务和活动。利用账户记账，既能了解经营的整体情况，又能清楚地知道经营状况的好坏。否则，就会如一句谚语说的那样：若你经商却无法全面了解自己的经营情况，金钱就会像苍蝇一样一哄而散。　　　　　　　（第23章）

　　【银行业务】

　　如果将钱存入银行，你就会借记银行、银行主或银行合伙人账户，贷记现金账户。你还要从银行家那儿取得某种书面凭证作为证据。取钱时，银行也会让你写一份收据。事实上，很多时候这种收据是不需要的，因为银行账簿总是公开而且可信的。但最好要一份收据，因为正如我前面所说，商人办事越仔细越好。当你从银行取钱去支付他人部分或全部欠款，或给国外客户汇款时，你可以按前面我所说的那样做相反方向的分录。也就是，如果你取钱，就以所支金额借记现金账户，贷记银行或银行主账户。如果你让银行代你直接向他人支付，则可借记第三方账户，贷记银行账户，并说明其原因。

　　反之，如果你是银行家，就需做反向记录。付款时借收款人账户，贷现金账户。如果某债权人不是支取现金，而是向第三方开出汇票，你须在日记账中做如下分录：借记该债权人账户，贷记款项接受方账户。

　　这样，你就将钱从一个债权人转向了另一个债权人账户，你依然是债务人，扮演的是中间人的角色，是双方的代理人或见证人。（第24章）

　　【旅途中的账簿】

　　旅行通常有两种方式：亲自去或派别人去，因此也有两种方式来记账。不论是你亲自出差还是委托其他人出差，账簿总是需要再复制一份。一本分类账保存在家，另一本则在旅途中携带。如果你自己出差，出于管理的需要，你必须带一份新的财产清册和一本小分类账和日记账，按介绍过的程序进行登记。如果发生交易，必须依照交易类型、交易人、商品、资本、盈利或亏损情况在账簿借方或贷方进行登记。如果是委托他人出差，则须借记委托人账户，反映托付给他的商品。同时把他看成一个销售客户，单独开设账户，反映你们之间所有的商品和资金往来。委托人自己也会设立一个小的分类账，把你当成债权人。等他旅行归来，就会和你结平账目。 （第26章）

【经纪人业务】

在与交易中介办公室做买卖时，你应按如下方式记账：当你通过经纪人购进商品时，需按商品总价的2％、3％或4％借记该商品账户，贷记交易中介办公室账户，然后再付款给他。经纪人需要出示一份报告，说明交易人、交易内容及交易经过。在出现问题时，它可以帮你搞清事实。

如果真的出现问题，双方又试图解决，将会查阅经纪人的交易记录。依照法令，这些记录作为一份公开文件是真实可信的。商务领事通常会依据这些记录作出判决。 （第18章）

【买卖】

无论你怎样在你的账簿中记录每笔交易，都要首先登记备查账，详细列明交易的期限、条件，以及是否经过经纪人等细节。在描述清楚后，尚须确定商品价格。此价格是根据交易时商品的现行价格确定的，须以某种货币为计量单位，计算出商品价值，登入备查账。在将备查账中的分录过到日记账和分类账时，需将这一金额换算成记账货币单位入账。这样做是因为，如果账簿中不反映交易商品的价值，你就不能便利地通过账户和账簿得知你的盈利或亏损是多少。为了在账簿中更好地反映商品价值，商品总是被折算成实际货币价值。 （第20章）

【合伙】

如果你为自己开设账户，应该以合伙人出资金额借现金账户，贷合伙人账户。当你是经营的主要负责人时，如果你将现金账户和自己的私人账户公开核算，对经营会是很有益处的。这样的话，你就会按我们前面介绍的顺序和方式单独设置一系列账簿。但是，你可以采用在你私人账簿开设新账户的方式来记录，这些账户被称为众所周知的账户，须与其他账户分开进行设置。最好每年都结账，特别是当你与别人合伙时。谚语有云："账目常清，友谊长存。"　　　　　　　　　　　（第21章）

【账务概要】

下面说明你应如何处理自己事务与雇主事务间的调整事项。如果你是别人的代理人或委托人，则应依照分类账记录为雇主编一份报表，按照合同约定不时在贷方登记你所应得的佣金。最后，你可以在自己账户的借方登记净余额。倘若你需要自己掏钱弥补可能的不足，则做贷方记录。雇主会检查这份报告，将其与自己的账簿进行核对。如果他发现报告是正确的，就会更加信任和喜欢你。因为这一原因，你在收到他给你任何东西时，都要亲自在账簿里做序时记录。　　　　　　　（第30章）

【总结】

所有贷方（creditori）皆在分类账右边登记，借方（debitori）则记在左边。

分类账中所有分录都是双向记录（doppie），有借必有贷。

每一借项和贷项必须包含三项基本要素：日期、金额以及构成该项分录的具体事由。

（分类账中）借方分录的最后一个户名，必须是贷方分录中第一个户名。

贷方记录必须在做借方记录的同一天完成。

分类账试算平衡（bilancio），意指用一张从中间纵向对折的纸，将分类账中所有贷方项目载入右边，所有借方项目载入左边，然后看借方合计数是否等于贷方合计数；若相等，则表明分类账记录正确。

分类账在试算平衡中必须保持相等，也就是说，借方合计数等于贷方合计数。

现金账户一般为借方余额或持平。

在未经可能被记做债务人的个人允许或同意的情况下，你不能在账簿中以他的名义开设债务人账户，否则，该账户将被视为虚假账户。

分类账中的金额必须以同一种货币计量。

对于你所持有的现金，如果确属你自己所有，则应记入你自己账户的贷方，同时记入现金账户借方。

对于你以房屋、土地、店铺等形式拥有的不动产，你应该根据自己的判断估计其财产价值，借记该不动产账户，贷记自己的或以自己个人名义开设的账户。

如果你用现金购买商品或其他东西，则应借记该商品或有关账户，贷记现金账户。

如果你在购买商品或其他物品时，部分支付现款、部分采用赊购方式，则应在将该特殊商品做借方记录的同时，将赊购金额记入赊购方账户贷方。随后你将做另一笔分录，即：借记该赊购方账户，同时贷记现金账户或代你向该客户偿付该款项的银行账户。

当你出售商品或其他东西，除必须按相反方式进行处理的情况外，亦可参照上述方式进行处理。

如果你借给朋友一笔钱，则应借记该朋友账户，贷记现金账户。

如果你向朋友借钱，则需借记现金账户，贷记该朋友账户。

如果你收到用来支付船舶或其他保险费的 8、10 或 20 达克特，则应借记现金账户，贷记船舶保险账户。

如果有人交给你一些商品，请你代为销售或交换，我认为，你应该在分类账中按含运费、税款、仓储费等的价值借记该商品账户，贷记现金账户。

（第 36 章）

关于帕乔利姓名拼写及相关问题的说明

第一部印刷体簿记著作作者名字的最后一个字母有时被写为"i"，有时被写为"o"。写为"i"（Pacioli）的有：Geijsbeek，Crivelli，Murray（英语）；Kheil，Sieveking，Jager，Penndorf（德语）；写为"o"（Paciolo）的有：Row-Fogo，Woolf，Kats，Hatfield（英语）；Dupont（法语）；Volmer，Dewaal（荷兰语）；Augspurg，Hügli，Drapala，Gomberg（德语）；Bariola，Gitti，Brandaglia，Vianello，Luchini，Besta（意大利语）。1878 年为纪念帕乔利在意大利圣·色泊克罗（San Sepolcro）所建的纪念碑上，最后一个字母用的是"i"。

自从 E. Lucchini 于 1869 年唤起对帕乔利著作的兴趣，该书曾在欧洲国家多次再版，比如：Ernst Ludwig 教授曾在德国出版该书（斯图加特，1876 年）；Vincenzo Gitti 教授在意大利出版该书（都灵，1878 年）；Waldenberg 在俄国（圣彼得堡，1893 年）；Karl Peter Kheil 教授在波西米亚（布拉格，1896 年）；J. G. Volmer 教授在荷兰（鹿特丹，1896 年）；J. B. Geijsbeek 在英国（丹佛，1914 年），Pietro Crivelli 也在英国（伦敦，1924 年）出版了该书；Balduin Penndorf 教授在德国（莱比锡，1933 年）出版了该书。

第六章

古代簿记与现代簿记的比较

细心的读者可能会惊奇地发现，多年来簿记基本上没发生过大的改变，也会更加确信复式簿记的基本原理其实就像加减法一样基本而简单，故而难以列入需要变化之列。当基本数学运算尚处混沌之时，会计学就已经为其奠定了坚实的基础，只此一点，就足以让会计师们无比自豪了。

同时，我们也不能指望在帕乔利的著作中找到有关现代会计实务的完整预言。当然，19、20世纪的环境变化使原始方法得到了很大改进。在某些方面，他还曾引入了与15世纪历史条件迥异，但却非常必要的实际操作。这也是我们预料中的情形。但是，从总体上来讲，簿记方面的变化远不及社会条件的变化大。这并非因为簿记学落后，而是因为在早期它更接近最基本的运用环境，因而也与目前的现实保持了较近距离。因此，我们既要学习帕乔利著作中现在依然适用的原理，也要关注迄今为止它所发生的变化。

从一开始（约15世纪中叶前），簿记学中的某些基本方法和形式就已经成型。这些复式簿记所独有的，也是最基本的特点一直持续至今。它们是区分簿记与其他实务操作系统的基础。自从私人簿记扩展到商业事务的非个人方面，簿记学就拥有了自己独具特色的理论、形式和技术。

不过，其内在理论尚需在早期著作的字里行间去细心品读，因为帕乔利并未给哲理性论述留下许多空间。其目的在于指导实践："给簿记员以充分的规则，使之能够以有序的方式完成账户及账簿记录。"（第 1 页[①]）他只是描述了威尼斯人用于记账的具体方法。

直观地来看，他所描述的簿记方法似乎与分录的二重性密切相关。他说："日记账中的每笔分录，需在分类账中做两笔记录。"（第 33 页）"正如我们所言，日记账中的每一笔分录，必须在分类账中经过复制做成双重记录，一个在借方，另一个则在贷方……"。（第 42 页）也可以说，它是建立在借贷相对的基础上。"借方分录记在分类账左边，贷方分录记在分类账右边"。（第 32 页）

但这并非理论，也不是复式簿记的精华所在。它所提供的只是简单的方法。双边登记和借贷方的反向性仅仅是检验计算是否正确的副产品。它们导致了金额平衡，这是事实。但簿记的实质却并非以这种方式为避免错误提供微弱的保障，其真正的意义要深远得多。

毫无疑问，该书对方法的描述，说明人们已经意识到每笔交易都有两个方面，就像硬币有正反两面一样。这一点比仅仅为了得到总额相等以检验计算的正确性而做成双重记录要重要得多。事实上，它是交易分析理论的精髓所在，这种理论流行于 15 世纪的实践中，迄今依然是簿记学中最基本的观念。仅仅为了寻求提高计算准确度的方法，在那个很少有记录涉及非个人账户的时代，很难导致非个人账户和虚账户的出现。仅仅出于提高准确性水平的考虑，在那个时候很难设计出像商品费用账户这种人为的东西。但是，当贸易商们对账务资料的兴趣使他们认识到所有交易都表现出两个不同的方面时，这种账户的产生自然是水到渠成的事了。

正如我们在前一章中曾经解释的那样，将私人簿记方法运用到商业

[①] 本页码及随后的页码数是克瑞威利（Crivelli）译本（纽约哈珀兄弟出版社 1924 年版）中的页码，引文也出自该译本。

贸易中去，很可能凸显了这样一项事实，即：所有者成为交易中经常出现的一项要素。他欠别人的钱，别人也欠他的；哪些交易赚钱，哪些交易赔钱或不赔不赚，只有将来才能确定。这种有关所有者和所有权的意识，远比借贷平衡重要得多。正如我们提示过的，运用一种好的统计方法很可能根本无需借贷就能把所有必要的财务要素适当地进行归类。然而，未曾运用所有权概念的程序却不可能把所有交易中出现的财务要素全部做适当的记录和反映。

帕乔利并没有建立所有权理论，但从他的论述中可以发现他已经清楚地意识到这项要素的存在。在提及资本、损益、商业费用账户及其关系时，都曾涉及这一要素。请注意下面这段引文："除了上面提到的各个账户，尚需在账簿中设置如下账户：一般及非经常性商业费用账户、正常家务费用账户、对第一个有现金收支的项目单独开设的账户、损益账户。这些账户对任一商业主体而言都是必要的。这样，商人们就能知道自己的资本状况，在结束经营时，也清楚地知道其变化。"（第 64 页）"在其他账户后面，必有一个损益账户，其他账户都必须通过它予以调整。这个账户最终要被结平，余额转至资本账户。资本账户通常是分类账中最后一个账户，也正如你所理解的，是其他账户的总汇。"（第 82页）在此，他明确指出了虚账户与资本账户的关系，以及设置费用账户的必然性。

虚账户与资本账户的处理是一致的。很显然，尽管帕乔利没有作出详细的理论阐释，但他对两者间关系已有清晰认识。他的叙述让读者有这样一种感觉：那些按他所描述的方式记账的商人对交易的分析，尚停留在交易具有两方面影响这样一种认识水平之上。

这就是 15 世纪复式簿记的理论基础，迄今依然具有重要的基础性意义。复式簿记的另一个特征是：其最原始的形式多少世纪以来基本没有改变过。

从操作上看，记账本质上是一种分类机制，但又不仅仅是分类，因为只有简单的分类是远远不够的。当完成了对各部分的区分，简单的分类即已完成。也就是说，分类的目的是把相同的东西放在一起。但仅仅分离出相同的东西对记账来说是不够的。要满足记账的需要，必须将相同的东西和不同的东西都纳入账户之中。简单的分类只需得出每一账户的合计数，记账却需要确定每一账户的余额。在记账过程中，每个账户既可能增加也可能减少，但在一般统计分类中，它只会增加而不可能减少。

商业数据的独特性和每个账户上下波动的特点，使记账在实践中采用双侧形式成为必然。一边汇集相同的元素，另一边汇集相关联但相对的元素，最重要的却是余额。在求得余额的过程中，减代表相反的方向，也就是说，把一个项目放在与加相对的位置，即为相减。但这仅仅是形式问题，或者说属于任意安排，但却有其内在的或明显的意思，就像 2 和 3 两个数字，当一个写在另一个上面，中间画一条横线，就有了特定含义一样。这样写分数是一种惯例，一种缩写，它的含义人们早就知道了，也不会忘记，它是每个人精神意识中的一部分。但记账的专门形式，反向相减，却不是通过乘法表就能掌握的。事实上，即便是最典型的记账形式，相对于其原始形式而言，也没有发生太大变化。

帕乔利对商人记账规则的总结中，首先就强调双向的特点。"所有贷方放在账户的右边，所有借方放在账户的左边"。（第 107 页）他在文中还一再强调分录须在分类账的左边或右边正确地进行登记。

帕乔利关于错账更正的论述很好地说明，他在 15 世纪就清楚地意识到"反向相减"了。为了冲销错误分录，你必须作如下处理："例如，你在借方做了一笔分录，但它本应在贷方，所以你需要首先清除这笔记录，需要以相同金额在相反方向做一笔分录。一旦完成了这笔反向分录，账户就与你仿佛从未在借方做那笔错误分录一样了。你再在贷方做应做的分录，这样就正确了。"（第 88 页）在结平虚账户和将旧账余额结转到新账时，也体现了同样的思想。

试算表作为一种平衡测试从一开始就是复式簿记技术的一部分。400年过去了，它依然没有太大变化。"你要在一张纸上汇总分类账所有借方项目，放在左边；汇总所有贷方项目，放在右边。这时，如果两边总额相等，你就可以推断出分类账记录正确"。（第100页）

我们还会发现，我们现在所用的过账程序及通过反查分录查找错误的方法，与帕乔利介绍的方法如出一辙。其记账步骤也与我们目前所用的一致，即：①从财产清册中转入期初余额；②获得交易的原始记录（最初在备查簿中，现在是各种凭证）；③分析交易，写出借贷方分录（原先按交易逐笔登入日记账，现在登入很多专门的分栏账）；④过入分类账（不论是两栏式分类账，还是现有的用彩色油墨印制的带有副栏的多栏式分类账）；⑤检查正确性（在早期试算平衡的基础上又增加了总分类账）；⑥通过损益账户结平虚账户，转至资本账户（无论是古代典型的简单所有制下的资本账户，还是现代结构复杂的公司制企业的资本账户）。

尽管记账的基本步骤改变甚少，人们为了提高效率和准确性，对簿记在细节上还是作了许多改进。据此可对如下各种变化作出解释：以凭证代替备查簿，日记账被分成许多独立的过账媒介，以及汇总过账、控制账户等诸如此类的变化。

那些新增（而非改进）要素的出现，却并不只是为了提高效率和准确性。在分类进一步细化的基础上，账户的总体类别也增加了，特别是出现了费用类账户。结账也变成了一项周期性工作，原来的"余额表"也被建立在试算平衡表和财产清册所提供信息基础之上的独立财务报表所取代。这些都是簿记中出现的新元素。它们的产生极可能是由于对管理数据的现代需求。人们作出决策的事实依据不再由某一个人掌管。账户数量的大幅增加说明人们现在需要更加详细、精确的数据，也促进了更加完善的会计知识体系的形成。严格的期间划分使分类数据更具可比性，更加适应情况的变化。编制严密的报表更明确地昭示了人们对数字信息而非个人观察和口头报告的依赖。总之，现代意义上的簿记学更趋近于会计学，也许某一天，连这种区分都会成为多余。那时所需要的，一方面只是用以处理各种不同类型的特定事实的类似统计的程序，另一方面，则是需要对数据的技术操作和职业批判进行分析。

为了避免以上论述让人们误以为帕乔利对簿记的描述与现代实务只是保持了基本特征上的一致，下面将举几个例子作简要的分析说明。

在论述期初财产清册时，帕乔利谈道："他首先必须把他在世界上所拥有的东西全列在一张纸上，而且总是以那些最昂贵、最易遗失的东西作为开始。"（第4页）这很像"流动性列前"这一现代财务报表所遵循的基本规则。"将钱存入贷款机构或其他地方，威尼斯的现钱太多"，（第8页）这是建议将钱存入银行。他还列出了转账业务中使用支票及异地划款中使用汇票的分录。（第74页）

"汇总所有应收款项，如果债务人信用好，我们可以全部收回这些款项；如果不能收回，我们称之为坏钱"，（第9页）这就是坏账，但帕乔利没有使用应收账款坏账准备这个现代财务会计中通常采用的账户。他也有相当完善的备用金制度：留出一小袋现钱用于支付小额支出，因为我们不可能为这些支出单独开设账户。（第66页）他建议为住所以外的商店开设单独账户，也就是其他地方的代理店。（第68页）因为，"若你经商却无法全面了解自己的经营情况，金钱就会像苍蝇一哄而散"。他会在商店账户借方逐笔登记发出家具及可售商品，也要分店管理者为他提供一份财产清册。总之，要设置分店账簿。对商务旅行，帕乔利也给出了同样建议。但他只是要求设置一个小的日记账、分类账，开设旅行资本、费用、损益等一系列账户。（第79页）

上面几段所谈的主要是那些产生于15世纪，但却一直延续至今的原理和实务。现在我们将关注帕乔利著作中没有反映的现代会计的某些方面。某些实务延续了4个多世纪，那么，这4个世纪给它带来了什么变化呢？

从帕乔利著作的这个重印本上溯 100 年或更多年，我们会发现，近代会计之最缺可用一个词来概括，那就是"理论"。那时的簿记本质上只是一种记录程序，人们无须解释为什么要这样做，也无须争辩如何进行明细分类核算。

这样的簿记并没有发生太大变化。我们已经看到都有哪些东西被保留下来，在这方面，并没有增加多少新方法，也没有从中减少什么。分类账的形式（正如目前所见）也只是因为简化的需要才作了一些改变。目前的分类账在记录形式上作了更多精简，变成了一份含有过账标识的数表，取代了原来那种当交易涉及几个账户时，完整地将分录在各账户中多重复制的形式。日记账分录的形式也是为了更加简化而作了一些改变——诸如"借"或"贷"之类的技术术语为重要项目的放置及数据在不同栏目中位置的隐含意义所取代。此外还增加了其他一些变化，包括：原始分录簿的细化，活页账的引入，汇总过账原则的使用。除此之外，复式簿记在几个世纪中基本上保持了原样。

尽管记录方法没有再变化，但它记录经济业务的职能却发生了巨大改变。随着商业经营规模的扩大及复杂程序的增加，记录也变得愈加重要。简单记录在当时完全可以满足管理需要，现在却不再令人满意。在其后百年或更短时间里，簿记得到了更大程度的深化发展，不过，比较而言，方法上的变化远不如理论上的变化深刻。

需要特别说明的是，在读帕乔利的著作时，我们发现他并未涉及财务报表。其原因不言自明：业主亲自打理各项事务，偶尔通过分类账中的损益账户计算一下损益就已足够。这意味着在当时"定期结账"和成本与收入的分配并不像后来那样具有特别重要的意义。当这些东西开始引起人们关注之时，"理论"的发展才成为理所当然。组织会计数据的理论始于财务报表，也就是：按项目的重要性排定次序，对同类要素进行分组，或对相反结果进行对照。在会计"分期"的基础上，产生了诸如递延费用、应计费用等更为精细的分配，以及与费用分摊相关的各种更具现代意义的问题。

现代公司制企业拥有广泛的所有权和有限责任，使得会计远远超越了前人的视野。仅举一例：近来，人们对支付资本股利产生了一些异议，因为这些异议，使得适当计算定期利润有了特别的意义。由此引出了许多现代会计理论问题。

现在，商品交易被看做一个持续的过程，而不是一系列互不关联的交易。与利润相对，收入一词的出现正说明了这一点。直到最近，人们才开始考虑一些如此抽象的概念。管理者急切地想把收入与产生该收入所支付的成本联系起来。结果，成本会计得到了广泛应用，折旧也成了一种成本，这在古代是无法想象的。事实上，在古代账簿里，固定资产本身处于极不重要的地位，工资也不是很重要。但现在，在所有的成本、费用计算中，工资占了很大比重，费用被进一步细化，对费用的理解也远不是早期那种想法了。

下面是帕乔利有关费用的一些评论：

"如果你想为每一费用项目分别开设一个单独的账户，那将会是极为繁琐且得不偿失的。'De minimis non curat Practor'（好官员不会让琐屑小事缠身）——因此，你需要开设商业费用账户，该账户通常作借方记录……"（第 64 页）"我们不得不记录正常家务费用，包括：粮食、酒、木柴、油、盐、肉、鞋、帽、衣服裁剪费、长袜、裁缝费、饮料、小费、理发费、面包、送水费、毛衣、厨房用品、杯子、桶、窗户玻璃及所有浴室用品。许多人为此类费用分别开设专门的账户——但我给出的例子中，商人们并没有这样做。"（第 66 页）

家务费用包括在经营业务记录中，说明经营业务与日常生活间有着极为密切的联系。不过，对现代人而言，当他们在该书随后的一页中看到该账户甚至要记录如下内容，无疑会感到很吃惊："你的娱乐性支出，或在游戏中输掉的钱，或遗失、被盗、在沉船或火灾事故中损失的钱物……"

现代人更注重定义的精炼，并对账簿进行广泛的细分。区分长期资产和短期资产是为了适应现代融资的需要；划分资本性支出和收益性支出则是为了更精确地确定净利润。未分配利润的出现乃是在谨慎性原则成为公司财务中所恪守的基本准则之后。这些东西与帕乔利及其同时代人毫无瓜葛，当时根本没有这方面的需求。

新时代创造了新环境，新环境带来了新变化。我们可以注意到现代会计与15世纪的簿记究竟有何不同，注意到现代会计的领域是如何广阔，其定义和概念有了怎样的发展。但我们很难看到除了增加一定的理论成分之外，对其结构我们究竟有过多大增益。除审计技术、成本核算和预算外，现代人在实务方面贡献甚微。而且，所有这些——目前所能展现的最佳且最大的成就，作为实际贡献，是无法与很久以前走出的这关键的第一步相比拟的。

我们最近取得了一些成绩，簿记逐渐消失也成为可能，对此，现代人颇有优越感。但值得注意的是，我们的工作都是建立在前人通过长期努力奠定的基础之上，并没有在4个世纪以前的方法上取得多大改进。我们并没有改变整个体系，只是模式与前人不同而已。解读帕乔利对"威尼斯簿记法"的描述——他本人对这一程序并无任何创造——可以帮助我们认识到我们从中世纪所受到的恩惠，这是任何现代著作都无法做到的。

第七章

分类账分录类型的演变

几个世纪以来，商品交易的基本性质和系统记录的必要性依然未变，但将相关业务归为一类（仅补充按时间顺序记录的备查账）的想法却有了极为重要的意义。没有它，就没有分类账，也就没有我们现在所谓的"账簿"一词。复式簿记中另外一项未曾改变的关键性要素，是对每笔商业交易都必然涉及两个相等且相对的方面这一基本事实的认知。它最终形成了一个完整的回路，也即是：将账务处理转换成一个统一的系统。

对这些原理，人们目前的认识远比 15 世纪时更为清晰，但其与簿记间的关系却并未发生改变。这就是它作为一项技艺的本质所在。但是，无论复式簿记的基本要素如何保持不变，其发展却是不争的事实。此类发展随处可见。账户、交易、分录等重要概念的形成并非始于 20 世纪，但它们确是人们考虑更透彻、推论更严密乃至不断改变方法以适应环境变化的结果。因此，我们没有改变复式簿记的基本思想，但我们对如何记录商品交易的思考方式却在不断发生变化。

在所有要素中，分类账分录已经从早期对交易详细的叙述式记录发展为现在的对所涉及金额在高度简化的列表中进行反映。分类账的变化包括记录形式和分录措词的变化。总的来讲，这两项要素之间的联系是十分紧密的，只是在早期实例中措词显得更重要一些，在现代实务中形式则更为重要。分类账分录详细的措词形式现在已完全消失。

分类账分录在 14 世纪早期至 16 世纪中叶总体上是相同的。由于存在较大的内部差异，使得各种例子有可能被归结为多种不同的类型。在这样一个采用格式化形式的时期，对类似观点的表达，往往比采用习惯性格式的时期更容易形成不同的表达方式。为了适当反映这个时期的观点，我们必须注意此类差异。

下面例子将显示早期分类账分录的形式和措词。根据其措词方式不同，可分为三种类型：

第 一 类

1340 年分类账账户

1340 年 11 月 7 日

W-V-热那亚公社书记员欠（debet nobis）我们，同样［金额］［贷］记于 142［页］我们的账户 ………… 000

1340 年 4 月 7 日

我们通过 A-C-阿库路斯庄园守卫收到（recepimus），我们在 147［页］［借］记该账户 …………… 000

为了用英语完整地表达该分录的全部思想，我们特别插入了方括号中的词汇。如上所述，每项分录都列明所涉及的借贷双方，相当于在分类账中写入了一笔完整的“日记账分录”。在下面例子中，这一特点（包括其他一些特点）可以表现得更清楚。

第 二 类

1396 年分类账账户

MCCLXXXXVI

J-D-和 M-S-位于 C-的公司的共同损益，应扣除（debet dare）在 M-S-贷方（scriptos in credito）所记 12 月 28 日以公司名义发生的共同费用，第 6 页 …

………………………… 000

MCCLXXXXVI

［共同损益］应包括（debet habere）12 月 28 日因在米兰向 L-D-公司出售 46 捆布所发生的收益。在第 6 页借（scriptos in debito）方记于 M-S- …

………………………… 000

上项记录借方反映发生在一合伙人身上应记入共同账户的特定费用，贷方反映商品销售收益。这个账户没有显示标题，但从段落开头的用词即可知道这里反映的是哪种类型的业务。在此起标题作用的"共同损益"一词，在贷方本来并没有重复出现，但为了清晰起见，作为插入语写在括号里了。

你同样会注意到，除了贷方的标题外，分录都是以完整的句子详细登入的，而且清晰地涉及交易的两个方面。例如，借方分录就完整地表述了所发生的事情，包括借方所在账户和相应贷方所在的位置；贷方分录同样也是对整个交易的完整表述，包括贷方账户和相应借方所在位置。因此，这个分类账分录实质上也是一个完整的日记账分录，而不仅仅如我们现在操作中那样，是一个完整分录的一边。

有特别专业意义上的词是按字面意思翻译的，原版拉丁文在括号里注明了。debet dare 用来表示借（应付给），它只是作为反映交易情况句子的动词，而主语是借方所登入的账户。在贷方，动词是 debet habere（应拥有，或应收回）①。

同样表示特殊含义的术语在 1356 年、1385 年、1387 年和 1416 年的分录中也曾出现过（参看本章注释）。值得注意的是，借方分录中对应的贷方并没有如现代人想象的那样用"debet habere"一词，而是用了 scriptos in credito（记入贷方）及所涉及账户的名称。贷方分录涉及其相对应的借方时用了"scriptos in debito"（记入借方）。因此，debito 和 credito 似乎是用作名词分别表示账户的两边，而 debet dare 和 debet ha-

_____

① 注意 1340 年、1396 年这两个例子在术语上的差别。前者中的 debet nobis 在后面变成了 debet dare。我们不清楚这种变化代表了用以对交易进行思考的不同方式，还是仅仅意味着符号的减省。debet 可译为"欠"或"该"（也可以是"须"），因此，debet nobis 可能是"欠我们"，debet dare 是"应付给"。这一时期正是意大利语逐渐从拉丁语中脱胎出来的过程，记账分录很容易用两种语言混合的短语来表达，并常常伴随着一些省略。因此，两个看起来完全不同的短语，极有可能有着相同的含义。因此，有时是 debet（dare）nobis［该（给）我们］，有时则是 debet dare（nobis）［该给（我们）］。如果 debet 被当做 deve（意大利语"应该"）使用，就很容易出现这种情况。

dare 作为动词，在分录中表示账户将要发生的变动。

第 三 类

1392 年分类账账户

1392 年	1392 年
3 月 13 日现款应付给（de dare）Z，过入第 7 页的后者（账户）时记作应拥有（debba avere）·····················000	3 月 18 日应收回（de avere）现款，对应方为第 6 页的 N-G¬，过入后者（账户）时记作应付给（deba dare）···················000

此类分类账在措词上有一些微小的差别，但形式上却没有发生太大变化。1392 年分类账用的是拉丁文术语，1396 年例子中用的则是意大利语。

"借"用拉丁文表示是：debet dare（应给）[①]

"借"用意大利语表示是：de dare（须给）

"贷"用拉丁文表示是：debet habere（应有）

"贷"用意大利语表示是：den avere（须有）

作为意大利语逐渐从拉丁语中脱胎出来的例证，这是十分有趣的。可以看到，拉丁文的"debet"一词被意大利语的 de、dee、den、die 等所取代。不过，无论拼写怎么变化，其形式总是与意大利语的 dovere（应该）一词相关。dare（给付）一词在意大利语和拉丁语中是一样的。然而，与贷方相关的术语，则由拉丁文的 habere 变成了意大利语的 avere。这两个单词显然是有关联的。在意大利语逐渐从拉丁文中脱胎而出的过程中，很多时候，拉丁文中的"b"会在意大利语中变成"v"——就像上面单词中一样；拉丁文单词起头的"h"很多时候也会被省略。

---

① 现代意大利分类账账户的左边称为 dare（"give"或"Dr."），右边为 avere（"have"或"Cr."）。法语中为 doit 和 avoir；德语中则变为 soll 和 haben。

在本章结尾有关 1436 年、1459 年、1520 年和 1566 年分类账分录的举例中，可以看到更多有关此类分类账分录的实例。其中关键词的拼写发生了某些变化，但含义却并未因此而改变。①

表示相反方向的短语也与第一、第二类分录举例中不同。它们本身存在细微差异，表明术语在形式上尚未固定下来。诸如"posto in questa deba dare"、"posto debi dare in questo"、"posto dare"之类的短语，其实都在讲同一件事，即：作为"应给"过入后面（账户），作为"应给"过账，等等。1436 年和 1566 年实例中的短语与第二类分录中使用的短语更相类似：a lui in credito（记入他账户的贷方），crediteur caisse a …（贷记现金……），表明具体措词虽然有所不同，但在实际应用中还是有很多重合之处。

13 世纪（1273 年）的一项实例就属于此种类型，尽管其措词有较大不同。该分录形式如下：

S-B-公司在 4 月份须以弗罗林给付（deono dare）……………… 0 0 0
依照 B-账簿上的账户余额
S-B-公司在 4 月份以弗罗林已付出（a dato）……………… 0 0 0
此笔业务须按上面形式在第二页上记须给付。

---

① 当口头语言刚开始作为书面语言使用时，单词的拼写必然与"听觉"有关。下面将列示出在早期分类账账户实例中发现的有关同一术语的不同拼写方式：

（年）	（应给）		（应有）	
1211	di	dare	di	avire
1273	deono	dare	a dato	（已经付给）
1356	debet	dare	debet	havere
1383	de	dar	deono	avere
1392	deba	dare	…	
1409	die	dar	de	avere
1417	die	dare	di	aver
1430	deno	dar	die	haver
1436	den	dare	die	aver
1458	debbe	dare	deno	aver
1478	divi	dare	divi	haviri
1494	die	dare	die	havere

虽然这笔业务与其他实例相比要早二三百年，但它已经具备了后来分录的大部分特点。所不同的仅仅是用以代表贷方的术语〔用"已付出"（has given）代替了"须拥有"（must have）〕。在某种意义上，作为贷方术语，"已付出"与第一类分录中的"recepimus"一词意思基本相同。它们皆表示取消之前一个项目（即借方），就好像我们在个人备查账中对某个项目标上"已付"字样。"须拥有"一词作为贷方术语本身并不直接表示取消，因为它既可以用以表示前一分录中的贷方（负债），也可以作为贷方记录用以取消之前一个借项（债务）。

另一些实例（即章尾举例中的 1383、1406、1409、1417、1430、1436、1458、1478 和 1537 等项）其特点与第三类分录颇为接近：都在每笔日记账分录中对日记账分录作了详尽的复述，都注明了所涉及的对应账户，使用的"借"、"贷"术语也很相似。只有一个特例存在一些微小的差异，即：在借贷两方面皆使用"by"（per）来表示对应账户，而不像其他例子中那样在借方使用"to"而在贷方使用"by"。不过，这一点对日记账分录而言比对分类账分录显得更为重要。这里之所以再次提到它，主要是为了强调刚才的说法，即：日记账分录在分类账中完全被复制了一遍，甚至连其措词的变化也一并复制了下来。例如，1537 年的分类账分录甚至连日记账分录中的平行线也复制了过来：

现金 必须付//给 资本①

在有些实例中，对应账户所在页码数并未明确标示出来。但这很可能是因为实践中的疏忽，而不是另外一种记录形式。

上述分录代表了近 300 年（1273—1566 年）间的实践。它们用拉丁文和意大利语表达，按其措词的不同可分为三大类：

---

① 像这样在分类账分录中包含斜线以区分借方及其所对应的贷方账户的形式，Angelo Pietra 1586 年的教科书中也有说明。参看 Geijsbeek, *Ancient Double Entry Bookkeeping*，第 100 页。

	借方	贷方
第一类	··············debet nobis ··························· valent nobis in isto············· ·········	recepimus················· ······························ valent nobis in isto ··········
第二类	·············debet dare ··························· scriptos in credito ··········	··········debet havere ··························· scriptosin dedito ···························
第三类	············de dare ··························· posto debbono avere in questo ·········	···········de avire ··························· posto debi dare in questo······

　　措词上的差异并非十分重要，因为不论使用哪个短语，意思基本上没有多大变化①。这种情况出现在术语标准化之前，有所差异是必然的。从本质上来看，在整个时期内，分录基本上是非常相似的。每笔分录就其实际效果而言，都是表明了应借和应贷账户的有关交易的完整记录。在形式上，账户一般都是双侧性的，分录则是由各种描述性语句所构成，这些语句构成独立段落，包含了各种细节性内容。

　　总括而言，每笔分类账分录或多或少通常都会包含如下内容：

　　年份，以罗马数字的形式标注在页面上方。

　　所涉及账户的名称（只反映在第一笔分录中）。

---

　　① 更早之前的一个实例对此有进一步说明。宾夕法尼亚大学博物馆中有一件来自伊拉克尼普尔的黏土板，记录了公元 429 年前的一项抵押业务，上面有好几位证人和抄写员的签名。其记录译为英语就是：

　　"Thirty gur (bushels) of dates are due to Enlilnandin-shumi, son of Murashu from Belbullitsu and Sha- Nabushu, sons of Kiribiti and all their bow tenancy. They shall deliver these thirty gur of dates in the month of Tishri in the 34th year and in accordance with the measure of Enlilnandin-shumi in Bitbalatsu. Their planted orchard is pledged to Enlilnandin-shumi in security for payment of the dates. No other creditor has power over it. "

　　其中"they shall deliver"相当于中世纪的"shall give"，是一项代表应收债务或借项的技术术语。

表示借贷含义的技术术语。

有关所涉及金额和日期的说明。

交易的具体情况，包括所有细节。

对应账户的名称及所在页码。

在段尾再次列明的金额。

同一账户随后的分录是非常相似的，只是年份和账户名称不再重复出现。后面分录皆以"to ditto"（同上）开头，以表明年份和账户名称。后来发生了一项值得注意的变化：账户名称开始出现在账页顶端，而不再是在第一笔分录的开头。

此时，复式簿记分录形式的转换与变化开始波及英语。荷兰人简·英平·克里斯托弗尔（Jehan Ympyn Christophle）的著作《新教程》（*Nouvelle Instruction*）于 1543 年和 1547 年分别以法文和英文形式出版。在法文版[1]有关分类账分录举例的翻译中，就出现了一本账中用多个不同术语表示借贷含义的情形。例如：

（a）J-L-，jeweler is *debtor* ·····························

（b）Expense of household *owe* to cash ················

（c）Profit and loss *must have* by Jewelry ············

同样的混用也出现在约翰·莫里斯（John Mellis）的著作中，其中一笔分录[2]措词如下：

1587 年

Aug. 8　　Chest or Ready Money

　　　　　　ought to give me（or

　　　　　　is *Debtor* to Stock）for

　　　　　　so much ready money in

　　　　　　gold and silver I have this

　　　　　　day in stock，as in credit，

　　　　　　folio······················ 0 0 0

在其分类账中，莫里斯把专有名词 de dare 和 de havere 完全按字面

意思翻译成了英语中的"ought to give"和"ought to have"。即便如此，恐怕这种翻译仍然无法将其中意思完整地传达给英语读者。莫里斯①还用了颇为不同的替代短语"is debtor to ⋯"。这种翻译方式成为后来英语中专业术语乱用的根源②，致使"debit"一词既作名词，又作动词和形容词使用。早期作者说"cash should give to Peter"（应付给彼得的现金）是否意味着 cash *owed* Peter（欠彼得的现金），是很令人怀疑的。更有可能的是，他们的本意，如我们在前面一章中所说，乃是：

Cash shall give [to the proprietor and]

Peter shall have [from the proprietor]

唯一的债务是所有者从彼得那里所借的款项。现金与所有者间的关系只是一种抽象。"现金"与作为外人的彼得之间不可能存在任何直接关系。

早期作者对业务分析中内含心理过程的了解，并不像对记录程序中各个细节的了解那样透彻。因此，后来的作者，不论是荷兰人还是英国人，都不得不竭尽所能向本国读者解说外国方法中所包含的基本程序。

莫里斯的例子带动了直至 16 世纪末分类账的发展。这一时期分类账账户的突出特点可以归结为两点：首先，就形式而言，除了借贷方段落处于相对位置且分录措词有一定之规外，再无其他特异之处。其次，业务内容需要在分类账中完整地复制两次，一次在借方账户，一次在贷方账户。因此，分类账并不是对已分类的借方和贷方的编集，而是对各种分录（全部业务）的分类归集。

在 17 世纪之初，分类账账户在形式上得到了一定改进，表明账户在朝着更加简化的方向演进。这一时期所形成的分类账账户形式，在随后

---

① 或者是 Hugh Oldcastle，原因在于，某些事实表明，莫里斯很可能只是复制了较早之前（1543 年）Oldcastle 一部著作的内容。

② 有些作者在分类账中偏爱"is debtor to ⋯"一语，很有可能与日记账中一种特定的表达方式——使用短语"I make T-debtor and B-creditor"——有关。具体可参看下一章中第二类日记账分录。

300 多年的实践中始终盛行而未再有过任何较大改变。正如我们现在所看到的那样，莫里斯的分类账账户（英格兰，1588 年）与斯蒂文的分类账账户（荷兰，1604—1608 年）之间的差异，远比斯蒂文的分类账账户与其后 3 个世纪中他的任一位继承者的分类账账户之间的差异大得多。后来的分类账账户与斯蒂文所展示的分类账账户的相似程度，远高于斯蒂文账户与莫里斯及其他前辈们账户之间的相似度。

1604—1608 年的分类账账户[3]

Notes	Debet		Year	1600	‖	Notes	Credit		Year	1600
0	Jan. Per capital	144	0	0	‖	30	May.Per Peter DeWitt			
	fol. 3				‖		fol. 10	334	16	0
28	Mar. Per David Roels				‖	4	Aug. Per Pepper			
	fol. 15				‖		fol. 16	620	0	0

这是账户第一次开始采用一种更为现代的方式——叙述性段落减少而更多地采用了列表的形式。

账户名称与分录主体截然分开，置于具体内容之上方。与账户名称并列的，是表示借贷方向的技术术语。此刻，它以明确的"标签"形式标注于表格两侧，而不再是作为一个完整语句中的动词出现。不过，尚须注意的是，此时所使用的词汇和短语，虽然位置发生了改变，但却并非完全没有语法上的关系。如果我们用最初的动词形式"应付给"（shall give）代替"借"（debet），左边分录即可读为"Notes shall give per capital on page 3，for 144"；用"应拥有"（shall have）代替"贷"（credit），右边分录可读为"Notes shall have per Peter DeWitt on page 10 for 334.16.0"。如此看来，古老实践中使用完整语句的实质并未改变，只是由于改变了重要词语的位置，并用"debet"取代了"de dare"，用"credit"取代了"de avere"，从而使得整体意思变得有些费解而已。

斯蒂文分类账分录的主体部分只包括日期、对应账户页码和金额。

以前分类账分录中所包含的诸多细节在此多被省略。分录形式上的这种简化与过去的实务形成鲜明对照，其程度不亚于账户名称位置的变化。

以下实例同样出自英文原著，与莫里斯（英国）和斯蒂文（荷兰）的做法都颇相类似，虽然该书作者理查德·达夫纳在其前言中只表达了对斯蒂文的感激之情。该书在 1636 年至 1648 年间多次再版，对后来的许多作者产生了极大影响。下面的分类账账户取自该书第一版。

1636 年的分类账账户[4]

（左边栏）

第 1 页　　　　　　安诺　　　1633 年　　　　　　于伦敦

Cash is Debitor	£	S	P
1　Jan.　to Stock for several coynes of money	1 000	15	7
27　Feb.　to Jacob Symonson his account current	328	10	111
etc.			

（右边栏）

Cash is Creditor	£	S	P
4　Jan.　by George Pinchback Payd in part	144	—	—
13　Mar.　by Figs in Company，3/5 R. R.，2/5 for me	8	7	69
etc.			

达夫纳在其分类账账户中使用的英语术语与莫里斯相同，即 "Cash is Debitor to Stock"，但并没有像莫里斯那样对以前的术语进行直译（"ought to give" 及 "is due to have"）。然而，在形式安排上，达夫纳的账户更接近斯蒂文的账户，但达夫纳并没有像斯蒂文那样用介词 "by"（per）引出分类账的借方和贷方。在这一点上，他继承了莫里斯和后来意大利人的做法，用 "to" 引导借方，用 "by" 引导贷方。

从这个例子可以清楚地看到，尽管账户名称作为标题已经独立出来，但仍要与各项分录一起构成一个完整的句子来读，既列明借方账户，也列明与之相对应的贷方账户。借方第一笔分录可以读为：

Cash is Debitor	to Stock
（在标题中）	（在分录中）

贷方标题与分录合在一起，读为：

Cash is Creditor	by George Pinchback
（在标题中）	（在分录中）

　　这等于是说：贷方意味着现金为 Pinchback 所托付，借方意味着现金受惠于（欠）股本（资本）。但是，我们却不能认为 Pinchback 可以真地指望直接得到（我的）现金支付，他只能指向作为所有者的我。现在我们明显可以看到，要是说 Pinchback 向我的现金账户有任何托付，在理论上显然是错误的；他所能对其进行托付的事实上只能是作为所有者的我，而不是某一个为我所有的账户；倘若有人向我的现金账户作了任何托付，那个人毫无疑问只能是我——所有者。这又一次证明了前面提到的一个观点，即：当早期簿记著作从意大利语译为荷兰语和英语时，译者并没有抓住原文中业务分析的真正实质。

　　从这一时期开始，簿记演进的步伐明显加快。英国人的实务操作至此基本定型，其后二百多年中的变化微乎其微。账户采用左右对称式结构，左边是借方，右边是贷方；账户名称明确以标题形式出现；账户的总体安排在形式上减少了叙述性语句而更多地采用了表格形式，虽然每笔分录依然需要载明其对应账户所在页码。

　　然而，在 18 世纪初，账户标题还是发生了两点细小的变化。账户名称不再占据贷方栏标题的位置，取而代之的是短语"per contra"。与此同时，"debit"、"credit"两词亦为其缩略形式"Dr."，"Cr."所取代，居于左右各栏的题头位置。下面实例①可用以说明这些变化：

---

　　① 账户的此类特征在 King（longdon，1717 年），Weston（London，1754 年），Dilworth（London，1792 年），Jackson（New York，1816 年），Kelly（London，1833 年）及其他许多人所编撰的教科书中皆表现得非常典型。

18 世纪分类账账户题头形式

Dr.	William Smith		per contra		Cr.
（左边栏）			（右边栏）		

从技术的角度而言，账户从这种形式转换到下一种形式，仅仅是一步之遥。然而，从时间角度来看，这种账户形式却盛行近百年之久。至 19 世纪中叶，账户左右两方开始统一反映在同一个页面上，账户名称以现代方式横跨账户左右两方。其形式如下：

19 世纪分类账账户形式

Dr.			Bills Receivable				Cr.
1847				1847			
May 10	6	To Wm. Johnson	150	00	Nov. 10	12	By Cash	150	00

在五十多年里，这是最流行的账户形式①。实际上，可以说这种形式迄今依然在用，只需省去题头上的 Dr.，Cr. 缩略符及摘要栏内的对应账户，即成为我国目前大多数情况下在用的分类账账户形式。

很明显，在以后一段时期内，人们日益倾向于将账户视为一种表格，用以反映与账户标题相关的各种事实。账户主体中所载入的更多的是有关账户金额的简要解释，而不再注重列明与之相关的对应账户。

在距今大约 25 或 30 年前，有关对应账户的摘要说明在大多数分类账账户中消失，在账户中用一个合乎语法的完整语句进行业务表述的做

---

① 对此类账户的说明见于以下教科书中：Thos. Jones（New York，1841 年），Duff（New York，1848 年），Bryant 和 Stratton（Chicago，1861 年），Mayhew（Detroit，1870 年），Bandy（New York，1885 年）。

法也从此不复存在。

这或许是分类账账户演进中最重要的变化。尽管乍看之下它似乎只是一个简单而自然的改变，但却明确标志着从账户拟人化观念向统计观念的转变。与现金、票据等相关的账户不再是"债权人"（debtor），不再是股本的债权人，也不再是某个个人的债权人。反映在账户页面上的除了账户名称、日期、对应账户所在页码及金额之外别无他物。这时的账户只是一种以表格和累积形式反映特定数据的工具，即便对簿记知识所知不多也可以使用。

事实上，在某些情况下，20世纪实务的发展远远超乎于此，作为一种特定形式的分类账账户甚至完全被抛弃，取而代之的是一种统计上的汇总，不再采用分类账账户那种把左右两部分组合在一起的形式。长长一张表格中排定许多栏目，反映各种明细项目分类和数据，甚至考虑用"黑"、"红"不同的颜色来取代"借"、"贷"符号。其结果最终以财务报表的形式表现出来，与源自其他途径的报表并无二致。

20世纪似乎更关注实质而非形式。现代会计不像早期簿记那么正式，但却更具技术性。因此，簿记不再以债权债务关系的分类为目的，而是侧重于以统计数表的形式反映大量财务要素的变化，以反映财务状况及经济进程。有关簿记观点的这一重大变化无疑在很大程度上应该归功于美国人斯普拉格（Charles E. Sprague）、德国人雪尔（J. F. Schär）等在19世纪最后一季中对簿记方法和簿记哲学的探究性分析。如果没有簿记形式化和记账规则链条上的这种松动，很难说一两代之前的簿记是否会有足够的灵活性有效地适应现代环境条件的变化，为成本核算、预算控制等管理手段的发展提供便利和支持。

代表性分类账记录举例

(1273) — Bariola, *Storia della Ragioneria*, p. 553.

1. Guidingho Saverigi e Iachopo Bonizzi e chonpangni deono dare in fiorini in k（alendi）aprile nel lxxiij ·· 0 0 0

2. § e deono dare per prode di quessti denari infino in ka- (lendi) apirile nel lxxiiij

·· 0 0 0

3. So'ma, lib 'cccclxxxvi in k (alendi) apirile.

4. § A dato Guidingho e chonpangni medesimi in fiorini in ka (lendi) apirile nel lxxiiij

·· 0 0 0

p (osto) che deono dare innanzi due charte.

(1340) — Besta, *La Ragioneria*, Ⅲ, p. 275

Guillielmo Vacha, notarius debet no-bis pro Commune Janue unde nobis in isto in cxxxxij ······························ 0 0 0

Recepimus, accipiente Andrea de Castellione castellanus castelli Arcule, in racione unde nobis in cxxxxvij ······

································· 0 0 0

(1340) — Bariola, *op. cit.*, p. 331.

1. Jacobus de Bonicha debet nobis pro Anthonio de Marinis valent nobis in isto In LXI ······································ 0 0 0

2. Item die quinta septembris pro Marzocho Pinello valent nobis in isto in LXXXXII ·························· 0 0 0

Recepimus in racione expensae Comunis Janue valent nobis in isto in CCXXXI et sunt pro expensis factis per ipsum Jacobum in exercitu Taxarolii in trabuchis et aliis necessariis pro comuni Janue, et hoc de mandato domini Ducis et sui consilii scripto mano Lanfranci de Valle notarii MCCCXXXX die decimanona augusti ·············· 0 0 0

(1356) — Besta, *op. cit.*, III, p. 288.

Guillelmus Bagarotus debet dare scriptum in credito Beltramo Leccacorno in isto folio die *iiij* martij ············· 0 0 0

Debet habere scriptum in debito Domino Gasparo Vice-comitj in isto in fo. *clxv* die *xiij* februarij ······ 0 0 0

(1359) — Besta, *op. cit.*, III, p. 289.

Sozius Picollus debet dare scriptum in credito Communi Placentie in isto in fo. *lxj* die secundo julij ················· 0 0 0

Debet habere scriptum ei in debito in fo. *lxxij* die *xxv* Junij ········· 0 0 0

(1383) — Besta, *op. cit.*, III, p. 319.

Nicholò di Francesco e fratelli da Firenze de dar a di *xvj* di maggio fior. quatrociento d. j. demo per lui a messer landuccio bonchonti portò simone di francesco a uscita *b* a carte 13 ····················· 0 0 0

Nicholò di Francesco e fratelli da Firenze deono avere a di *xiiij* di maggio prossimo fior. quatrociento d. -j-i quail gli prometemo a di *viiij* di febraio per piero del pueri chatalano posto a dietro in questo a c. 82 piero de dare ········
······································ 0 0 0

(1385) — Besta, *op. cit.*, III, p. 291.

Camera illustris principis et magnifici domini nostri domini comitis virtutum, etc. debet dare numeratos per Masotum de Aribertis massarium communis Regij ·····
scriptum in credito dicto Masoto thesaurario in isto In folio *xxiij* f. *clx* ····· 0 0 0

Camera predicta debet habere pro provisione prefacto domino promissa per am baxiatores communis Regij incipiendo·············scriptis in debito communi *Regij* in isto in folio *xi*······ 0 0 0

(1392) — Besta, *op. cit.*, III, p. 320.

La chassa dei chontanti de dare a di *xiij* di marzo a Zanobi di Taddeo Ghaddi Posto in questo Zanobi debba avere nel c. 2 ································· 0 0 0

La chassa dei chontanti de avere *xviij* di marzo da Noro Guidi posto in questo deba dare nel c. 5 ········· 0 0 0

(1396) — P. Kats in *The Accountant*, March 27, 1926

Lucrum et perditae cummunes quae fiont pro sotietate in Catalogna et que sunt communes inter nos Johanninum de Dugnano et Marchum Serrainerium, quilibet nostrum pro medietate, debent dare scriptos in credito Marcho Serrainerio in fo. 6 die xxviij decembris qui Sunt pro expensis communibus factis causa sotietatis in summa per eum ·························· 0 0 0

Debet habere scriptos in debito Marcho Serrainerio in fo. 6 die xxviij decembris videlicet qui paxiti sunt prolucro in Medilano ball xlvj fustanei, missarum Lanfrancho de Dugnano procambio fl. ·························· 0 0 0

(1406) — Besta, *op. cit.* , III, p. 304.

Debitori e chreditori tratti del l'estratto fato per ser jachomo Boltremo de dar per ser Donado Soranzo proprio fin di 19 agosto, par in quello k. 76, in questo k. 3 ·························· 0 0 0

Debitori e chreditori tratti del l'estratto fato per ser jachomo Boltremo de aver per la chamera da imprestidi, par in quello k. 75, 78 in questo. K. 2 U. cxxvj ·························· 0 0 0

(1409) — Besta, *op. cit.* , III, p. 283.

Die xxvij marcij Bartholomeus de Mari debet nobis pro Francisco Iustiniano et socio massariis in cclvj ··············· 0 0 0

Recepimus die xxvij maij in Martino de Mari in ccccxxij ············· 0 0 0

Item die viij maij in sua racione temporum in dcxiij ·············· 0 0 0

(1417) — Besta, *op. cit.* , III, p. 303.

Ser Marcho da Ponte de Venizia die dar per uno quarto de la gastaldia de Arquà, messo debbe aver in questo car. II ·························· 0 0 0

Ser Marcho da Ponte de Venizia die aver ·····························

E a dì dito [dui aprile 1417] per suo quarto de la gastaldia de Arquà,

(1430) — Bariola, *op. cit.*, Part II, Note 7. Debitori et creditori trati de libro bianco piccolo A deno dar adi 2 zenaro per Andrea Barbarigo che fui de miser Nicholo come apar in questo in ······K. 2 ··········· 0 0 0

messo debia dar in questo car. II ······
·································· 0 0 0

(1436) — Besta, *op. cit.*, III, p. 327.

Debitori et creditori contrascriti deno aver adi 5 zenaro per ser Piero soranzo fo de ser Antonio apar in questo in ······K. 7 ································ 0 0 0

Ghaleazo Borromei e Antonio di Francesco e comp. di Londra den dare a di 8 di marzo lir. 19.11.11 come appare al quaderno di Gio. Bindotti a fo. 3 a lui in credito a fo. 5 ·············· 0 0 0

Ghaleazo Borromei e Antonio di Francesco e comp. deno avere a di 17 di marzo per li nostri di brugia a loro in debito a fo. 14 ················ 0 0 0

(1436) — Alfieri, *La Partita Doppia*, p. 88.

Ser Piero soranzo fo de ser Antonio die dar adi 3 settembre per ser Jacomo marzelo de ser Cristofalo per due letere de chambio ch' a pagado al dito l'una de Duc. 250 a pp. 3 k. 8 el Duc. l'altra de Duc. 250 a perperi 3 k. 9 el Duc. monta in tuto K. 2 ····················· 0 0 0

Ser Piero soranzo die aver adi 5 settembre per ser Felipo marzelo fo de ser Fantin per Duc. 300 d'oro che i mandai a pagare al dito ser Filipo per la galia chapitan ser Piero contarini a pp. 3 per Duc. segondo el suo hordene K. 2
·································· 0 0 0

(1458) — Bariola, *op. cit.*, p. 566-7.

Antonio di Guido Giuntini de' dare adì 2 di settembre 1458 s. xvi d. vi da ser

Comune di Firenze de' avere adì 31 di Gennaio 1458 lb. trentotto posto An-

Gabriello Lioni in credito a consoli del mare $\cdots\cdots\cdots\cdots\cdots\cdots\cdots\cdots$ 0 0 0

tonio Giuntini cassiere di Camera debbi dare in questo c. 70 $\cdots\cdots\cdots\cdots$ 0 0 0

(1459) — Besta, *op. cit.*, III, p. 329.

La cassa de contanti de dare a di *xxv* di marzo fio. ventiquattro migliaia conti dalle eredi nel modo e forma che gli apare posto in questo *m* debbono avere c. 2 $\cdots$

$\cdots\cdots\cdots\cdots\cdots\cdots\cdots\cdots$ 0 0 0

La cassa de contanti contro scritta de avere a di *xxvj* di marzo fio. ventiquattro mila, conti fino a questo dì in pezzi 19700 $\cdots$ a Carlo Baronelli posto debi dare in questo c. 4 $\cdots\cdots\cdots$ 0 0 0

(1478) — Bariola, *op. cit.*, Note 9.

Lu banchu di gugliermmu ajutamicristu pir cuntu di lu donativo di la seconda tanda XI ind. DIVI DARI a XXIII di marzu pir restu daltru cuntu chomu appari jn quistu $\cdots\cdots\cdots\cdots\cdots\cdots\cdots$ 0 0 0

Lu banchu di gugliermu ajutamicristu pir cuntu di li dinari di lu donativo di la secunda tanda di lannu passatu XI ind. DIVI HAVIRI a di XXX di marzu

$\cdots\cdots\cdots\cdots\cdots\cdots\cdots$ 0 0 0

(1520) — Bariola, *op. cit.*, p. 351.

Lo illustri spectabili D. Federico Patella magistru Portulano per conto di corti DEVI DARE a dì XX di Luglio unzi XXXX per sua petro zafarana al numero 238 posto

$\cdots\cdots\cdots\cdots\cdots\cdots\cdots$ 0 0 0

Lo illustri spectabili D. Federico Patella DEVI HA-VERE per comto di Corte per resto daltro suo conto posto dare in p. 224 $\cdots\cdots\cdots\cdots$ 0 0 0

(1524) — Bariola, *op. cit.*, Part II, Note 8.

Sier Mathio da Spalato die dar adi 24 marzo per l. 60 de filadi a rason de s. 12 la

Sier Mathio da Spalato alicontro de aver adi 16 avosto contadi da lui per

i. monta l. 36 s. 0 e per l. 25 da rame a s. 8. la 1. monta l. 10 s. 0. suma in tutto ··· 0 0 0

parte de le contrascritte robe l. 17 s. 14 ··· 0 0 0

Adi primo novembrio contadi da lui per resto de le contrascritte robe l. 28 s. 6 ···································· 0 0 0

(1537) — Besta, *op. cit.*, III, p. 350.

29. Cassa die dar a dì primo zener // A Cavedal che me trovo haver fin questo zorno duc. 820 ······························ 0 0 0

Cassa controscritta die haver ··· ··· 0 0 0

(1566) — DeWaal, *Van Paciolo tot Stevin*, p. 152.

Gaings & Pertes doibuent donner ce 7 Novembre 200 £ baillé comptant a Marc Antoine Millanois pour jnterest a $2^{1/2}$ pour 100 de 8 000 £ pour vne letre de change de 1 111 £ 2 s 2 d de gros qu'il m'a faicte pour Anuers. Crediteur Caisse a f. 18 ··· ··· 0 0 0

Gaings & Pertes doibuent auoir ce 24 d'Octobre 256 £ 10 s pour autant proffité sur les camelots de l'Isle a f. 5 ··· 0 0 0

Le 4 Januier 390 £ 5 s 5 d pour autant proffité sur le Vogage de Lion a f. V 6 ··· 0 0 0

参考文献

[1] By P. Kats in *The Accountant* (London), August 27, 1927.

[2] From a reproduction of John Mellis, *Brief Instruction*, by P. Kats in The Accountant, May 1, 1926.

[3] Geijsbeek, op. cit., p. 128; see also *The Institute of Bookkeeper's Journal*, December, 1927, p. 324.

[4] Richard Dafforne, *The Merchants Mirrour*, bound with Gerard Malynes, *Lex Mercatoria* (London, 1636).

第八章

日记账分录的演进

日记账分录是一种重要的簿记机制，承担着将有关一项业务的非技术性陈述转化为一种在技术上具有形式化特征、具有居间作用的统计记录的功能。而且，日记账分录比分类账分录更能体现复式簿记的特点，因为它十分清晰地体现了所有交易中固有的二重性。

日记账分录在现代实务中的重要性似乎有所降低，至少在美国是如此。没有人知道随着簿记的演进，日记账分录最终是否会完全消失。但我们可以说，因为它并非必需的程序，因此极有可能从簿记实务中消失。

对于簿记方法中的这一要素，人们很容易产生好奇。当复式簿记的记账方法可以很好地运行之后，它被加入其结构体系，在某一时刻，它又很可能退出这一结构体系——就像蝌蚪长大之后尾巴会自然脱落一样。

即便是知道了分类账账户的早期特征，人们也未必能够轻易地推想到早期日记账分录的具体形式。正如前面提到的那样，分类账分录起初属于完整的句子——整个业务需要两次重复出现在其中。然而，我们所知的早期日记账分录却并非写在分类账中的句子。相反，即便在其出现的最初时刻，其形式和措词就已经相当技术化。外行人或许能理解一笔分类账分录，原因在于其措词足以表达出完整的思想，但他们却很难在不借助外力的情况下掌握一笔日记账分录的含义，因为日记账分录以高度缩略的形式来传达思想。

在对有关日记账分录起源的各种细节作出推测之前，让我们首先对一些 15、16 世纪典型的日记账分录进行一番考察。

第一种类型的日记账分录[①]

原文	英文译文

(1430)

1. *Per* Cassa de contadi *a* ser franzesco baldi e fratelli-per resto de zafaran ···
·················· 0 0 0

1. *By* ready money *to* Franzesco Baldi and Brothers — for balance of saffron ······················ 0 0 0

(1494)

2. *Per* Ser Zuan d' Antonio da Messina：*A* Cassa contati a lui per parte de'sopra ditti zuccari secondo la forma del mercato ·········· 0 0 0

2. *By* Zuan Antonio of Messina：*to* cash, paid to him for part of the above mentioned sugar according to the terms of the agreement ··········
···················· 0 0 0

(1525)

3. *Per* Bancho di Cappelo e Vendramine, *a* chavedal i quail me trovo aver nel detto bancho come per suoi libre apar ······
···················· 0 0 0

3. *By* Cappelo and Vendra-mini's Bank, *to* Capital, which I find I have in the said bank per their books ··············· 0 0 0

(1540)

4. P（*er*）Pro e Danno∥*A* spese diverse per piu spese fatte l'anno presente,

4. *By* Profit and Loss, *to* Sundry Expense, for various expenses made in

---

① 本章章尾列明了这些日记账分录的来源，每笔分录皆按编号一一对应。

come in esse appar, per saldo suo ⋯⋯

⋯⋯⋯⋯⋯⋯⋯⋯⋯⋯⋯ 0 0 0

(1543)

5. *Per* profyt ende onprofyte/*aen* Capitael van my Nicolaes Forestain somma sommarum dat ick bevinde gheprofiteert te hebben binnen den tijt gheduerende disen boek ⋯⋯⋯⋯⋯⋯⋯⋯ 0 0 0

(1549)

6. *Für* Ingwer // *an* nutz und Schaden für nutz und gewin ich an dem Ingwer gehabt ⋯⋯⋯⋯⋯⋯⋯⋯⋯⋯ 0 0 0

the present year, as appears in the balance of that account ⋯⋯⋯ 0 0 0

5. *By* profit and loss *to* capital of myself Nicholas Forestain, the sum total that I have profited with in the period of this book ⋯⋯⋯⋯⋯ 0 0 0

6. *By* Vinegar, *to* Profit and Loss, for loss and gain I have had on Vinegar ⋯⋯⋯⋯⋯⋯⋯⋯⋯⋯⋯⋯⋯ 0 0 0

所有这些例子，不论用什么语言进行记录，皆展示出了同样的技术特征。其典型形式为：

By A——, to B——

（并或多或少伴有一些有关细节的解释）

这是一种技术形式。首先，其语言表达含义并不明显，有些隐含的意思需要进一步理解；其次，介词"per"和"a"被赋予了一种非同一般的特殊含义。老教材会详细指出，在日记账分录中，"per"必须先出现，意味着借方（或作为其标志）；贷方则随后出现，用"a"来表示。从而形成一条用以解释其用法的规则，但却并非很重要。作者并不会对"per"和"a"是如何分别与借、贷两方联系起来的作出解释。

没有任何权威人士对这些技术意义的渊源作出解释，从而使得揣测和推断充斥其间。这是一个值得讨论的极为有趣的问题。

在一些早期德国日记账分录的措词中，可能发现一些有关其渊源的基本暗示。虽然从格式的确定来看，德国日记账分录实例的时间要晚于许多意大利日记账分录，但这些德国日记账分录并没有采用与早期技术形式相同的分录形式。下面是一笔由著名的德国福格家族簿记主管马修·施瓦茨（Mathew Schwartz）所做的一笔日记账分录，标明日期为 1516 年。

原文	英文译文
Uns soll herr Jacob Fugger duc. 85，die *sollen wir* a Cassa，umb souil hat Matheus Schwartz hie zu Venedig für sich gebraucht ……	To *us* Mr. Jacob Fuggar shall［give］85 ducats，which *we shall*［give］to cash，for as much as Mathew Schwartz has used here At Venice ……………………

其中斜体字具有一定技术意义。英译文中括号内的文字是为了让整个意思更加完整而加进去的。经此处理，日记账分录成为一个简单的句子，专业性降低，从而使得任何人都能够轻易读懂。1516 年的原始分录中并无"give"一词。因为没有这个词，分录的技术性也因之减半。这个词其实是隐含在其中了。

然而，早在 1440—1444 年的非系统化备忘记录（正如 Penndorf 在其 *Geschichte der Buchhaltung in Deutschland* 一书中所示）中，就已经包含了"*er sol geben*"、"*ich hab im gegeben*"（"he shall give"、"I have given him"）等其他类似词组。由此可以明显地看出，德国人一开始使用的是完整的句子，但 1516 年已经开始减少簿记分录中的文字，记录因此变得技术化。但这个过程尚未进展到难以重构完整句子的程度。

另一方面，从前面给出的第六笔分录可以看到，仅仅过了 33 年（1549 年），日记账分录形式已经高度技术化，外行人很难再理解其含义。它不再是一个完整的句子，而 1516 年的分录却几乎是一个很完整的句子。1549 年德国日记账分录的形式与意大利日记账分录的形式完全相同。由此可以得出两项基本结论：其一，已确立的意大利日记账分录形式可能在本国运用（1430 年）很多年后才开始在德国流行；其二，技术化的意大利日记账分录形式可以还原成完整的句子，它随着时间的推移不断简化，最终形成极为简捷的意大利日记账分录形式的技术性表达，即：

为了进一步追踪这一想法，有必要从一个假定的早期意大利式分类账账户开始进行考察。

在现金账户借方页面，可能读到：

"Cash shall give the stated amount

to Francisco at his pleasure for

coins this day deposited. "

（现金应按今日存入硬币数付给佛朗西斯科确定金额）

在 Francisco 账户贷方页面，可能读到：

"Francisco shall have (i. e., receive)

the stated amount at his pleasure

for cash this day deposited in

coins. "

［佛朗西斯科应按今日存入硬币数拥有（收取）确定金额的现金］

接下来需要考虑一些重要的条件因素：

（1）日记账继分类账之后发展起来，其目的在于使为登记分类账而编制的日记式备忘账系统化。受其影响，登记日记账在此时可能作为一个将所发生事实转用分类账术语进行表达的程序。因而，从一开始，日记账就很自然地会采用分类账中所使用的术语来表述日记账分录。

（2）分类账分录中唯一不因业务的具体内容而改变的措词是："shall give"和"shall have"，以及"to"和"for"（per＝for 或 by）。因此，这些词汇会在每一笔日记账分录中出现，至少可以将其与分类账联系起来。

（3）借方项目（此处为"现金"）在旧式分类账分录中出现两次：一次是作为借方页面上所载分录的第一部分，另一次作为另一笔分录（对应账户）中的第二部分。相同的是两次皆反映了借方项目的真实情况，当然，其方向是相反的。因此，在上例中，"Cash shall give"在另一账户中以"for cash"的形式再次出现，而"to Francisco"以"Francisco shall have"的形式再次在对应账户中出现。

（4）因 Francisco 存入款项而收入现金的现代分录为：

现金······················ 0 0 0

         Francisco ······················ 0 0 0

但是，在旧式分类账中，源自日记账的借方和贷方项目都会出现两次，也即是说，整笔业务在两个相关账户中都会有所反映。因此，旧式日记账分录需要对"四要素过账"（four-element posting）作出一些明确的说明。由此来看，旧式分类账分录中必定会有两项要素是现代日记账中难以见到的。实质上，旧式分录中有而新式分录中所没有的唯一的东西，是"by"（或者"for"）和"to"等用词。这些词汇构成旧式分录中的第三和第四项要素，并形成如下分录形式：

By cash, to Francisco

在这些因素的基础上，情况似乎变成了下面这样。我们有可能重构一笔措词完整的日记账分录，以表达与业务有关的基本事实。前面所举德国日记账分录实例，很可能即反映了在进行技术上的减省之前的分录形式。这种假设性的重构日记账分录大致如下：

For cash deposited this day, Fran-

cisco shall have the stated amount,

etc. and to Francisco, cash shall

give the stated amount at his pleas-

ure.

如果出现了措词上的减省或重构，整笔分录可能简化为如下形式：

For cash, Francisco shall have;

To Francisco, cash shall give

如果接下来再删除重复部分，分录将成为如下形式：

For cash, to Francisco

这种形式体现了 1430 年以来很长一段时间日记账分录的技术实质。很难说为什么会发生这样一种改变；或许是为了简化记录并减轻记账工作量。这项理由无疑会得到当时的书记员和直至今日之簿记员的认同。有关分类账的基本事实，对于当时从事簿记教学的人员而言是很容易识别清楚的。它们包括一个给定账户（以及与之相关的一个对应账户）的借方项目和一个给定账户（及其对应账户）的贷方项目——总共 4 项要素。

（1）"Cash"，处于分录的起首位置，列明 "shall give"（即应做借方记录）账户的名称。

（2）"Francisco"，在分录中排在第二位，列明 "shall have"（即应做贷方记录）账户的名称。

（3）"For"，作为贷方账户（Francisco）对应的现金（Cash）账户的符号。

（4）"To"，作为借方账户（Cash）对应的弗朗西斯科（Francisco）账户的符号。

由此可以看出，日记账分录技术缩写中的左边包含两样东西：①借方账户（Cash）；②从属于另一相关账户的对应或解释分录（by 或 for cash）。右边项目包括：①贷方账户（Francisco）；②从属于另一相关账户的对应或解释分录（to Francisco）。

日记账分录的这种技术形式完全可以通过重复，通过使用目前分类账实务中依然在用的术语（向一位经过训练的簿记员）清晰地阐明整笔业务。它作为桥梁，可以很好地沟通备忘记录与分类账之间的差距。但是，我们却无法由此就分录形式的起源得出可信的解释；它只是努力以各种可用信息为基础，拼凑出一种合乎情理的假设。我们确实没有证据可以明确证明日记账分录曾经采用此处所重构的这种完整语句的形式。假如它们确曾存在，则必然已在一个长度约为百年的时期内演进为可识别的缩写形式（By A——，to B——）。复式分类账的完整形式最早出现在 14 世纪中期，也就是 1340 年，热那亚书记员账户和日记账分录技术缩略形式①的明确出现则是在 1430 年（在复式分类账得到实际运用之前，不可能有构造任何形式的日记账分录的必要性）。对于此项演进的发生而言，这是否是一个足够长的时期，以及它是否源自文艺复兴环境背景的重大刺激，尚属无法回答的问题。

至于日记账分录的后期发展，则无需过多猜测，可用的例子很多，所用形式也没有太强的技术性，因此很好理解。

与复式簿记的古老实践相关，有一项颇为有趣的事实，即同时存在着两类极不相同的日记账分录，此处已经提到其中一种类型。它们不但措词和技术形式不同，即便是起源也无疑存在很大差异。然而，尽管如此，它们却都可以很好地发挥同样功能而不致引起任何混乱——至少表面上如此。

另一种分录形式或许比前面谈论过的一种更为有趣，原因在于，在某些方面它与现代形式更为接近，或者，换一种说法，是因为用英语表达的现代日记账分录更大程度上乃是现在将要讨论的这种分录形式演进的自然产物，而不是出自前面讨论过的 "by 和 to" 式的分录类型。

第二种类型的日记账分录
（第一种变体）

原文	英文译文
（1491）	
7. *Faro Debetore* Tomasone del Buono e creditore spese di mercanzie di s. iiij d'oro per spese fatta a un fardello di panno corsato mandato da Lucca da	7. I *make debtor* Tomaso del Buono and creditor Merchandise Expenses for a s. in gold, for expenses incurred on a bale of cloth sent by Lucca da

① 1494 年，人们十分喜欢用高度缩略的措词来代替完整句子，这一点可以从帕乔利的 *De Computis* 中找到证据。很可能在此之前，人们就已经有足够的理由接受——甚至于期盼着——省略簿记记录中重复的短语，其内含意义可以加入到剩余的措词中，从而产生了此处所讨论的记录形式的技术化问题。

Bonaccorsi a Libro 203/100 ······ 0 0 0

(1550)

8. Cassa *est debiteur* adj ditto L. 987. 13. 4 Je Pierre du Mont ay receu de mon maistre Nicolas de Reo en argent contant L. 987. 13. 4 pour luy seruir au train de merchandise dieu me donne la grace de bien server

　　　Nicolas de Reo *est*

　　Creditor ··················· 0 0 0

(1559)

9. *Fa debitore* Michele Gharo Nestri a di 2 di maggio di s3 d xv posto a lui detti Contanti per sua provvigione del mese passato di aprile e *fa creditore* Cassa

　··· 0 0 0

8. Cash *is debtor* on this day [for the] L. 987. 13. 4 I, Pierre du Mont, have received from my master Nicholas de Reo L. 987. 13. 4 in ready money to be employed for him by way of business. God give me grace to serve well

　　　Nicolas de Reo *is*

　　Creditor ················ 0 0 0

9. *Make debtor* Michele Gharo Nestri on May 2nd for s3 d15 posted to his debit account for his provisions of the past month of April and *make creditor* Cash ·················· 0 0 0

(第二种变体)

(1553)

10. Devonshire Kerseys is debitor to Laurance Fabian，draper，and is for 10 pieces at 36 s. a piece — etc. ·······

　·································· 0 0 0

(1595)

11. Cassa van ghereden ghelde *is schuldich aen* Cappital van my 8000 guld. Ende is voor verscheyden penninghen van gout ende silver，so ick in mynen handen hebbe，omme daermede te

10. （原文为英文）

11. Ready money *is indebted to* Capital for my 8 000 guilders. And is for different coins of gold and silver that I have in hand to use in pursuing the trade of merchandise. God

dryuen den hande lvan coopmanchap. Godt will my verleenen ghewin, ende behaeden voor verlies. Amen ·········

································ 0 0 0

（1613）

12. Meale in Barrels *is debitor unto* stocke for 16 tuns remaining in the house

································· 0 0 0

will grant me profit and preserve me from loss. Amen ········· 0 0 0

12.（原文为英文）

（第三种变体）

（1567）

13. Caisse d'Argent comptant es mains de Pierre Savonne *doibt* 12 450 £ 10s 6d qu'il met pour compte de son capital, *credeteur* ledit Savonne ········· 0 0 0

13. Ready money in the hands of Pierre Savonne *owes* 12 450 £ 10s 6d which he places in his capital account, Creditor is Savonne ······

······························· 0 0 0

（1570）

14. Roggen *soll an* Hering, hab ich mit Audreas Klur von Thorn einen Stick getroffen — etc. ················· 0 0 0

14. Rye *owes to* Herring, which I have bartered with Audreas Klus of Thorn — etc. ················· 0 0 0

（1588）

15. Chest or money *is Debtor* or *owes to* stock belonging to me, M. N. and is for — etc. ················· 0 0 0

15.（原文为英文）

（1594）

16. Casse *sol* m. 11 437. 8 Per Capital. So viel befind Ich bey dem Inventario an bahrschafft so ich dato zum glücklichen

16. Cash *owes* m. 11 437. 8 for（to）Capital. As much as I find of ready money in the inventory I place in

aufang dieser handlung in Cassa leg

.... O O O

(1606)

17. Cassa *is schuldig* für fl. 8 650. welche ich N. N. eingelecht habe in cassa zu handeln. *Creditor* mein Capital

.... O O O

(1608)

18. （无法得到原文）

the cash box this day for the prosperous beginning of this business

.... O O O

17. Cash *is indebted*（owes）for fl. 8 560 which I，N. N. ，have invested in cash for trade. My Capital （is）*Creditor* .... O O O

18. Trading Expenses *debit* per cash, for payments during the month as shown by the memorandum book

.... O O O

需要说明的是，在此处所谓的第二种类型的日记账分录举例中，并非所有例子皆构成一种确定的形式；因其措词不同，产生了三种不同的分录变体，虽然在用词上存在一些细微的差异，但它们相互之间依然保持了一定联系。这些日记账分录的特点可概括如下：

第一种变体	A is debtor（A 是债务人）
	B is creditor（B 是债权人）
第二种变体	A is debtor to B（A 是 B 的债务人）
第三种变体	A owes to B（A 欠 B）

第二种变体和第三种变体在形式上似乎颇为接近，如果 A "是债务人"，则意味着他 "欠了钱"，因为按定义，所谓债务人就是欠钱之人。① 或许，从实质上来讲它们两者与第一种变体也是很类似的，因为你可能会说："A 是（作为债权人的）B 的债务人。"

---

① 人们很自然地会觉得第三种变体与第一种变体之间也有一定联系，因为后者使用了（或者暗含着）源自分类账的技术术语（"shall give" 等），同时也因为英译中的 "must" 或 "shall" 其原词也有 "owe"（欠）的意思。拉丁文 *"debet"* 源自 *"debeo"*，意大利语的 *"deve"* 源自 *"dovere"*，法语的 *"doit"* 源自 *"devoir"*，德语的 *"soll"* 源自 *"sollen"*，意思是 "他必须" 以及 "他欠"。

但是，无论将第二种类型的日记账分录分为三种变体有何优点或不足，颇为明显的是，这一类型中所列示的分录，不论形式还是措词，皆与第一种分录类型中的分录有着本质上的差异。[①] 第一种类型的日记账分录形式可能源自当时分类账分录的措词，并导致了很久之后英国分类账分录中借、贷方"to"与"by"的使用。而第二种类型的日记账分录则似乎是个人账务"日记簿"（daybook）记录的自然产出，相对于第一种类型的日记账分录，它与现代日记账分录更为接近。

之所以有最后这项结论，并不只是因为分录本身的形式，而且因为第一种类型的分录不久就被实践所淘汰这一事实。如果将从不同资料来源得到的25笔日记账分录——包括前面提到的各项分录——按类型和时间顺序排列，则可看到，第一种类型的分录在1550年之前占主导地位（1491年美第奇账簿中的分录是16世纪中叶之前唯一一笔属于第二种类型的日记账分录）；而在1550年以后，第二种类型的日记账分录占绝对优势。因此，当我们还无法确切知道日记账分录形式的真正起源时，其演进所揭示的方向自然属于最佳选择。后来的事实证明帕乔利曾经给予高度评价的这种方法其实并不好，要不然它也不会被其他形式从实践中驱逐出去。

不过，日记账分录的演进并未在上述最后一笔分录所标定的日期（1608年）终止。在随后三百余年的发展中，我们所见主要是英语日记账分录。由于从分录本身即可很容易地读出所发生的种种变化，因此，对这些实例只需作简单讨论。

---

① 两种不同风格的日记账分录巨大的反差引出了一个极为有趣的问题，即：这种差异是否构成区分不同地域范围内所使用记账方法的主要标志？帕乔利在其 *De Computis* 一书的第一章中曾讲到："本书所采用的是在威尼斯所使用的系统，当然也是本文所推荐的方法，因为从这种方法中，你可以看到其他方法的影子。"（Geijsbeek, op. cit., p. 33.）因此，你可以认为
By A—— to B——
形式的日记账分录乃是威尼斯方法，而
A is debtor to B
则是佛罗伦萨方法的典型特征。当然这也是美第奇家族1491年在佛罗伦萨使用的形式。

1600 年后英语日记账分录

（1684）

19. George Pinchback Debitor to Kettles £75-8d for 5

    Barrels — etc. ··························   75/— /8

（1717）

20. P. Q. at Gibralter my accompt current Debtor to

    Voyage to Gibralter，consigned to P. Q. £322. 9. 7$^{1/2}$

    —etc. ····························   322/ 9/7$^{1/2}$

（1754）

21. William Wife £360 to Sherry for t10 pipes delivered

    to him in barter ·······················   360/ —/—

（1788）

22. Charges merchandise Dr. to paper taken for use in

    shop ····························   —/10 /6

（1841）

23.

Dr.		Cr.	
Mdse ················· 1000	B/P ···············	500
	Cash ··············	500

（1848）

24. Cash to Sundries ····················		1 590	
to Bills Receivable ··················			1 500
Profit and Loss ····················			90

（1864）   Dr.   Cr.

25. Merchandise Dr. ····················		5 000	
to James Munroe ····················			5 000

（1900）

26. Merchandise ··	400	
to Cash ··		400

显然，不同分录在措词上存在细微差别，尤其是例19到例22。借方一词，在一笔分录中写作"debitor"，在另一笔分录中写为"debtor"，在第三笔分录（No. 21）中则完全被省略。在其他一些例子中，缩写形式"Dr."代替了单词本身。[1] 然而，这些变化相对而言都不是十分重要。不久之后，一项更为深刻的变化开始显现——始于19世纪中叶前。该变化表现为分录再次呈现为一种技术形式。与截止1550年差不多已经完全消失的以

By A——, to B——

为表现形态的技术形式不同，这种技术完全从位置摆放上着手。借、贷方成为独立的栏目，贷方账户的名称写在借方项目之下。缩略词"Dr."有时保留，有时则省略；作为贷方标记的"to"则依然保留。远在"to"一词完全消失之前，借方和贷方就已经完全可以通过文字和数字的位置而在分录中读出来。甚至栏目中都不必标出"Dr.""Cr."符号。

18世纪的分录形式——比如"John Doe is debtor $1 000 to Stock"——只是以直白的方式说明需要过入两个不同地方的事实，但对两个地方的具体位置并无明确标示。在后来的发展中，这种簿记机制得到了进一步改进，改进后的分录说明两项截然分开的事实，每项事实皆按其账户名称及借贷方特征过账。眼下的程序引导人们去考虑等待过账的借方分录（debit-entries），而不是债务（debts）或债务人（debitors）；也即是说考虑需要转换或列入表格的"会计单元"，而不是拟人化债务。在现代实务中，编制日记账分录的过程变成了对完全非个人化事实的分

---

[1] 这一缩写最早发现在 Stephen Monteage *Debtor and Creditor made Easie* 一书第3版（1690年）中。正如第22笔分录所示，到1800年左右，该缩写的使用已经非常普遍。参见 Thomas Dilworth, *The Bookkeeper's Assistant*（London, 1792年）；William Jackson, *Practical Bookkeeping*（New York, 1816年）；Patrick Kelly, *The Elements of Bookkeeping*（London, 1833年，第10版）。

类，它用一种设定的方式来提高分类（过账）的准确性。

有关日记账分录的实践经历了从一个阶段向另外一个阶段的转换：①没有日记账分录的时代。在这一时期，有关业务的全部说明很可能直接记入两个相关的分类账账户。②高度技术化形式时期（1430年到1550年）。在这一时期，为了登记分类账，需要编制高度技术化的日记账分录。③表达完整思想时期。在一个相当长的时期内，日记账分录需要在不同程度上充分表达一种完整的思想。④现代时期。再次采用了相当技术化的分录形式，着眼于会计单元的准确分类。

但是，这并非就是终点，随着簿记的演进，有关簿记的这一工序依然在向更高的技术化程度迈进。随着大量业务被记录在各种原始分录明细账中，日记账分录本身也开始发散。在现代美国企业中，绝大多数业务记录在各种专门账簿中，并由此直接过入分类账；只有一小部分分类账明细资料是来源于正式的借方或贷方日记账分录。而且，一些大型组织已经放弃了具有悠久历史的左右、借贷，以及分类账账户本身的细分；一大张表格即是一个账户，其栏目成为次级账户，其中的分录以黑色和红色代替了借方和贷方。

大多数职员因此无需像这样去了解簿记。但对那些负责汇编最终簿记数据的人员而言，这一工序比我们所知晓的任何日记账分录形式都更加技术化。只有全面了解了整个分类账、了解了精工细作的整体系统中各原始分录簿的特点，才能够将许多分散的借、贷方分类记录及汇总资料归结成为一个统一的整体。正因为如此，现代簿记员（因为肩负着将纷繁复杂的细部资料归总为一个内在统一的整体的责任）承担了一项其前辈们从来未曾面对过的任务，并且要付出比前人更大的努力去学习簿记。簿记已成为一项真正的技术，而不再是简单的事务性工作。

日记账分录举例的资料来源

（a）第一种类型的日记账分录中几笔分录的来源

（1）源自 Andrea Barbarigo 1430 年的账簿。还有一些类似分录源自 Barbarigo 家

族 1457 年、1482 年、1496 年、1507 年、1537 年账簿。参见 Vittorio Affieri, *La Partita Doppia* 第 60 页。

（2）源自卢卡·帕乔利的 *De Computis*，第一部印刷版簿记著作。参见 Vincenzo Gitti 教授 *Trattato de' Computi e delle Scritture*（1878 年）。

（3）源自 Antonio Tagliente 的著作。参见 Fabio Besta, *La Ragioneria*, Vol. III, 第 380 页。

（4）源自 Domenico Manzoni 的著作。参见 John B. Geijsbeek, *Ancient Double Entry Bookkeeping* 一书第 82 页日记账账页照片复制件。

（5）源自 Jan Ympyn Cristofels, *Nieuwe Instructie*。参见 P. G. A. DeWaal 博士 *Van Paciolo tot Stevin* 118 页。其他英文分录源自 Ympyn 著作 1547 版，参见《会计师》杂志 1927 年 8 月 20 日刊，第 261～268 页。

（6）源自 Wolffang Schweicker, *Zweifach Buchhalten*。参见 Balduin Penndorf 博士 *Geschichte der Buchaltung in Deutschland* 第 126 页。其他类似的荷兰语分录可见于：上面提到的 DeWaal 博士的著作；Van Hoorebeke, 1599 年（第 253 页）；Van Renterghem, 1592 年（第 230 页）；Van den Dycke, 1596 年（第 242 页）。

（b）第二种类型的日记账分录中几笔分录的来源

（7）源自意大利美第奇银行账簿。参见 Fabio Besta, *La Ragioneria*, Vol. III, 第 325 页，Besta 引用了 A. Ceccherelli *I libri di mercatur della Banca Medici* 中的资料；亦可参见《会计评论》1930 年 9 月号第 247 页 Penndorf 的文章。

（8）源自 Valentin Mennher de Kempten, *Practique brifue pour tenir liveres de compte*。参见 Besta 第 392 页。同一作者 1565 年的其他分录，散见于 DeWaal 博士著作第 139 页、*Maandblad voor het boekhouden* 1926 年 10 月 1 日号，以及 *Der Zeitschrift für Buchhaltung*, V. 7 第 37 页。

（9）源自上述 Ceccherelli 著作中所引的 Benvenuto Cellini 账簿。

（10）源自 James Peele, *The maner and fourme how to kepe a perfect reconyng* 等,《会计师》杂志 1926 年 1 月 16 日，第 91 页。

（11）源自 Claes Pietersz, *Baeckhouwen op die Italiaensche maniere*。见 DeWaal 著作第 164 页。

（12）源自 John Tapp, *The Pathway to Knowledge*。见 *Maandblad voor het boek-*

houden 1926 年 3 月 1 日号，第 172 页。

（13）源自 Pierre Savonne, *Instruction et maniere de tenir livres*。见 DeWaal 著作第 147 页。

（14）源自 Sebastian Gammersfelder, *Buchhalten Durch Zwey Bücher*。见 Penndorf 博士著作第 142 页。

（15）源自 John Mellis, *Briefe Instruction* 等。见《会计师》杂志 1926 年 5 月 1 日，第 64 页。

（16）源自 Passchier Goessens, *Buchhalten fein Kurtz Zusammen Gefasst*。见 Penndorf 博士著作第 150 页。

（17）源自 Ambrose Lerice, *Schone Forma des Buchhaltens*。见 Penndorf 博士著作第 215 页。

（18）源自 Simon Stevin, *Coopmansbouckhauding op de Italiaensche wyse*。见 *The Institute of Bookkeeper Journal*，1927 年 12 月，第 322 页。

（c）英语日记账分录的来源

（19）Richard Dafforne, *The Merchant's Mirrour*（1633 年 1 月 30 日的分录），Gerard Malynes *Lex Mercatoria*（London，1686 年）中重印。

（20）Thomas King, *An Exact guide to Bookkeeping*（London，1717 年），日记账第 3 页。

（21）William Weston, *The Complete Merchants Clerk*（London，1754 年），日记账 A 第 2 页。

（22）Robert Hamilton, *An Introduction to Merchandise*（Edinburgh，1788 年，第 2 版）第 293 页。

（23）Thomas Jones, *Principles and Practice of Bookkeeping*（New York，1841 年）第 58 页。

（24）P. Duff, *Bookkeeping*（New York，第 10 版，1848 年第 1 版）第 29 页。

（25）Bryant & Stratton, *Bookkeeping*（New York，1861 年）第 12 页。

（26）Williams & Rogers, *Introductive Bookkeeping*（Chicago，**修订版**，1900 年）第 22 页。

第九章

财务报表的发展

现在提到财务报表，通常是指资产负债表和损益表。但严格说来，财务报表一词有着更广泛的含义。它实质上意味着所有用以反映一个企业财务事实的正规表式文件。

依照上述定义，财务报表可分为两类：

（1）源自复式簿记资料的报表。即：①通过对复式账务资料的汇总而形成的表格；②从分类账中分离出来的表式文件。

（2）财务数据的其他呈报方式。包括：①根据复式簿记账户之外的其他资料编制的表式文件；②包含与源自复式簿记资料的报表相同的总体信息，但却并非从分类账中分离出来的表式文件。

在此我们将首先考察第二类报表，一方面因为它更具基础性意义，另一方面则因为它对后来的报表发展具有主导性作用。

最早出现的报表可能是受托财产经管及支出账（表）〔charge-and-discharge Account（statement）〕。1066 年，诺尔曼人征服英格兰后，英国即确立了完全的封建经济关系，整个社会形成从上至下的各种劳役和赋税关系。财产如同过去一样，通过分封掌握在对国王承担义务（缴纳各种封建租税）的封建领主们手中。这个时期记录的主要目的是记载各庄园的租税及其缴纳情况。在王室财务里，出现了以符契（tally-stick）方式记录地方存款（收租税所得）的方法。在庄园管理方面，则出现了受托财产经管及支出账，领主的代理人（管事）借此报告其活动情况。

【左】

格鲁布街（Grub Street）庄园租金和利润的收受者约翰·莫伍德（John More-wood）所掌管存货账目摘要：[1]

经管责任

	£	s	d
1682 年 9 月 29 日,应收欠款 ……………………………	42.		
1683 年 9 月 29 日,多年来的财产租金 ……………	592.		
出售木材	87.	17.	
临时性利润　因为 A——所获得 ……………………	1.	4.	11.
因为官册所享有的不动产（copy-hold）罚金所获得	14.	7.	6.

由此而持有的存货账目如下：

受托经管存货			卖出		
£ s d			£	s	d
14 头阉牛成本　49 ……………	卖出 14 ……	76.	15.	
12 头母牛　36 ……………	卖出 5 ……	22.	7.	6.
6 头犍牛　15 ……………	卖出 6 ……	21.	16.	8.
20 只阉羊　9 ……………	卖出 20 ……	14.	17.	
56 只母羊　28 ……………	卖出 56 ……	50.	4.	
1 匹小公马　1.15 ……………	卖出 1 ……	3.	5.	
10 头猪　6 ……………	卖出 10 ……	12.	15.	
1 头公牛　3.15 ……………	卖出 8 头牛犊	7.	18.	
1 只公羊　1.10 ……………	卖出羊毛		7.	10.
	黄油、奶酪　22.	13.	10.	
总计　150	总计			240.2
剩余未售，	7 头母牛……	21.		
	1 头公牛……	3.		
	1 只公羊……	1.	5.	

未售存货计价 新增：

小羊 30 只已售出，剩余 10 只　　　　2. 10.

牛犊 8 头已售出，剩余 2 头　　　　1. 10.

　　　　　　　　　　　　　　　　29. 5.

受托责任总额　　　　　　£1 006. 16. 5.

【右】

	支出						
年度支出	自己的工资 ……………	20.					
	牧人的工资 ……………	8.					
	1 年的免役税 …………	13.	6.	8.			
	受托费 ………………	2.					
	济贫费 ………………	1.	14.	8.	45.	1.	4.
不确定支出	一项教堂税 …………	1.	6.	8.			
	两项警察税 …………	1.	13.	4.			
	诉讼费 ………………	1.	5.				
	12 个月的租赁税 ………	22.	4.				
	支付修建围墙和沟渠的账单	8.	11.				
	支付维修费 …………	5.	16.		52.	8.	4.
牲口	支付 3 垛干草费用 ………	2.	10.				
	支付 100 只羊费用 ……	40.					
	支付 19 头犍牛费用 ………	57.					
	支付赶车费 …………	1.	15.		101.	5.	
为主人及按主人命令准备的钱	1682 年 12 月 23 日 ………	50.					
	3 月 2 日 …………	50.					
	1683 年 2 月 28 日 ………	100.					
	4 月 26 日 …………	50.					
	5 月 23 日 …………	43.					
	6 月 3 日 …………	15.					
	6 月 24 日 …………	50.					
	8 月 16 日 …………	20.					
	11 月 10 日 …………	34.	19.	4	412.	19.	4.
	因此所需现金				612.	4.	

因巴斯·卡特之死的损失………		11.	1.	
手头的土地 ……………………		184.		
租金 …………………	106.			
木材 …………………	64.	6.	5.	
应由下一期账目负担的欠款　在上述新存货之外的未售牲畜费用…………………	29.	5.	199.	11.	5.

与受托责任相均平的金额　　　　£1 006. 16. 5.

上表明显是一份代理人报表，而不是债务或所有权报表。一般来说，代理人自己承担着全部的财务责任（收款、存货的自然增加、收回债款），并通过报告这些任务的完成情况（出售、费用、损失、放债和余额）来表明自己履行受托责任的情况。这份报表引自一部 17 世纪的教科书，它十分清晰地说明了各种细节性内容，数据排列极为清楚。

需要指出的是，这份报表并非人名账户——代理人并不欠领主什么，也不是收支表或损益计算表。它只是一份编排得很好的代理人责任报告。[2] 这种呈报财务事项的形式迄今依然有用，原因在于它是当今遗产管理及破产会计的基础。当在现代分类账方法下使用时，该表变成了代理人自己的账户，与之相伴的是用以反映详细情况的附加（对应）账户，如此则可做成双重记录并进行必要的试算。

不过，这种早期受托责任报表究竟是根据什么样的记录资料编制而成，我们所知甚少。作为该表资料来源的账户当时是否已经组织成为一个内在一致的记录体系，很令人怀疑。我们推测，该表很可能是根据备忘记录、凭单、收据、租册等编制而成。换言之，该表乃是源自票据文件而非有组织的分类账。①

代理人会计在意大利也有一定发展，对此我们在第三章已有过说明。不同的是，在意大利，该表与分类账中的其他账户有明显联系，因而也

---

① 参看第十五章有关庄园账目审计的讨论。

更容易与复式簿记的发展相关联，而不是与早期英格兰的受托责任会计相关。如果保持了系统的账户，代理人有关受托责任的报告应该是见于分类账中的"主人账户"。通常情况下将不再需要编制一份独立的报表。这使我们想起帕乔利，他曾建议为每一次海上或陆路贸易设立一组单独的账簿。作为对此类"报表"的说明，下面引用曼赫（Mennher）教科书（安特卫普，1550年）中所使用的一个分类账户：

LAUS DEQ. AN. 1550 年 1 月 1 日，于安特卫普[3]

尼古拉·德·瑞尔为债权人 于此日通过代理人 约翰·曼斯…… fol. 1			326	13	4	尼古拉·德·瑞尔为债务人 于 此 日 现 金…… fol. 1 do — 与代理人同 1		987 289	13 12	4 4
do	26	3 月因从约翰·曼斯处购丝绒…… 3								
do	10	7 月因约翰·曼斯破产…… 8	181	16	9	6 月为出售给约翰·曼斯胡椒……… 6		112 4	11 —	4 —
do	31	约翰·佛里斯利息…… 9	50	10	—	do 17 7 月，因彼得·莫利息………… 9				
do	—	同上，各种交易费用 10	1			因 L. 高余额… 10		103	—	—
do	—	同上，因我自己彼得·都曼特 10	57	13	4	do 15 同上，因伦敦余额 10		200	—	—
do	—	同上，因 Lyons 余额…… 10	10	—	—					
do	—	同上，现金余额………… 10	200			等等 do 31 合计 £1 768.5.81				
		等等 合计 £1 768.5.81	1 499	6	4					

这是由代理人彼得·都曼特（Peter Dumont）所记录的主人尼古拉·德·瑞尔（Nicolas de Reo）的分类账账户。该账户将从主人那里收

到的钱及替主人收的钱记入贷方，购置支出、费用、汇款等记入借方。虽然这只是一个分类账账户，但也包含了报表信息。分类账信息的正式分离（摘录）此时尚未构成簿记程序的一部分。

在意大利簿记中，趋向财务报表的另一途径，乃是分类账中的损益账户（profit-and-loss account）和结余账户（balance account）。一些早期作者如帕乔利和曼佐尼并未提到结余账户，但他们在结束结账过程时，却是将商品和费用账户结转到损益账户，然后再将损益账户余额结转到资本账户。另有一些作者确曾提到结余账户。在一位早期德国作者（Gotlieb，1546 年）著作的"商品账"一章结尾处，有下面这样一个账户，雅格（Jäger）称为"一种结余账户"：[4]

1545	1545
为结束此项交易或账户，	为结束此项交易或账户，
7 月 17 日各项目实有数	7 月 17 日我应支付各项目
经查明如下：	金额查明如下：
货币 …… 2 229.10.3	我的资本 …… 2 000.00.—
债权 …… 20.-.-	其他债务 …… 44.16.—
存货 …… 16.-.-	
这些财物的总计	两项合计 ………… 2 044.16.—
金额为 …… 2 265.10.3	从左侧金额中扣除
	这一数额，得出所
	获利润 ………… 220.14.3
	右侧合计数加上述
	利润后的总计金额 2 265.10.3

本账户左边为资产，右边为负债、资本（可能是前一时期所有权账户的余额，而非最初的投资额）和利润。在本例中，资产和负债被用来计算利润。这种安排表明，迄至当时，"结余账户"还不是在名义账户（nominal account）已经结转至资本账户后依然未曾结束的各个账户的一种正式汇总。

在安杰洛・彼德拉（Angelo Pietra）1586 年的著作中，分类账实际上是以一个结余账户作为结束。

<table>
<tr><td align="center">1586</td><td align="center">1586[5]</td></tr>
</table>

Esito generale di quest' anno, finito adi ultimo Maggio, dee dare, per li infrascritti crediti del Monastero, qui tirati da I contiloro, cioe

Esito generale di quest' anno, finito adi ultimo Maggio, dee havere per gli infrascritti debiti del Monastero, qui tirati da I contiloro, cioe

Quilico Fedele, e fratelli ·············· 0 0	Bartholo Saladino in Vinegia ······ 0 0
Gordiano Lampridio affittuale ········ 0 0	Aquila Gradito affituale, conto
Eutitio Lanciano fornasaro ·········· 0 0	di tempo ················· 0 0
Henrico Lanfranco malghese ········ 0 0	Clemente Aleni nostro Curato ······ 0 0
Oberro Basilisco molinaro ············ 0 0	Fabritio Gallo nostro fattore ······ 0 0
Et piu Frumento stara 10 ·········· 0 0	Delfino Commodo camparo ·········· 0 0
Demetrio Contestabile massaro ······ 0 0	Annibale Germano servidore ······ <u>0 0</u>
	Somma 4 737-1-6
Valerio Leoni massaro ··············· 0 0	
Vitttorio, e Cortese Palladini massari ···	
··············· 0 0	
Rinaldo Sansone massaro ············· 0 0	Monastero nostra resta in credito, come
	sivede <u>3 744-0-3</u>
	Somma 8 481-1-9
Temistio Solimano massaro ·········· 0 0	
Dante Congiurato barbero Inessigibili & a	
lungo tempo Marco Tullio Villanuova giaa	
ffituale ············· 0 0	
Fausto Gioviale gia massaro ·········· 0 0	

Innocentio Maiorano gia fattore 0 0

Leontio Manfredi gia molinaro .... <u>0 0</u>

Somma   5 940-11-3

Restanti di questo anno Casciaria for-
maggio, per uso 0 0

Cantina di Camerone, per uso 0 0

Cantina diversa, per uso 0 0

Cantina del Monastero per uso 0 0

Granaro di Camerone, per uso 0 0

   da vendere 0 0

Granaro diverso, per uso 0 0

Granaro del Monastero per uso 0 0

   da vendere 0 0

Granaro di Vena, e Spelta 0 0

Cassa in contanti .... <u>0 0</u>

Somma   8 481-1-9

本账户名为 Esito Generale（最终结果）。其借方列表中个人账户（佃户、管家、磨坊主等）末尾有一小计数。随后是"本年结余"（奶酪、葡萄酒、谷物、现金），也就是盘存额。其贷方列出了各个债权人（"我们的管家"、"我们的代理人"等）的姓名，紧随其后是一个单独的项目："我们修道院的贷方余额"。

由于所有名义账户已通过一个"收支账户"（income-and-expense）（不是"损益账户"）结转至"修道院账户"（monastery account）（相当于资本账户），通过"Esito"账户可将所有未结清账户予以汇总，以便过入新的分类账。不过，有点难以理解的是，为什么与本账户借方相对应的是修道院账户的贷方，而与该账户贷方相对应的是修道院账户的借方，而非实账户本身。

无论怎样，结余账户确实成了标准簿记实务的一部分，而且直至最近依然在用。

下面的结余账户取自达夫纳的《商人宝鉴》（*Merchant's Mirrour*，1635 年）：

【左】

	1634	
20 July	to Jacob Symonson, my account by him in Company ⋯⋯	301. –. 8
″	to Jean du Boys, for Comp. R. R. 3/5 me 2/5 Currant⋯	1 092. 17. 10
″	to Hend. Van Linden & Comp. Their commodities⋯⋯	194. 12. 1
″	to Voyage to Antw. In Comp. R. R. 3/5 and 2/5 mee ⋯⋯	189. 12. –
″	to Andrew Hitchcocke due to mee by conclude ⋯⋯	446. 12. 9
″	to Arthur Mum Person my account by him in Comp. ⋯⋯	402. 12. 1
″	to Tho. Trust for Comp. R. R. 3/5 me 2/5 our time acco. ⋯⋯	413. 6. 8
″	to Figs in Comp. Jac. Symonson 2/3 and 1/3 for mee ⋯⋯	806. 6. 11
″	to Cash resting therein and brought hither ⋯⋯	947. 2. 1
	Summe	4 794. 3. 1

【右】

	1634	
20 July	By Jacob Symonson, his account by mee in Company ⋯⋯	512. 3. 8
″	By Randall Rice his account by me in Company ⋯⋯	991. 7. 6
″	By Hend. Vander Lind. and Comp. their commodities ⋯⋯	194. 12. 1
″	By Hend. Vand. Linden Comp. their ready money⋯⋯	99. 7. 7
″	By Hend. Vand. Lind. & Comp. their time account⋯	93. 19. 8
″	By Stocke, for difference there, being my pres. estate ⋯⋯	2 902. 12. 7
	Summe	4 794. 3. 1

亚伯拉罕·李瑟特（Abraham Liset）在《会计师密室》（*The Ac-*

countants Closet）（伦敦，1684 年）一书中，以下列方式来结束分类账：

<table>
<tr><td>

【左】

Balance Ledge A is Debtor

1658

Dec. 31 to the Manor of Speedwell with-in the country of Sucesse ················
··················· 5 000. -. -
to the Manor and Forest of Increase in Somerset ·············· 4 000. -. -
to Several Goods and Houses lying in and about London ······ 15 000. -. -
to Several Ships at Sea, viz.：the *Hope* and *Good-Adventure* ·········
···················· 9 000. -. -
To Account Particular ··············
··························· 619. 16. 8
to Adventureland in Ireland ·········
···················· 3 000. -. -
to the Farmery of Paywell ·········
···················· 4 000. -. -
to Cash, under custody of Mr. Richard Gold Coin ·············
················· <u>20 308. 15. 4</u>
60 928. 12. -

</td><td>

【右】

Balance Ledge A is Creditor

1658

Dec. 31 By Stock ··· 60 928. 12-

</td></tr>
</table>

　　在李瑟特的分类账 B 里，第一个账户名称与上面所引相同，但方向却刚好相反，贷方记房产、船只、存货等（过入该分类账中其他各有关账户借方），借方记股本（过入股本账户贷方）。在新的分类账中，余额账户取代初始日记账的地位，成为开立新账时向资产、负债和资本账户过账的资料来源。

在这些早期教科书中，我们找不到任何证据证明余额账户曾从分类账中复制出来作为独立的报表使用。它在某些情况下的使用（为结转到新账作准备）甚至不带任何分离的意味。然而，这些数据也服务于其他目的，并逐渐引致从账户中分离出来的报表的产生。

账户数据在分类账之外使用的最早例证，乃是证明账务记录的完整性和平衡性。以下是有关这方面的一些实际例证：

西蒙·斯蒂文在其 1608 年的著作中按如下方式对重要的账户数据作了汇总，他的做法远超前人。

> 其净资本两项合计数（假定所有债务都是良性的）之差额，部分为上年净资本，部分为本期可望获得的损益。

> 为了在目前账面上获得同样结果，我权当借方和贷方合计数尚未记入分类账，也没有结清各个账户的余额，我把现金、商品、债务人（还有债权人?）账户集中在一起，但排除了资本账户以及其他所有涉及资本增减的账户（比如交易费用、家务费用、损益等）余额，这样，留下来的就只是构成特定时日（通常为12 月 31 日）个人财产的项目。……因而，该个人财产（Estate）将显示如下：

德里克·罗斯的个人财产
1600 年 12 月最后一天的财产构成

个人资产借方	£	s	d	个人资产贷方	£	s	d
阿诺德·雅克布 ……	51	8	0	干果……	60	13	2
借方余额，置于此处				胡椒……	20	0	0
				奥玛·德·斯瓦特	513	12	0
以结清本表 ……	3 140	9	1	阿德里安·德·温特……	150	6	0
				彼得·德·维特……	448	0	0
				杰克·德·索姆……	54	18	6
				现金……	1 944	7	5
合计	3 191 17		1	合计	3 191 17		1
年末剩余额为 ……					3 140	9	1
本年度期初余额为 £2 667 9s 8d 减去							
514 6 0 ……					2 153	3	8
本年度增加额 ……					987	5	5

财 产 的 验 证

为了验证上述财产数是否正确，我将所有可导致资本增减变化的账户余额——即除上述个人财产之外的所有账户的余额——全部聚集在一起，原因在于它们并不代表实在的事物，而只是自 1600 年 1 月初以来损益账户的发生情况……

损益借方	£	s	d	损益贷方	£	s	d
交易费用 …	57	7	0	丁香利润 ……	75	4	7
家务费用 …	107	10	0	干果利润 ……	109	7	2
合计	164	17	0	胡椒利润 ……	18	19	0
				生姜利润 ……	41	8	4
贷方余额，作为利润与前一账户相符，作为余额插入此处 …	987	5	5	损益账户 ……	907	3	4
				合计	1 152	2	5
合计	1 152	2	5				

"因为按此种方式确定的利润与上面通过个人财产账户确定的利润额（£987 5s 5d），可以此作为上述计算正确的证明。"[6]

由此表明，作者对复式簿记实质的了解，远超许多后来的作者。他提出的财务报表模式，比后来人们所使用的许多报表模式更接近现代实务。颇为有趣的是，我们注意到，斯蒂文的余额表在形式上与目前英国的资产负债表颇相类似，让人不得不怀疑英国的报表实务是否从这位荷兰作者那里获得了较多启示。

200 多年后，一位法国作者[7]提出了几种"余额表"（tables of balances），与斯蒂文的标准颇为相符。该作者显然是把从另外 3 位作者著作中得到的数据进行了重新组合。其报表形式如下：

1. 卡尼尔（Garnier）在其 1815 年版著作中所引用
   业务日记账中的资产余额为 ······························· 1 777 725

负债余额为	⋯⋯⋯⋯⋯⋯⋯⋯⋯⋯⋯	1 540 325
差额	⋯⋯⋯⋯⋯⋯⋯⋯⋯⋯⋯	237 400
需要扣减的资本额	⋯⋯⋯⋯⋯⋯⋯⋯⋯⋯⋯	198 200
他的利润	⋯⋯⋯⋯⋯⋯⋯⋯⋯⋯⋯	39 200

根据各明细资料确定的利润汇总数

商品收益	⋯⋯⋯⋯⋯⋯⋯⋯⋯⋯		24 400
贴现收益	⋯⋯⋯⋯⋯⋯⋯⋯⋯⋯		65
交换收益	⋯⋯⋯⋯⋯⋯⋯⋯⋯⋯		820
金条收益	⋯⋯⋯⋯⋯⋯⋯⋯⋯⋯		4 375
联合商品收益	⋯⋯⋯⋯⋯⋯⋯⋯⋯⋯		4 000
Battomery 收益	⋯⋯⋯⋯⋯⋯⋯⋯⋯⋯		7 500
佣金收益	⋯⋯⋯⋯⋯⋯⋯⋯⋯⋯		640
运费收益	⋯⋯⋯⋯⋯⋯⋯⋯⋯⋯		20 000
			61 800
保险损失	⋯⋯⋯⋯⋯⋯⋯⋯⋯	18 000	
费用损失	⋯⋯⋯⋯⋯⋯⋯⋯⋯	3 400	
支出损失	⋯⋯⋯⋯⋯⋯⋯⋯⋯	1 200	
		22 600	
			22 600
汇总算出同样的利润数			39 200

2. M·戴罗摩（M. Delorme）构造的业务日记账中

的资产余额	⋯⋯⋯⋯⋯⋯⋯⋯⋯		715 038
负债	⋯⋯⋯⋯⋯⋯⋯⋯⋯		696 828
利润	⋯⋯⋯⋯⋯⋯⋯⋯⋯		18 209
收益汇总数	⋯⋯⋯⋯⋯⋯⋯⋯⋯	21 646	
损失汇总数	⋯⋯⋯⋯⋯⋯⋯⋯⋯	4 436	
汇总算出同样的利润数	⋯⋯⋯⋯⋯⋯		18 209
分类账借方金额	⋯⋯⋯⋯⋯⋯⋯⋯⋯	700 039	
贷方金额	⋯⋯⋯⋯⋯⋯⋯⋯⋯	681 830	
利润	⋯⋯⋯⋯⋯⋯⋯⋯⋯		18 209
资产账户余额	⋯⋯⋯⋯⋯⋯⋯⋯⋯		115 136
负债账户余额	⋯⋯⋯⋯⋯⋯⋯⋯⋯		96 927
			18 209

3. 戴斯格兰格斯（Desgranges）构造的账户用同样方法

　　给出如下结果：

按发票价计算的存货

商品进货成本 ……………………………………………………	389 360
运输费用 ……………………………………………………………	1 780
	391 140
剩余商品 ……………………………………………………………	224 600
已售商品发票价 …………………………………………………	166 540
实际销售金额 ……………………………………………………	189 156
商品销售利润 ……………………………………………………	22 616

　　这些例子表明了独立财务报表演进的过程，然而，构造这些报表的动因从表面看却仅仅是提供一项有关"财产的验证"。

　　但是，真正的动因距此并不遥远。毋庸置疑，甚至在中世纪，为了纳税的目的，人们就已经在编制许多报表。Penndorf[8]曾提到，意大利城邦法律（指1427法）要求纳税人就其财产自行申报纳税，美第奇家族就专门为此而编制了报表。德国市政法（奥格斯堡，1516年）也要求编制此类纳税报表并在市政会议上宣誓。该作者提供的例子（选自 Lucas Rem 的日记）采用文字叙述而非列表的方式。

　　雅克·萨瓦里（Jacques Savary）[9]指出，1673年3月份发布的法令（第3章第8节）要求商人每两年编制一份报表（财产目录），列明其"全部动产、不动产，以及应收应付债款"。其目的在于，如果企业后来倒闭，这些报表能够提供倒闭前企业经营的总体状况。如此来看，其目的主要并非为了纳税，而是为了便于办理破产清理。但实际上，同样一种报表，也可服务于其他目的。

　　萨瓦里在详细讨论了编制财产目录的整个过程之后（很大程度上其实是沿袭了帕乔利的思路），给出了一份有关各项明细资料的汇总表——或者说是一张"余额表"（a balance），格式如下：

目前财产余额		目前财产余额	
借方，商品、应收债款及		贷方，与财产相关的应	
现金总计数……………… £35 534.2.1		付债款…………… £10 021.3	

个人财产		按企业协议归我所有的	
金器	280	资本…………… 20 000.	
家具，估计值	4 200	4 480.	£5 511.1.1 记入目前

不动产		财产余额，乃仁慈的主
某处的一座房产，		于 1672 年 9 月 1 日至
估计值 …………………	15 000.	1673 年 9 月 1 日间赐
我全部财产的合计数 £55 014.2.1		予我的利润 ………… 5 511.1.1
扣除财产目录中提到的应		£35 534.2.1
付债款 ………………	10 021.3	
我全部财产的总金额 … £44 991.1.1		根据我目前财产清单所

有页面的初始记录编制
和审核

皮埃尔·雅克

1673 年 9 月 1 日于巴黎

本表不像斯蒂文的报表那样具有良好的逻辑性，其完整性也不甚令人满意，但是，尽管该表十分简陋，却展示了计算年度收益和目前净值的整个过程，既可用于纳税目的（如果需要的话），也符合法国法律的要求。

之所以编制财务报表，还有一项很重要的动因，即合理处置合伙事务。仅仅通过结账并不总是能够满足所有的要求，因为在那一刻，只有掌管账簿的人掌握着有关当时情势的记录。

Penndorf[10]曾在其著作中提供一份福格（Fugger）家族 1527 年的报表，其背后所潜藏的似乎就是这样一种动因。

刚刚结束的 1527 年 12 月的最后一天

不动产	127 902
各处的债务、存货	1 904 750
总资本	2 032 652
扣除对机构和教堂的捐赠	11 450
	2 021 202

扣除 1511 年的资本		196 791
余额，也即是过去 17 年的利润		1 824 411
扣除分给 R. Fugger 和 A. Fugger 的 1/8 利润		228 051
剩余可分配利润		1 596 360
Jacob Fugger（已故）的份额	720 950	
Raymundus Fugger 的份额	211 953	
Antoni Fugger 的份额	211 953	
Jeronimus Fugger 的份额	451 503	
资本和利润合计数	1 596 359	
Jacob Fugger（已故）		809 825
Raymundus Fugger		352 107
Antoni Fugger		352 107
Jeronimus Fugger		507 162
		2 021 201

当合伙关系发生重大变动时，比如解散或吸收新的合伙人，则必须重新计算经营资本。[①] 如果有必要对任意一个项目进行重估价，则仅有账簿中所反映的资本数据是不够的。此时需要编制一份独立的报表，即所谓"财产目录"（inventory）（有关资源和负债情况的报表）。

自从 17 世纪股份公司（比如东印度公司）出现以后，由于投资入股的人数剧增，而这些人又需要了解有关其投资的信息，从账簿中分离出报表就显得十分必要。现代公司向股东提供有关目前有限责任公司状况及进展情况的报表，也是出于同样目的。

除了因为上述原因需要编制独立的报表之外，在现代环境中，为了信用目的也需要编制经过鉴证的独立报表。事实上，大多数报表都可以说是为了融资的目的而编制，因为不论是为合伙人、股东，还是为债权

---

① 中世纪的合伙通常属于短期合伙，合伙关系的结束是很常见的事。参看 Buhl, *Die geschichtliche begründete Kontentheorie*。

人而编制的报表，皆以筹集资金为重点。或许，为纳税目的而编制的报表也可以这样说，至少在所得税出现之前是如此。

自报表从账户中分离出来之后（不管是出于什么原因），其发展方向就是有效地安排数据以更好地反映事实，并为了真切地反映实际价值而进行仔细的分类。

获得独立报表的途径有二：①以试算表为基础，对数据作多栏式安排；②把分类账中的主要账户原样拷贝出来。

下面是达夫纳的《商人宝鉴》（*Merchant's Mirrour*，1635 年）中提供的一张早期多栏式报表的实例。

"当你想要做出一项总的测定，或确定你的账面余额，就看三个金额栏的第一栏，你可以把全部分类账账户余额写过来，按照一定规则将各项余额全部写到同一张纸上，使之一目了然"：

【左】

测定普通余额，或财产总计数 借方	当所有账务资料已经从草账过入分类账之后，各账户最初表现出的余额	应与损失相关的第二级余额	需要最终过入新账的真正的余额
dito to Bancke ·················	13 688. 17. 8	5 555. 2. –	5 555. 2. –
dito to House King David ·········	6 213. 15. –		
dito to Susanna Peeters Orphans ····	5 573. 16. 8	713. 14. 8	713. 14. 8
dito to Jack Pudding, my account currant	11 328. 6. 8	2 648. 6. 8	2 648. 6. 8
dito to Wines, 15 Butts unsold	1 260. –. –	1 260. –. –	1 260. –. –
dito to French Aquae-vitae ·········	5 568. –. –		
dito to Rye, 18 Last, 7 Mudde	2 877. 15. 8	1 533. 15. 8	1 533. 15. 8
dito to Couceaneille ··············	10 080. –. –	36. –. –	36. –. –
dito to Brasill ··················	10 888. 3. –	70. 11. –	
dito to Interest-reckoning ·········	44. 14. –		
dito to Profit and Loss ············	320. 2. 8		

	当所有账务资料已经从草账过入分类账之后，各账户最初表现出的余额	应与收益相关的第二级余额	需要最终过入新账的真正的余额
dito to Voyage to London, consigned to Jack Pudding ··············	7 810. -. -	2 600. -. -	2 600. -. -
dito to Voyage to Hamberg ·············	2 353. 3. -		
dito to Voyage to Dansicke ·············	1 967. 1. -		
dito to Insurance reckoning ·············	3 463. 2. 8		
dito to Cash ·············	29 561. 11. -	27 153. 8. -	27 153. 8. -
dito to Cambrix, II peeces unsold ······	8 000. -. -	440. -. -	440. -. -
dito to Ship the Rainbow ·············	1 043. 12. 8		
dito to Hans van Essen at Hambrough my account currant ·············	3 780. -. -	60. -. -	
dito to Peeter Brasseur at Dansicke, my account currant ·············	3 805. 14. 8	53. 12. 8	
dito to Jack Pudding at London his ac-account currant ·············	917. -. -		
合计	130 544. 15. -	42 124. 10. -	41 904. 6. 8

【右】

测定普通余额，或财产总计数 贷方	当所有账务资料已经从草账过入分类账之后，各账户最初表现出的余额	应与收益相关的第二级余额	需要最终过入新账的真正的余额
dito By Bancke ·············	8 133. 15. 8	1 325. -. -	
dito By House King David ·············	7 538. 15. -		
dito By Susanna Peeters Orphans ········	4 860. 2. -		
dito By Jack Pudding, my account current ·············	9 145. -. -	465. -. -	
dito By French Aquae-vitae ·············	6 960. -. -	1 392. -. -	
dito By Rye ·············	1 788. 12. 8	444. 12. 8	

dito By Couceaneille ··············	13 950. -. -	3 906. -. -	
dito By Brasill ··············	10 817. 12. -		
dito By Interest-reckoning ··············	102. 16. 8	58. 2. 8	
dito By Profit and Loss ··············	394. 7. 8	74. 5. -	
dito By Voyage to London ··············	8 350. -. -	3 140. -. -	
dito By Voyage to Hambrough ··············	3 816. 6. -	1 463. 3. -	
dito By Voyage to Dansicke ··············	3 805. 14. 8	1 838. 13. 8	
dito By Insurance reckoning ··············	3 576. 6. -	113. 3. 8	
dito By Cash ··············	2 408. 3. -		
dito By Cambrix-cloth ··············	8 105. 12. -	545. 12. -	
dito By Ship the Rainbow ··············	1 432. 12. 8	389. -. -	
dito By Hans van Essen, my account	3 720. -. -		
dito By Peeter Brasseur, my account ···	3 752. 2. -		
dito By Jack Pudding, t London his account ··············	3 294. 18. -	2 377. 18. -	2 377. 18. -
dito By Stocks, for my just Estate ······	24 592. -. -	24 592. -. -	39 526. 8. 8
合计	130 544. 15. -	42 124. 10. -	41 904. 6. 8

该表左右两边的第一栏为总额试算，中间栏为余额试算，最后一栏为平衡表栏（balance-sheet column），包括剩余资产、负债和资本。需要注意的是，该表未设专门的损益计算栏。①

下面几个账户式报表实例选自 18 世纪的教科书。

选自 Thomas King, *An Exact Guide to Bookkeeping by Way of Debtor and Creditor Done after the Italian Method*（1917 年）的例子：

---

① 该表中的某些数据在 1635 年版著作中显然是因为疏忽而被遗漏了，此处根据 1686 年第 3 版作了补充。

【左】

损益		借方		
1715		**£**		
Oct. 27 to C. S. Esq. for interest of £1 000 due the 27 of April next ⋯⋯⋯⋯⋯		27	10	–
Nov. 15 to Mr. B. D. ⋯⋯⋯⋯⋯		6	17	8
23 to B. A. by Composition ⋯⋯⋯⋯⋯		15	–	–
Feb. 27 to Voyage to Gibralter consigned to P. Q. ⋯⋯⋯		137	12	6
1716				
Mar. 26 to P. Q. my accompt current for defect in Goods ⋯		2	10	–
Apr. 27 to C. S. Esq. for interest on £1 000 due the 27 of Oct. next ⋯⋯⋯⋯⋯		27	10	–
Oct. 25 to Insurance Account, lost thereby ⋯⋯⋯⋯⋯		330	–	–
to Charges on Merchandize ⋯⋯⋯⋯⋯		9	–	6
to Household expenses ⋯⋯⋯⋯⋯		22	5	–
to Stock gained by one year's trade ⋯⋯⋯⋯⋯		899	5	$6\frac{3}{4}$
to My Father's Will left me ⋯⋯⋯⋯⋯		5 000	–	–
		6 477	11	$2\frac{3}{4}$

【右】

对应账户		贷方		
1715		**£**		
Oct. 27 By T. C. for interest of £500 due 27th April next⋯⋯		15	–	–
28 By My Father's Will ⋯⋯⋯⋯⋯		5 000	–	–
Nov. 8 By Composition with Mr. B. ⋯⋯⋯⋯⋯		9	14	$8\frac{3}{4}$
1716				
Mar. 14 By Mr. G. ⋯⋯⋯⋯⋯		27	10	–
Apr. 27 By T. O. for interest on £500 due 27th Oct. next⋯⋯		15	–	–
Oct. 25 By C. S. Esq. for interest £150 due 27th inst ⋯⋯		5	10	$3\frac{1}{2}$
By Yorkshire Cloth, gained thereby ⋯⋯⋯⋯⋯		86	6	–

			£		
By Spanish Cloth，gained thereby	⋯⋯⋯⋯⋯⋯	100	–	–
By Voyage to Gibralter, gained thereby	⋯⋯⋯⋯⋯	324	4	$7\frac{1}{2}$
By Norwich wares, gained thereby	⋯⋯⋯⋯⋯	23	18	–
By Exeter wares，gained thereby	⋯⋯⋯⋯⋯	14	10	–
By Grocery wares，gained thereby	⋯⋯⋯⋯⋯	28	11	1
By Druggets, gained thereby	⋯⋯⋯⋯⋯	10	16	–
By Hops, gained thereby	⋯⋯⋯⋯⋯	283	10	–
By the Flying Eagle, gained thereby	⋯⋯⋯⋯⋯	155	–	–
By Voyage to Salicia，gained thereby	⋯⋯⋯⋯⋯	377	10	6
		6 477	11	$2\frac{3}{4}$

【左】

	余额		借方		
			£		
1716					
Oct. 25	to Cash resteth this day ⋯⋯⋯⋯⋯⋯⋯	6 658	11	10
	to Yorkshire Cloth unsold ⋯⋯⋯⋯⋯	1 590	–	–
	to Spanish Cloth unsold ⋯⋯⋯⋯⋯	1 087	10	–
	to Voyage to Gibralter for wares unsold ⋯⋯⋯	77	10	–
	to Mr. G. C. due to me ⋯⋯⋯⋯⋯	20	–	–
	to Exeter wares unsold ⋯⋯⋯⋯⋯	215	–	–
	to P. Q. at Gibralter due to me ⋯⋯⋯⋯	499	12	6
	to T. O. for Principal and Interest ⋯⋯⋯	515	–	–
	to Grocery wares unsold ⋯⋯⋯⋯⋯	404	–	–
	to Sagathee unsold ⋯⋯⋯⋯⋯	120	–	–
	to Fine Holland unsold ⋯⋯⋯⋯⋯	577	10	–
	to Mr. D. due to me ⋯⋯⋯⋯⋯	125	–	–
	to Hops unsold ⋯⋯⋯⋯⋯	76	4	$9\frac{1}{4}$
	to Voyage to Galicia for wares unsold ⋯⋯⋯	18	10	–
	to T. K. at Galicia due to me ⋯⋯⋯⋯	385	–	–
		12 429	9	$1\frac{1}{4}$

对应账户	贷方		
1716	£		
Oct. 25 By Stock ··	10 337	6 $\frac{3}{4}$	
By C. S. Esq. due to him ···················	871	19	8 $\frac{1}{2}$
By N. S. due to him ··················	105	3	4
By Mr. E. due to him ················	315	–	–
By Mr. G. due to him ················	300	–	–
By Mr. K. due to him ················	500	–	–
	12 429	9	1 $\frac{1}{4}$

上面例子属于教科书中的分类账账户，下面例子则是作者当做独立于分类账之外的报表来讲的。这些例子选自 Hamilton 的 *Introduction to Merchandise*（1788 年）：

损 益 表
(Profit and Loss Sheet)

Salt ··············	£	–	11	4	Meal ·············· £	9	18	–
Charges merchandise···		13	14	2	Port wine ············	6	15	–
Proper expenses ······		32	15	10	Paper ··············	4	18	6
		47	1	4	Yarn ··············	2	3	2
in Ledger ··············		4	4	10	Calicoes ··············	1	13	4
		51	6	2	Diaper ·············	–	15	10
nett gain ··············		16	13	8	Iron ··············	2	7	11
	£	67	19	10	Clover-seed ·········	5	–	1
					Linseed ·············	–	18	–
					Share of Ship Hazard···	23	–	–
					Train Oil ············	8	–	–
						65	9	10
					in Ledger ············	2	10	–
					£	67	19	10

资 产 负 债 表

(Balance Sheet)

	£	s	d		£	s	d
Cash ⋯⋯⋯⋯⋯	£ 8	3	10	Meal, outcome 3B⋯⋯			
Meal, 124 lb. at 13/6⋯⋯	83	14	–	Royal Bank ⋯⋯⋯	201	3	2
Yarn, 474 Sp. At 2/⋯⋯	47	8	–	William Bruce ⋯⋯	20	–	–
House in Eden ⋯⋯	300	–	–	Tho. Sharp ⋯⋯⋯	8		
J. A. Boswell ⋯⋯	37	11	–		229	3	2
H. Hardie ⋯⋯⋯	31	2	6				
D. Miller ⋯⋯⋯	18	–	–				
J. Cuthbert ⋯⋯⋯	5	6	3				
Iron, 40 st. at 3/4⋯⋯	6	13	4				
J. Henderson ⋯⋯	7	4	–				
W. Hunter ⋯⋯⋯	18	13	6				
J. A. Dalton ⋯⋯⋯	35	15	–				
Clover seed, 300lb. At /6 deficiency 10 lb. ⋯⋯⋯	7	10	–				
J. Scott ⋯⋯⋯	4	7					
Share of ship Hazard⋯⋯	140	–	–				
Geo. Jordon ⋯⋯⋯	6	3	4	Stock ⋯⋯⋯⋯⋯	528	9	1
	£ 757	12	3		£ 757	12	3

　　这些报表在形式上与现代报表更为接近。我们发现，那些偏好所谓"账户式"报表的作者在整个 19 世纪一直在使用同样形式的报表。另外一些作者则倾向于采用其他形式的报表，包括：①发展了的多栏式试算表；②初始阶段的"报告式"报表。

　　下例表明，此时的多栏式报表与达夫纳提供的报表形式相比已经有了很大改进。其中最重要的变化是加入了损益栏，其目的在于将多栏式报表作为一种计算手段，通过加入财产清单栏对账面数字进行调整，同时清楚地表明在合伙人之间进行利润分配的情况，如此则可利用平衡表栏目中新的资本账户，为复式簿记中的最终平衡获得明显的证据。

下面源自 Thomas Goddard 的 *The Merchant or Practical Accountant*（New York，1834 年）的表格可对此予以说明。

汉密尔顿公司 1819 年 12 月 31 日平衡表		分类账页面		分类账页面		损益		汉密尔顿的账户		汉考克的账户		公司状况	
		借方基础	贷方基础	借方余额	贷方余额	损失	收益	借	贷	借	贷	债务人	债权人
页码	账户名称												
						○○○○							
							○○○○						
						○○			○○				
						○○					○○		
						═	═						
								○○					
								═	═				
										○○			
										═	═		
												○○○○	
													○○○○
													○○○○
												═	═

下表选自 J. P. Colt 的 *The Science of Double Entry Bookkeeping*（Cincinnati，2d ed.，1838）（该作者用的栏目相对较少）。

平 衡 表

账户名称	分类账页面		损益账户		股票账户		为了过入或开立新账而准备的余额账户或公司状况说明	
	借余	贷余	借	贷	借	贷	借	贷

Hoit（*Bookkeeping by Single and Double Entry*，Boston，1859），Mayhew（*University Bookkeeping*，1870）和 Soule（*New Science and Practice of Accounts*，9th ed.，1911）等人采用了与 Golddard 相类似的栏目安排，不过，Hoit 称其最后一栏为"联合资本"，Mayhew 和 Soule（其著作初版于 1881 年）则在试算栏后引入了财产清单栏。他们还省略了总额试算栏。

这些表被称为"平衡表"。其表式安排被视为一项重大成就。Soule 认为："这种平衡表表式清晰而且内容宏富，是会计师的天才杰作，它用一个很小的空间就充分展现了企业的财务状况。"Mayhew 亦曾谈到："该表展现企业事务的目前状况，若定期编制并保存下来，则可清晰地展现企业经营的历史。"

账户式报表也有其拥护者，而且，正是通过此种表式，财务报表的演进得以持续。多栏式报表逐渐退出教科书作者的视野，不再作为常规报表使用。目前它只是偶尔会在审计或课堂教学中用到，而且需要在试算数据中加入许多调整项。其现时名称为"多栏式工作底表"，"平衡表"（balance-sheet）一词已被用于专指包含资产、负债和资本的报表。

下面实例用以说明 19 世纪的账户式报表。Nicholas Harris 的著作（*Practical Bookkeeping*，1842 年）中提供了这种表式。

平　衡　表

(BALANCE SHEET)

Dr.   Cr.

1838				1838			
Jan. 31	Merchandise ······	1 000	00	Jan. 31	By Bills Payable······	12 650	00
″	Cash ··············	18 853	00	″	Hampshire Monroe Co······	700	00
″	Bills Receivable······	11 007	50	″	Reed & Barber···	4 000	00
″	Bellnap & Hamersby······	1 500	00	″	Stock ··········	18 900	50
″	Spaulding & Stone···	800	00				
″	Brown & Parsons···	1 140	00				
″	J. Burt ··········	190	00				
″	Andrus, Judd & Franklin ········	360	00				—
		36 250	50			36 250	50

损　益　表

(PROFIT AND LOSS SHEET)

Dr.   Cr.

1838				1838			
Jan. 31	to Charges ······	337	00	Jan. 31	By Real Estate···	200	00
″	to Stock ·········	1 800	50	″	By Interest ······	7	50
				″	By Ship to Orleans···	420	00
				″	By Commission···	180	00
				″	By Profit & Loss···	30	00
				″	By Merchandise···	1 300	00
		2 137	50			2 137	50

这些报表显然是以分类账中的信息为基础编制的。作者曾将试算表作为一个可能的数据来源，但却并非十分强调。

下列合并报表被其作者（J. H. Palmer, *A Treatise on Practical Bookkeeping*, New York, 13th ed., 1857 年）冠以"平衡表"之名。

平 衡 表
(BALANCE SHEET)

财产账户	资源	负债	损益账户	损失	收益
Cash Dr. ·············· ∞			Merchandise Cr. ···∞		
Cr. ············· ∞	∞		unsold ·········· ∞ ∞		
Bill Rec. Dr. ········· ∞			Merchandise Dr. ············		∞
			···························· ∞		
Cr. ········· ∞	∞		Real Estate Cr. ··· ∞		
Per a/c's Dr. ········ ∞			Dr. ······ ∞		∞
Cr. ········ ∞	∞		Interest Dr. ········· ∞		
Bill Pay. Dr. ········ ∞			Cr. ········· ∞	∞	
Cr. ········· ∞		∞	Charges Dr. ·············	∞	
Merchandise unsold ·······	∞		Profit and Loss Dr. ······	∞	
Original Cap. ········· ∞			Net Gain (Stock) ·······	∞	
		∞			
Net Gain ·············· ∞	∞∞∞∞	∞∞∞∞		∞∞∞∞	∞∞∞∞

Lorenzo Fairbanks 的表式安排（*The Science and Practice of Bookkeeping by Single and Double Entry*，Philadelphia，1866 年）与此稍有差异。

资源及负债表
(STATEMENT OF RESOURCES AND LIABILITIES)

	资源	负债
现金（商业银行）···	∞	
商品 ···	∞	
债券 ···	∞	
个人账户 ···	∞	
个人账户 ···		∞
应收票据 ···	∞	
应付票据 ···		∞
我的净投资额为 ··· ∞		
我的净收益为 ··· ∞		∞
		∞
我目前的资本表现为 ·································	∞∞∞∞	∞∞∞∞

损 益 表

(STATEMENT OF LOSSES AND GAINS)

		损失	收益
商品	期末存货 ·· ∞		
	已售金额 ·· ∞		
	收入合计 ·· ∞		
	初始成本 ·· ∞		
	收益		∞
美国债券	期末库存 ·· ∞		
	初始成本 ·· ∞		
	收益		∞
费用 ···		∞	
已付利息 ··	∞		
已收利息 ··	∞		
股票投资收入 ···	∞		
股票投资成本 ···	∞		∞
损益 ···		∞	
净收益 ···		∞	
		∞∞∞∞	∞∞∞∞

E. G. Folson（*Logic of Accounts*，New York，1873 年）的数据安排与此极为类似，不过他对两个表的叫法却与众不同，他称损益表为"想象账户分析"（analysis of ideal accounts），称平衡表为"商业账户分析"（analysis of commercial accounts）。这位作者同时还提供了一种"多栏式平衡表"表式，题头却依然使用了他自己惯常的叫法，比如：账户、财产清单、想象账户（即损益账户）、合伙人、商业账户（即实账户）。

Peter Duff 在其《北美会计师》（*North American Accountant*，1848 年）一书中，介绍了目前所知（并得到广泛应用）的财务报告的早期形式。他写道：

"根据经验我发现，在下述过程中，可以获得有关余额账户（Balance Account）最简单却又最合理的解释。你可以让学生把分类账数据摘抄到随便一张纸上，即可得到如下一份清单：

通过应收票据账户，我发现自己手头持有的

票据金额为 ••••••••••••••••••••••••••••••••••••••• $ 500

通过现金账户，发现库存现金为 ••••••••••••••••• 3 080

通过 W. Hayes 账户，得知他欠我 ••••••••••••••• <u>300</u>

　　　加总出财产合计金额 ••••••••••••••••••••• 3 880

通过应付票据账户，发现我欠别人票据款 ••••••••• 300

通过 Warden 和 Bell 的个人账户，欠他们二人 ••••• 600

我所欠金额 ••••••••••••••••••••••••••••••••••• <u>900</u>

我目前的资本净额 ••••••••••••••••••••••••••••• $ 2 980

　　现在请将这张表与我们的平衡表作一比较，我相信，通过它我们同样能清楚地了解有关账户的性质与目标，与簿记员按照各种规则得出的结果相比一点也不会差到哪里去。"

　　到 19 世纪末，独立财务报表已经获得了很好的发展。不过，较之目前使用的各种报表，尚有许多精炼功夫需要去做。但其形式已经确立，在其后的发展中，形式上再没有发生任何大的改变。多栏式报表后来只是作为工作底表来使用，账户式结构总体上也不再用于损益表，而是以平衡表形式保留下来。

　　就形式而言，后来的报表所表现出来的最大改变，是将数据通过分组分成不同的部分。在 19 世纪，对账户的主要分类一直存在着争议。有些人希望把账户分为实账户和代表账户、主要账户和辅助账户；另一些人则希望把账户分为原材料账户、财产账户、个人账户、损益账户；还有人希望分为实账户、人名账户和虚账户（非真实的）。Pilson 喜欢把账户分为不变价值账户（现金、债务、票据等）、可变价值账户（商品、不动产、证券）及实际损益账户（收入和费用）。后来出现了一般所公认的关于实账户和名义账户的分类，平衡表项目也进一步被细分为流动资产、固定资产、无形资产、递延费用、流动负债、长期负债、股本、公积金及留存收益。

　　从内容方面来看，财务报表的基础性内容已经基本框定，接下来的发展总体上只是细节上的完善和扩展。

当然，这些变化并非一朝一夕之事；在上世纪末的一些教科书中，已可见其端倪。比如，进入 20 世纪以来细节上最大的扩展，是在损益表的名义账户方面，但在此之前，J. G. Pilsen（*Complete Reform of Book-keeping*，New York，1877 年）早已先于其同时代人在增加其名义账户的项目数。在收入项下，他列出了利息、佣金、手续费、担保收入、汇兑收益；在费用项下，则提到了煤气费、燃料费、办公用品费、租金、工资、广告费、税金、保险费、捐赠支出、差旅费。在此之前，这些项目统统归在同一项目之下，称为支出或费用。

另一个得以进一步完善的项目是应计或递延费用。该项目在目前的报表中极为普遍，但在 19 世纪却并未获得很好的发展。

Savary（*Le Parfait Negociant*，Paris，6th ed.，1712 年）曾经与此十分接近。他提出，在为结账作准备时，所要做的事情之一，就是编制"一份欠付员工工资清单"。他还认为，"如果利润不足以抵补所有费用，则应将费用结转至来年"。（第 265 页）这实际上就是在讲应付债款和递延费用。颇为有趣的是，Savary 还认为，"业务最少的月份乃是最佳结账时间，因为这样可以有更多时间用于计算商品价值"。显然，他这是在提倡采用自然营业年度。

后来，应计制变得更加有组织性。比如，在 Pilsen 的著作里（1877 年），作者使用"簿记员备忘录"（Bookkeeper's Memoranda）[1] 来反映

---

[1]　其他作者（如 A. L. Gilbert，*Business Bookkeeping*，1893 年）使用诸如"资源目录"和"负债目录"此类的术语。在 1788—1899 年差不多 50 种簿记教科书中，只有大约 10％曾试图反映应计制的内容。Robert Hamilton（*An Introduction to Merchandise*，Edinburgh，1788 年）曾对欠银行的利息和欠员工的工资进行调整；Thomas Dilworth（*The Young Book-keeper's Assistant*，London，1792 年）曾提到与银行资金相关的"年金"；Isaac Cory（*Mercantile*，*Private and Official Accounts*，London，1840 年）按销售额的 3％借记商品账户，贷记坏账账户。无法收回账款损失由后一账户负担。因此出现的借方余额列为资产，贷方余额则作为负债处理。Bryant 和 Stratton（*National Book-keeping*，1861 年）用了一个"应付抵押利息"项目，作为一项负债，在平衡表中用红色墨水写在做借方记录的利息账户之后。他们称之为"一个很新颖的特点"，并发现："当经营活动在所有权不变的情况下继续，这种累计利息可以一直存续下去，在其具体支付之前无需多管。"

应付或预付租金、尚未收到账单的已用煤气、尚未耗用掉的燃料、邮票、办公用品等。这些项目用红墨水（作为财产）记入多栏式平衡表。A. J. Cairnes（*Manual for Opening and Closing Books of Joint Stock Companies*，New York，3d ed.，1891 年）在将全部日记账分录反映在多栏式平衡表后，以此种方式进行调整。凡公司所欠但却尚未登记入账的工资、租金、税金、利息，他皆记作损益表的借项、负债的贷项；属公司所有但尚未偿付的同类项目，则在表中记作资产的借项，同时记作损益的贷项。他认为，通过这种调整可以得到"更接近真实的收益"。

现代报表中获得了较大发展的第三项要素是计价。事实上，近年来，这好像成了财务报表最主要的问题。在本世纪前，计价问题虽然存在但却并不十分突出。当时固定资产很少，有关折旧问题的讨论并不常见，但该问题并没有被忽略。[①] 通常这类财产是作为存货经过估价之后登记入账，但究竟如何估价，却甚少提及。然而，作为直接列报的典型事例，应该注意到，Pilsen 曾经谈到，对那些作为自用而非销售的财产，比如装置、家具、借入物品、牲畜等，应该编制单独的财产清单，并"按总价的一定比例扣减作为磨损的抵偿"。

关于商品计价，这些作者常常所言较多，然而，按照现代的观点，他们的某些建议却并不尽如人意。Harris（*Practical Bookkeeping*，New York，1842 年）谈到："应该确定一些明确的价值，不多不少恰好等于财产可能的售价……"而且，"如果你按可能的售价对尚未出售的商品进行计价，并依此贷记商品账户，其差额将是收益"。John Fleming（*Bookkeeping by Double Entry*，Pittsburgh，1854 年）认为未售商品应按其初始价值加上一定比例的费用计价；B. F. Foster（*A Concise Treatise on Commercial Bookkeeping*，Boston，1837 年）只是谈到应该估计未售财产的价值；Thomas Jones（*Paradoxes of Debit and Credit Demolished*，

---

① 参看第十三章有关成本会计中折旧处理的内容。

New York，1859 年）则认为，当任何财产上的附着价值与其成本有所不同，则可在摘要栏中予以适当说明。

在这一时期，对商品计价问题最透彻的考虑见于 Jacques Savary 的著作（*Le Parfait Négociant*，1712 年）。在编制报表（*Inventaire général*）所需注意的十余项事务中，他有很大一段涉及商品定价。其内容如下：

> 需要注意的第七件事是商品定价。请务必注意不要高估商品价值，因为那样等于是靠想象使其增值，但我们确实需要依照随后的销售价格来估算其价值，如此则可知道该存货在未来年份可能带来的利润。要作出恰当的估计，必须考虑该商品属于新进商品，还是已在库房或商店里存放了很长时间。若属新进商品，倘若你可以确定它在厂商或批发商那里尚未降价，则可按目前价格计价。

> 如果商品已开始变质或款式已经过时，或你能确定在厂商或批发商那里它已降价 5%，则应将其价值降至目前价格。

> 如果属于冷、背、残、次商品，很难继续出售，则应大幅度降低价值。其原因有二：首先，在持有存货期间降低价值或确认一项损失，要比等到销售时再确认容易得多，因为到那时你将没有时间来搞清楚为什么该项销售会没有利润……其次，尽管你可以降低库存商品的价值，但却并不意味着你将以这个价格出售该商品；你有可能在来年按很高的价格出售该商品。这样你完全不算是欺瞒自己，而是很真实地列报财产价值……

总体来看，财务报表作为重要财务结果的一种有组织的汇总，既可能体现在某一重要的分类账账户中，也可能作为独立的表式文件出现。后来的演进更倾向于后一种形式，现代实务中很难再像考虑财务报表那样去考虑汇总账户。报表中所反映的事实可能源于一份独立的"财产目录"，也可能源自复式簿记资料的重整。现代报表沿着后一方向发展，并受审计师判断的影响而作出必要的调整。

依照本章观点，之所以出现独立财务报表，主要动因在于获得与资本相关的信息，这是合伙人、股东、债权人利益的焦点，也是早期财产税计算的基础。因而，人们从各个不同的角度强调平衡表数据，并进一步使之精炼，费用和收益数据则是作为附属（事实上，在 17 世纪晚期，人们提供有关费用和损益数据，就是仅仅作为一项"财产证明"），从另一个角度来证明平衡表的正确性。

参考文献

［1］Stephen Monteage，*Instructions for Rent-gatherer's Accompts*（London，1683），bound with the author's *Debtor and Creditor Made Easie*.

［2］从以下资源中还可发现另外几种古老的财务报表：

　　a. Staffordshire Account of the Great Roll, 5 Henry II［1159］. The reproduction given by Hubert Hall (*The Antiquities and Curiosities of the Exchequer*, P. 132) is in bilateral from but possibly this is the arrangement of the author; certainly the heading "Balance Sheet" and the designations "Dr." and "Cr." were interpolated.

　　b. The Account of John, Bishop of Glasgow, as Lord Treasurer［1474］is described by Edward Boyd in Brown's, *History of Accounting and Accountants*, pp. 58-60.

　　c. Report of the commissioners of 37 Henry VIII［1546］as to the Gild of Palmers of Ludlow. (*English Gilds* — Early English Text Society, orig. ser. no. 40 pp. 197-99). The report appears first to state the expenses in comparison with the actual collections, leaving a remainder, and to follow this with an indication of the possessions of the guild, together with the expected income and the actual collections, the latter figure being the sum used in the first section as income.

　　d. A "Charge and Discharge" statement of 1624 which is in effect a cash statement is given in Edw. P. Jupp, *Historical Account of the Worshipful Company of Carpenters*, p. 445.

［3］From Valentin Mennher's, *Practique brifue*, translated by P. Kats in *The Journal of Accountancy*, April, 1929.

［4］Ernst Jager, *Altes und Neues aus der Buchhaltung*, Stuttgart, 1889, p. 77.

［5］Geijsbeek, *Ancient Double Entry Bookkeeping*, pp. 106-7.

[6] Translation by P. Kats, *The Institute of Bookkeeper's Journal* (London), December, 1927.

[7] Payen, *Essai sur la Tenue des Livres* —, 1817.

[8] *The Accounting Review*, September, 1930.

[9] *Le Parfait Negociant*, Paris, 6th ed. , 1712.

[10] *Geschichte der Buchhaltung in Deutschland*, p. 60.

第十章

所有权簿记

前述各章，我们试图表明簿记是如何扩展为一个全面而一贯的系统的。接下来要讨论的则是会计演进的第一个阶段。

复式簿记的各种要素在古代就已存在，但是当时似乎缺乏能对这些要素加以协调，并使之成为一种健全体系所必需的要素。古代的财富并不是生产性的，它们并非"资本"。它们源自贡品和战利品。财富只有在广泛的营利性商业的压力之下才会真正具有生产性。此种意义上的商业主要是作为十字军东侵的结果而出现于中世纪。由此，财富开始来源于积极的商业交易。从为消费和夸耀而使用资本和信用，转而应用于那些通过来自远方的商品满足最新需求的有利可图的企业，此乃复式簿记赖以产生的温床。

不过，作为完成复式簿记主旨的"所有权"概念至此尚未出现。在中世纪初的商业中，会计记录并未脱离"代理人簿记"的窠臼，它只不过是代理人或某一具体冒险活动的合伙人对自身业务活动进行报告所必需的记录。这些情况与银行家处理业务所必需的会计一起，促成了人名（债务人）账户的广泛使用。也许，正是因为代理人簿记对会计记录作了很大程度上的系统化，才出现了非人名（商品）账户和"业主账户"。

无论如何，至此便产生了补充性的两侧式账户体系，这种体系具有复式记录的特点并以总计数平衡为其最终结果。但是，这一成就依然未曾达到圆满的地步。

当持续的合伙经营取代了个人投机及偶发性协作经营，记录问题便由代理人的不定期报告转化成了因各种目的而采用的、需要定期汇总的持续性资本投资在适当时机的处理。这一新增负担使代理人簿记程序扩展成了所有权簿记。直至被要求为作为一个整体企业提供服务时，簿记才开始实现其所有功能。

在古代社会，财富通常处于非流动状态，中世纪商业中使用的财富则开始变为资本，积极为自身的再生产而努力。这就是从代理人关系向商业性所有权关系发展的第一个阶段。代理人簿记中的"业主账户"已预示了下一阶段的"所有权账户"，但是直到所有权簿记发展成为账户记录所必需时，才完成了由代理人簿记向所有权簿记的转变。

在交易分析中（假如第四章中的假设被接受的话），所有权是一项基本要素，这是显而易见的。已确定的债务关系清楚地表明商品账户无法真实显示对原销售者的责任，同样，销售者只记载与购买者（业主）的债务关系，这也是非常清楚的。结果，"所有权"出现于所有经济业务中。当有关簿记的各种观点最终集合成一个统一的体系（如帕乔利所描述的那样），"所有权"又开始成为一个突出的部分，因为各种业务开始在与所有权相关的各个账户（资本、损益、商品、费用）中得到集中反映。而且，当把 15 世纪的簿记程序与现代实务进行比较时，会有显著证据证明，自从开始将所有权与其他因素结合在一起之后，簿记就再也没有发生过任何根本性改变。

可见，所有权概念是账户记录发展到复式簿记所必需的最终要素。而且，所有权概念是与生产性商业资本——它是贯穿通篇的主线——紧密相连的。所以，它不仅仅是位于簿记发展过程中的重要阶段，事实上还是贯穿全过程的一条基线。

如果说由账户记录发展到账簿记录的第一阶段乃是构造了一个由相互关联的账户所构成、以所有权资本账户为中心的一体化整体，那么，其第二个阶段则是将复式分录转化为一种技术。

这种演进的意义在日益笨拙的交易分析研究中是极为明显的。在这种演变下，会计记录不再是清晰表明发生了什么的简单且有组织的记录，而是转变为一种针对事先确定的各种可能情形确定借贷方向的规范化游戏。通过分析形成与业务记录相适应的规则，这些规则表明如何具体编制会计分录。

在稳步发展的分类账分录简化进程中，可以看到同样的技术发展趋势。用完整的语句来表现的记录形式日益简短，交易的细节逐渐被省略。早期完整的标题变为账户名称；作为动词的"借、贷"（debit，credit）被放置在账户顶部距离账户名称不远的地方，如此则可像原来那样把它们放在一起当成一句话来读；对应账户被简单提及；所涉及的金额被填列在靠边上的栏目中。后来有关对应账户的参引（reference）逐渐消失，只保留了有关原始分录所在页码的参引；随后动词（或作为其缩写的"Dr."、"Cr."）也被省略，仅靠方位来表明借贷方向：左边为借，右边为贷。

此时的分类账账户乃是由：①账户名称；②日期和过账参引；③金额所构成。这种展示方式对后人来说几乎是不可理解的；原因在于，对整个计划而言，方位、位置和隐含关系被赋予了太多内容。对现代人来讲，早期会计分录更易于理解，因为早期的一笔分录就是一个语法完整的句子，说清了整个交易的实质。在随后的发展中，账户转变为统计分类上的一个单元，只有通过总计数（或余额），或通过编制基于原始凭证的繁琐报表，才能对其有较好的理解。

日记账分录的发展也以简化为特征，通过简化使之成为一种技术。这一趋势在很早的日记账分录（1430 年）中就已经有一定程度的体现，随着时间的推移则越发明显。其典型形式为：

By A——, to B——

这是相当技术化的表达，理解它需要一定基础知识，包括：①明白借与贷的含义；②知道"by"代表"借方"（debit），"to"代表"贷方"（credit）。早期作者既没有说明这些符号的来源，也没有解释为什么要用它们；因此，我们只能推断说，这已经是一种成型的技术，只需学习和接受，无需更多理解。

除此而外，还有另外一种日记账分录，形式为"A——is debtor to B——"或"A——owes B——"，也是用于 15 世纪。这种分录更易于从字面上理解其含义。正是这一特点，使得这种方式在 1550 年后超越其他措词占据了主导地位。

至 19 世纪，一种特殊的处理方式开始进入人们视野，其中用了两个靠边的栏目来登记金额。贷方项目的最终标示方式为：在借方下一行，以轻微缩进的方式，将其金额写入右首栏目中。

对后来的使用者来说，这种数据安排方式就像分类账账户一样神秘莫测。在向初学者教授簿记知识时，大部分精力需要花在记住各种技术上——比如：对特定账户而言，相对的位置代表扣减、相反的方向代表加减等，机械得让人畏惧。

账务记录扩展为完整的服务性系统乃是一个长久的过程，其第三阶段体现在财务报表的发展中。导致此种需求的原因是多方面的，最为突出的则是当接近企业账簿资料存在一定困难或需要提供账簿基本数据摘要时，比如提供有关企业资本状况的信息时。

以往的事实表明，复式簿记乃是一种用以记录财务变化的系统。为了所有者的利益，它采用一定技术，以便利的方式对有关所有权数据作出准确的汇总。为了将此处这种根据簿记技术的历史演进而提出的观念与当代簿记文献中流行的观念进行比较，我们将对近年来出版的大量簿记教材中对簿记的定义进行深入的考察研究。

正如所预料的那样，这些定义中包含各种不同因素，数量极其可观。

其中第一位的因素是关于簿记的类别归属，包括：会计是一种对信息进行分类的方法；一种记录特定事实的过程；一种对指定数据进行分析的程序。簿记明显地被认为是动态的——它不是指某一具体事物，而是指一项行动。与记录程序相关的各种事实和数据在定义中被称为各种不同的要素，如：经济业务、价值交换、定价事件等。因而，簿记的材料被限定得相当明确。执行簿记活动的具体方式通常被认为是系统化的，也就是说它遵循一套具有很强逻辑性的、预先确定的计划。系统化一词不仅意味着要仔细遵循一种特定方法以保证记录的完整性，而且需要一种方法以检验记录的准确性。复式簿记需要通过其全面协调的两侧式账户体系，通过足以发现所有交易中两面性的计划来达到此类效果，为此需要能够在任何时候实现记录中的内部平衡（借此提供准确性测试）。

这些要素反映了不同作者在什么是簿记，它处理哪些材料以及它如何发挥功效等问题上的不同观点。另一个问题也便由此而生，即：为什么要由簿记来处理这些事情？有些作者认为，这样做的目的是为了表明企业的地位，显示企业的业务状况，展示价值交换的成果。另一些作者则认为，簿记能够展现企业经营对财务状况的影响，说明财务状况发生改变的程度和原因，以及业务对财富的影响。

上述各段说明简要地表述了由不同作者提供的有关簿记的观点。不过，我们所需要的是一个有关簿记内涵的丰富而准确的教科书式的定义。它可以是：簿记是一个以系统的方式对财务数据进行记录和分类的过程，其目的在于表明价值交换对财富的影响。

从有关簿记概念的这一研究可以看出，现代教科书的注意力大多集中在交换上，如此则难以表达或实质性地反映出记录中所包含的大量数据转换和内部转移，而这却是真实簿记记录中一个很大的部分。后面这些因素包括许多内容，比如：表明原材料从库房到车间的转移过程，说明车间里原材料与劳动力及职能部门服务相结合的过程，以及随后新出炉产品转移入库，等待买家出现以最终完成"价值"交换的过程。我们希望看到簿记能够重视这些中间环节，就像重视原材料采购或产成品处置等价值交换过程一样。

然而，早期簿记对与交换无关的数据实际上一无所知，因此也就自然而然地将其目标定位于反映交换对财富的影响。但那种简单的条件对今天的企业而言已经不复存在；因而，那种理论也不再能适应环境；它需要扩展到把有关非交换事件的记录数据等也包含进去。

不过，我们虽然反对将簿记的材料一直局限在价值交换方面，但这并不意味着否定簿记的原有目的——计算可分配利润——在当代条件下依然具有重要意义这一基本事实。不过，现在的利润计算已经不像计算卖出价与买入价（一种简单的交换）之间的价差那样简单。在现代工业中，买入价（成本）的计算是十分复杂的，对管理而言这是十分重要的事情。因而，所有权和利润的确定依然属于簿记的关键点，其实际计算过程就给现代簿记加上了很重的负担，这是早期簿记所没有过的。

因此，要恰当地理解簿记，首先必须明白企业经营是一个强度各不相同的持续运动过程。簿记与企业经营的关系，恰如电影胶片与从斜坡上滑过的雪橇的关系一样——能够捕捉并保存真实的运动过程。不过，簿记还具有剪接、编辑及重新编排"电影"各个不同部分的功能，并由此产生综合性及分析性结果。

综合上述情况，我们可以试着把有关簿记的历史观念与教科书上的定义结合起来，将簿记描述为：一种用以记录转换次序的准统计方法，各种不同形式的财产借此完成转移以产生一定的所有权利润。

第二编
由簿记向会计扩展

第十一章

会计中的业主权理论

到此为止，我们关于财务记录演进的讨论已由账户记录扩展到完整的复式（所有权）簿记。接下来需要将注意力集中于 19 世纪。这一时期是会计学（accountancy）[①] 的成型期。其间的条件变换导致了复式簿记的变革，或者说扩展。自产业革命以来，私营公司获得了积极增长，在随后 1 个世纪中，商业、工业、金融和法律诸方面皆获得了长足进步。也正是在这样一个时期中，受环境条件变化影响，系统的交易记录方法开始转换为企业管理中对各种事务实施有效控制的一种手段。也即是说，在 19 世纪，我们看到的是由簿记向会计的扩展。

通过前面各章我们已然得出结论，认为"业主权"概念是复式簿记发展中一项极为重要的元素。早期交易分析可能广泛地使用"业主权"概念来弥补简单账户记录与使用了非个人名义账户的更为复杂的所有权簿记之间的差距。事实上，所有复式簿记程序都是为了计算所有权利润和所有权资本。现在，通过对 19 世纪环境的考察，可以进一步说明，业主权是复式簿记中一项至关重要的元素。

---

① "accountancy"（会计学）表示一个知识领域，而"accounting"（会计）是指活跃在该领域中的过程。其间差异，可与"finance"和"financing"作类比。

有关业主权的讨论远不止是对资本投入、资本撤回及损益结转分录（由损益账户结转至资本账户）的常规性解释。不过，即便在 19 世纪，这方面的讨论也并不多见。大多数作者依然不愿在其著作中包括有关"理论"的内容。然而，尽管大多数簿记作者在其内容中只是描述常规簿记程序，引用的只是一些众所周知的常规性规则，并用大量典型交易实例来达到教学目的，但也有少数人开始脱离这种古老的模式。他们开始承认将簿记程序"正式化"为一系列纯粹的规则所具有的局限性；他们开始追寻簿记知识中所内含的逻辑和理性，并依赖直觉对此进行感知。

他们一开始只是凭借推测关注复式簿记的基本属性（可能是理论的真正开端），不久则开始转向业主权，作为其建筑的基石。在此我们将提供其中部分作者的观点。我们将作者按时间顺序进行排列，但这并不意味着后来的作者一定从前面的作者那里，或从来自其他国家的作者观念中获得参考。这里所描述的数据量过小，因此这些数据本身并不能就观念的演进和各位作者之间的关系提供明晰的顺序。虽然对特定观念和表述方式的实际产生我们无法获得确证，但却有证据可以表明，这些观念本身经历了长时间的发展和增长过程，而且，现代会计理论的许多部分就是直接源自 18 世纪出现的这些以及其他类似观念。

18 世纪初（1718 年），苏格兰作者马尔科姆（Malcolm）用如下语言颇为有趣地强调了业主权资本总体与部分间的不同：

> "你应该将股票当做根本，账簿中的其他所有账户——只要它们代表所有者利益——皆源出于此；不管某些事物相对于其他（其中交易的构成并不完整）而言是增是减，还是相等，真正受影响的是股本，是其价值的增加或消失；或者简单地只是其构成部分的改变。……增加或损失账户表（state of encrease or loss accompt）……将会表明……股票表（state of the stock）可能发生改变，就像其构成部分一样，这种变化源自这种股票在交易中发生的各种波动的影响，以及在这一过程中某一事物相对于另一事物的一般性改变。"[1]

这一观点在一定程度上间接地说明了一种交易分类方式，有些交易只是一种等额转换，有些则使股本受到影响，使其价值增加或消失。在此，利润理论明确地与资本的增加相关联。[①] 18 世纪的另一部著作（Hustcraft，1735 年）中，也有对总资本及其构成的这种区别，其说法如下：

> "一个人所拥有的事物的那一部分，或以其他方式所拥有的东西，比如证券，全部加在一起，我称之为财产（estate），一个人财产之所值，对所估值事物的抽象考虑，我称其为一个人财产的折合价值或范围。（第 2 页）……只了解一项财产的折合得价值是不够的；他要是明智的话，应该了解这种折合价值的构成，可以将其分成好几项具体的财产或部分。（第 3 页）……我们必须安排各种证券，如此当我们分别于其中加上或拿走部分时的……剩余数量，以及造成这些结果的变化，据此可以表现出……出于一定原因，对每个部分必须留出足够的空间……以便随时反映各种可能的增减变化。（第 7 页）……"[2]

进入 19 世纪不久（1818 年），F·W·科隆贺姆（F. W. Cronhelm）[3] 在伦敦出版了一部著作，对账户的分类作了更深入的分析，对复式簿记的基本性质也作了清楚明白的说明。[②] 鉴于其特殊重要性，在此我们将用较大篇幅来予以说明。

按照该作者的观点，整个簿记系统是在两项原则的基础上运行的：其一，其重要性仅仅排在第二位，是关注账户的形式，另一项重要性排第一位的原则，则是关注整个账户的必然平衡（inevitable equilibrium）。关于账户，他指出（第四章），财产的变化可以通过加上增加，减去减少的方式予以记录（就像支票存根上一样）。不过，这"很可能造成错误"，

---

① 该作者讲，利润构成所有权（资本）的一个增加项，但它并不意味着资本的每一项增加都会构成利润。在 18 世纪，不可能在任何情况下人们都能分得这样清楚，但近年来，这一区分变得十分重要，原因在于，人们正在争论，尚未实现的资产价值增值究竟是构成一项可分配利润，还是仅仅构成一项不可分配的资本增值。

② 本书还有其他一些有趣的特征，作者在书中用了另外一种借贷式"日记账"（day books），与现金账（cashbook）相类似，同时他还用了特定的"工厂账户"。本书将在后面内容中对其工厂账户作更详尽的讨论。

单独附加的方式（即将一个账户分为左右两部分，分别反映增加和减少）被证明更有用，也更有效。

平衡原则具有至为重要的意义，并进一步得到了更为细致的说明。以下摘自该书的内容能够简明地说明该作者的观点。

"簿记作为一种财产记录方式，目的在于表明全部资本的整体价值，以及各个部分的所有权。交易中财产的构成处于持续转换和变化状态；然而，不论其经历什么样的变化，也不论总资本增加、减少还是保持稳定不变，都必须始终等于其所有构成部分之和。这种恒等关系（equality）是簿记最根本的原则。它可以立马就该证据（proof）的性质提供一个明晰的观念，该证据在账户（accounts）中有着很高很好的评价；因为，如果资本账户（stock account）等于所有其他账户集合的结果，就可获得理想的证据；但是，如果它们之间存在哪怕是细微的不平衡，账簿就一定是不正确的。

总额等于部分的合计数，这条明晰而简单的原则，之前从未被作为簿记的基础。从最初被忽略演进至有关账户的一些模糊观念，在每一部论著中都有提及，其方法是将账户分为个人账户、实账户和虚账户，仿佛总资本与其构成部分并不相等似的。不过，在这一分类中，个人账户既不被当做实账户也不是被当做虚账户来处理；而资本账户却是处在后一种窘境；或者，按类似的话来说，总资本被当做一种非真实的想象之物！"（作者前言）

·········

"在否决了原有分类（即个人账户、实账户和虚账户）之后，可望获得一种新的分类；下面我们将以图表方式来描绘一种替代性的分类方式。

账户

类别	部门	分部门
	1. 个人	
		1. 现金
1. 财产的构成部分	2. 钱	2. 应付票据
		3. 应收票据

		1. 流动商品
	3. 货物	2. 非移动项目
		3. 常规基金
2. 总财产	（分支项目）	（后果）
	1. 利润 ………………	1. 佣金
股票 ………………	2. 亏损 ………………	2. 利息，等
	3. 私人 ………………	

　　"显而易见，第二类中没有部门，只有后果；其附属账户没有第一类中那样高的地位。利润和亏损账户只是股票的分支项目，其目的在于防止出现过多不甚重要的分录，将资本的各个增加和减少项集中在一起，将总体结果通过一笔分录转入资本账户。依照类似方式，佣金、利息等只是利润和亏损账户的后果，是为了防止在后者中有过多不甚重要的分录，将各有关部门的发生情况进行汇总，并将结果一次性转入资本账户。其作用在于记录全部投入和撤回资金总计数，以便将其与利润和损失完全区分开来。私人账户的结果也要通过一笔分录转入资本账户。"（第 27 页）

　　上面摘录及该书其他部分内容中所强调的，主要是总资本与其构成部分之间的相等关系。在第一章中，作者将簿记定义为："记录财产的艺术，以便随时表明总资本及其构成部分的价值。"[①] 在第三章他谈道："以资本账户作为一方，以其他所有账户作为另一方，两者需要且必然保持恒等关系。"不论发生何等交易或变化，它都属于精确科学的一项重要公理，即：总体持续等于其所有构成部分的合计数。为了使这两部分要素相互对应，有必要将来自业主的资本与来自他人的借款相区别。为了说明这一点，科隆贺姆（第 5 页）在业务中引入了信用（credit）一词，并因此产生了"负资产"（如应付票据），与之相对应的是"正资产"，如

---

　　① 虽然在 19 世纪早期，就已经有人明确将会计的目的定义为编制资产负债表，但由于企业经营的目标是赚取利润，因此，簿记的最重要的功能被认为是利润计算。

商品、应收票据等。如此则为按如下等式来表达基本簿记关系（第8页）打开了通道：

$$(a+b+c)-1-m-n=s$$

$$（正资产）-（负资产）= 资本$$

作为资产和资本间相等关系的结果，作者认为，之所以设立费用和收益账户（包括利润和损失账户），是因为在资本账户中详细记录资本的每一变化太不方便。（第9页）因而，这些账户只是简单地作为资本账户的分支项目，其目的是为了定期转换"资本的各项增加和减少"。由此可知，该作者也是将利润视为资本的增加项。①

以上三位作者都是英国人。（参看本章末尾有关B·F·福斯特的注释）接下来要考虑的是一位美国人——托马斯·琼斯（Thomas Jones）[4]，其著作出版于1841年，还有另外一本著作出现于1859年。

以下引自琼斯《原理》第一章的两段内容，很好地阐明了簿记的目的：

"簿记理论教人学会最简单也最智慧的记录和安排财务业务的方法。当我们虑及12个月的经营期间可能累积发生的大量业务，就知道确实需要有一个经过透彻了解，并做了极好设计的计划安排了。

复式记账法使得我们可以不将大量数据分拆开来，并用一定的方法对其进行处置，以便能就总的商业经营或其各个步骤所产生的结果提供明晰而简单的报表。它包含对一些绝对必不可少的事实的集中，以引出深思熟虑的结果，反映有关商人的资源、负债、收益、损失和初始资本的表式文件；不过，上述各个部分究竟以什么形式在什么位置上进行安排和显示，则纯粹取决于习惯。"

与当时教科书中通常遵循的笨拙的拟人化账户处理相比，这一处理确实有很大进步。下面摘录也涉及簿记理论，而不是依赖武断的经验规则：

"复式簿记的安排乃是基于如下两项假定：

---

① 但是，在本例中，正如其他作者所提到的，它也并不是说科隆贺姆资本的每一项增加都构成利润。

假定 1

如果我们可以在任何确定时间确定我们所拥有的资源和负债，则可通过比较确定当时所处的状况，如：

我们的资源和负债表

1840 年 12 月 31 日

我们所拥有的现金 ……	15 000	发行在外的应付票据………	3 000
应收票据 ………………	4 000	我们欠约翰·斯普林………	6 000
威廉·詹姆斯欠我们 …	3 000		$ 9 000
	$ 22 000		

从……………………………………	$ 22 000
减去……………………………………	9 000
因此，我们目前的价值必定为…………	$ 13 000

假定 2

假如我们要确定某一时期内任一时点上我们的业务状况，以及我们在该时期内的损益，则可在期末确定我们的状况，如：

如果 1840 年 1 月 1 日我们的清算价值或净资本为 …………	$ 10 000
我们在该年内收入 ……………………………………	3 000
据此，无需考虑资源和负债，即可知我们 1841 年 1 月 1 日的价值为 …………………………………	$ 13 000

如此，不论我们用何种方式来看待这两项存在显著区别并相互独立的假定，在符合其条件的情况下，它们必然会将我们引向同样的结果。因而，复式簿记包括两种不同的用以安排基本事实的计划，表现在业务中，每一计划都会涉及一组不同的账户；一组账户符合第一项假定条件，其他账户符合第二项假定；两种情况下结果的协同称为账簿的平衡。"

这是典型的有关复式簿记特征的琼斯式解释。在此，他指出了这样一种事实：利润和损失表是与资产负债表而非其补充资料相协调的。[①]

---

① 与科隆贺姆的解释相比，这是一个显著的进步，它几乎完全置名义账户于不理，就像它们是所有重要的资本账户的极不重要的附属物一样。

他同时还说明，通过两种不同的途径，两份报表获得了同样的计算结果。当业主资本处在负债中时，资产负债表会给出与利润和损失表相同的净收益；或通过另一种方法，损益表所标明的以前资本对净收益的增加项会体现出与资产负债表相同的目前价值。①

琼斯的上述等式中确定了一项基本假设，即复式簿记"包含两种用以安排基本事实的不同计划，每项计划涉及一组不同的账户"。在第三章中，他又以更详细的方式重提这一问题：

"借贷相等是复式簿记的显著特征；但与其按通常人们所提到的那样将它看作一项原则，不如说是正如我们已讨论过的这种过程的一项结果；我们无法获得可以确立或证明的原则的帮助，因此更倾向于将这种相等关系视为复式簿记安排或两组账户的必然结果。"

在这一段中，琼斯将"两组账户"安排作为复式簿记的基本特征置于"借贷相等"之前。确实，在将后者作为前者的结果时，意味着在"单独"一组账户中，不可能在分录中产生相等关系，或者说，分录中完全的相等关系只有在两组账户中才可以反映出来。这等于是说，名义账户才是复式簿记的基本特征，而不是双重分录。②

作者随之表明，在采用两组账户的情况下，分录的双重性将是不可避免的。他通过将其限定为纯现金业务来增强理解。

"对复式簿记理论最简单的表示，可以通过一项完全现金交易的安排来予以说明。现金将因此成为该企业固定财产的唯一形式；而现金账户，通过比较各种已发生增减的账户的汇总数，可以保持对其金额的恒久的计量，并且是所要求的唯一一个主要账户。

---

① 在1608年荷兰出版的西蒙·斯蒂文（Simon Stevin）曾经有过有关这一表述的有趣的先例。如在其第九章中所见，斯蒂文编制了一种资产负债表（他称之为"我的资本表"），以计算目前的所有权，除此之外还有一份损益表（"我的财产的证明"），从表面看似乎是为了对以前的计算进行检查测试。亦可参见 J·B·杰斯贝克《古老的复式簿记》，第120页。

② 比较第三章（复式簿记的特征）中有关等式的讨论。

	主要安排			次要安排	
	现金			股票	
（借）		（贷）	（借）		（贷）
收入或增加		付出或减少			资本
				商品	
			（借）		（贷）
			支出		收入
				费用	
			（借）		（贷）
			支出		收入
				利润和损失	
			（借）		（贷）
			损失或支出		收益或收入

　　很明显，在现金业务中，每项交易都会涉及现金的增加或减少。如果一项交易增加现金，增加额必然在现金账户借方；但因为收益或其他收入项目发生同样金额的增加时，必须将同样金额反映在次级账户贷方栏。

　　如果是商品收入，总金额就应在该标题下出现，但如果来自业务的好几个部分，每个部分将出现在相应标题下；因此，若一项交易增加现金，将对总账借贷双方有同样影响。

　　当在现金业务中，一项交易涉及现金的减少，必然会涉及该企业相等的支出或损失；因而，现金账户贷方所反映的现金减少额，必须同时记入次级账户借方，表明其具体支出方式。因此，不管一项交易是增加还是减少现金，总分类账的借贷双方都会受到等额影响；或者，换言之，在现金业务中，任何交易所要求的借方或贷方，都必须有相等的贷方或借方记录与之相对应。

　　当业务中引入信用因素时，固定财产则可分为现金、应收票据、应付票据和个人借款或账面负债，主要账户将不只要求保持对固定财产的总体计量，而且要求表明各个具体部分的情况。

　　不过，这些额外账户只是对主要现金账户的一种扩展，也即是对固定财产已发生增加和减少的一种比较——对每个部分分别进行比较。"

　　在另一处，作者对次级账户按同样方式作了解释。在此我们摘录一些资料，以便与上述有关主要账户的说明相联系。

"次级账户是一种用以安排一家企业中各种交易的方法，其目的在于满足我们在第二项假定中提到的各种条件，即：反映所安排时期内的状况及随后的收益或损失。

　　业务开始时的状况，反映在一个称为股票的账户中，其右方（或称为贷方）反映投入资本净额。安排其他账户是为了通过比较所有支出或投资与收入或回报，反映随后的收益或损失。"

琼斯对账户的分类是颇为恰当的，并与上述两项假定保持了一致。总体上来看，"主要"和"次级"两项术语，对不抱偏见的读者而言已经是很理想的区分，与当今之"真实"及"名义"账户并无二致。它们也可以在有人并不很懂其他内容的情况下，便利地作为技术术语来使用。无疑，琼斯认为，明确区分两组账户是系统的簿记意识所必需的，因此他故意选择使用明显相互对立的术语。现代术语的内涵并不比此丰富多少。

琼斯在这一点上的讨论涉及另外一项特征，即他曾反复提及与账户分录相关的"增加"和"减少"。这些琐碎的事实很值得注意，因为在他之前，从未有人这样正确而有效地使用它们。它们因此成为簿记意识的一个内在部分并在很大程度上得到了认同。其中许多部分很久以前就已经是簿记教学的一个附属部分。这些术语的使用及对账户的进一步分类，表明琼斯倾向于将簿记想象为一种"分类"（即统计的）程序，而不像他的许多同时代人那样将其视为一项"记录"程序。下面摘录中本书举例说明了琼斯对"增加"和"减少"含义的理解及其使用。

琼斯在导论中，在有关"主要"和"次级"账户安排的简要图示中曾提到："一项安排的借方影响商人的财务状况，说明资源的增加，与此同时，其他安排的借方说明支出或减少；简言之，一个账户的借方构成另一个账户的贷方，所不同的只是在连续统一体中的顺序而已。"

在另一处，他按这种方式将这些术语与利润和损失相联系：

　　"利润和损失作为术语应用到账户中时，意义会变得更大，并可用增加和减少作出更好的解释；损失项下是各类费用和支出，收益项下则是来自各个方面的收入，因而：

损失或减少——	收益或增加——
雇工费	各类商品收入
商店费用	佣金收入
已付利息	利息收入

当这些项目被确定并安排进入相对位置之后，两方合计数间的差额将表明已经发生的净增加或减少。"

在提到有关利润和损失的安排时，他再次谈道："……我们的总体目标是比较减少（或付出）与增加（或收入）；虽然其总计数增大并不一定等于损失，但却与收入的减少（或收益的增加）有同样影响。"

作者无意间流露的有关簿记作为一种统计程序的观点，从下面摘录的一段资料中可以获得进一步证据：

"所有借方合计数并非人欠，而所有贷方合计数也并非我们欠人；因此，有些借方项目是别人欠我们，其他项目（股票）则是我们抽回现金的合计数；有些项目（商品）是已付金额的合计数；其他（现金）则是已收金额合计数。贷方项目同样代表了不同的事实。由此证明，这些项目的使用是比较武断的，任何情况下，倘若要用统一的方式来表示与债务之间的关系，必将迫使我们或者使用同样模棱两可的语言，或者实行对事物的拟人化处理，这不仅不符合现实情况，而且相关负债不可能对我们所要达到的目的有明显影响。正如其名称所示，它会在我们涉及或谈到任何账户的某一指定方时，针对我们的具体目的提供答案；蓝字和红字栏也会有同样效果，只要习惯上允许这种用法即可。在个人账户中，它们承载着一定的字面意义，通过类推可以扩展至所有其他账户；不过，构成该类推的各种关系要作为对学生的一种指导，显得有点太过模糊不清，更多了些迷惑，无法对客体作出恰当的解释。"

时至今日，我们已接受了将"借"、"贷"仅仅作为"左"、"右"的指示符。不过在早些时候，正如琼斯所说，在讲授有关交易分析的内容时，需要对所有账户作拟人化处理，比如现金保管人欠业主的收入款项；或者，也可能按简单的规则来讲授，比如"借为收入方，贷为付出方"，然后用包括各种交易和账户的大量次级规则来为此提供支持。从这些人到琼斯，其间包含一个渐进的演进过程。

在后一部著作中，托马斯·琼斯在解释账户的两栏式分组时，将主要账户与"财务部门"相联系，而将次级账户与"经营部门"相联系，[5]并以图示方式举例说明了结果之间极为精确的相等关系。他最后的概括足以表明他的思想：

"现在将每个部门当做一个账户，我们将可以得到：

试算表

增⋯⋯⋯⋯(118 254.00)	财务部门：98 560.00（减）
减⋯⋯⋯⋯(30 621.06)	经营部门：50 315.06（增）
借方合计 148 875.06	贷方合计 148 875.06

以及如下总体结果：

财务部门，	增或借，	⋯⋯⋯⋯	118 254
	减或贷，	⋯⋯⋯⋯	98 560
	借方余额或资本	⋯⋯⋯⋯	$ 19 694
经营部门，	增或贷，	⋯⋯⋯⋯	50 315.06
	减或借，	⋯⋯⋯⋯	30 621.06
			$ 19 694.06"

以上对托马斯·琼斯的两部著作作了较为详尽的介绍，原因在于，琼斯的著作很好地代表了进入 19 世纪中期时簿记方式的突破性进展。两类账户"系统"之后所隐含的观念，以及用"增"、"减"关系进行交易分析，在此前的文献中已时有出现。然而，只有在琼斯的著作中，它们才真正成了最重要的主题。由此时起，账户拟人化和按规则记录的日记账开始稳步退出历史舞台。

琼斯的著作之所以如此值得关注，还因为与同时代其他人通常情况下的表述相比，琼斯思想的清晰和表达的全面，都是无与伦比的。这一点尤其表现在他整部著作中极力追求用逻辑来取代规则。在这一努力中，他最关注的是教学方法。在将推理运用于簿记教学方面，我们今天的成就已经远远超出了这位先哲。

有 3 位德国作者也于 19 世纪中期发表了其簿记著作，表明在欧洲大陆同样有有关业主权与利润关系的类似讨论。这里引用的第一部著作是 1840 年出版于奥地利的一部论著。[6]

"资本账户不同于实物账户和人名账户，其贷方反映资产，而后者将资产反映在借方；它在借方反映负债，而其他账户在贷方反映负债。在业务开始之初，商人因此会做复式记录：①在资本账户中反映他的总财产；②反映他财产的好几个构成部分。"（第 80 页）

·········

"我们因此可以两种极不相同的方式了解目前的净值：①在资本账户中，会在最初的资产和负债上加上最后的收益和损失；②在余额账户中反映最终的资产和负债。"（第 113 页）

哈慈科（Hautschl）还将利润和损失账户解释为对资本增减的一种临时性测试（第 95～96 页），如果直接记入资本账户，将会使其负载过多细节性资料。

还有其他一些德国作者也在著作中加入了同样观念，包括不莱梅的奥格斯普格（G. D. Augspurg），维也纳的乔格·库茨鲍尔（Georg Kurzbauer）。他们为人们所注意，是因为 F·霍格利（F. Hugli）[7] 的著作，他引证了奥格斯普格 1872 年版《商人会计》（*Die Kaufmannische Buchfuhrung*）中的内容，与此同时，他还提到，按照约瑟夫·思科诺特（Josef Schrott）《信息科学教程》（*Lehrbuch der Verrechnungs wisenschaft*）中的说法，其第一版是在 1852 年出版于不来梅。

奥格斯普格在前言中抱怨，大多数教材只让学生知道记账方法，而不解释"为什么要这样做"；他的著作显然是要解释"为什么"。他说：

"簿记的复式记录系统主要表现在同时设置两组账户，一组反映总的财产情况，另一组反映各个具体部分；为此，可以通过两组账户的相等关系对达到的财务结果进行数学检验。

这样就提出了按什么原则来设置两组账户的问题，因为我们已然知道，这必须专门按账户的负担和贷记来实施。其处理可以相同也可以不同。

如果我们遇到的是第一种情况，则无需多加考虑。就像不可能将同一物品在同一时间分别送给两个不同的人一样，我们不可能在同一时间将同一物品归由两个不同的账户来负担。也就是说，只要它们相关联，就会从相反方向相互影响，并互相进行系统的控制。

除此之外，还有另外的处理方式，可视之为不同的处理方式，即：对于相对的数据——或换言之，对于被证实与另一个借方数据相对应的贷方数据，当这一数据做贷方记录时，另一数据必须作为负担做借方处理，反之亦然。

因此，我们确立了一项原则作为整个系统的基础，即以有关投资的账户作为一个整体，称为资本账户，作为贷方处在正财产（资产）账户的对立面，作为借方处在负财产（负债）的对立面，我们给这些账户确定一个统一的名称，称为财产账户（besitz conten）。"

在随后一节中，奥格斯普格解释到："在开设账户时，可以设想首先将所有财产统一反映在资本账户中，资产和负债的管理则在财产账户中进行。"在另外一节的注释中，他还谈道，财产账户感觉上像受托责任或受托人账户（verwaltende conten），"因为它们只是代表了一种源自资本账户的借出物"。因此，该作者在探寻复式簿记的内含逻辑时，一定程度上又回到拟人化观念的老路上去了。

除了奥格斯普格的著作外，霍格利还提到库茨鲍尔的《单式及复式簿记教程》（*Lehrbuch der einfachen und doppelten Buchhaltung*，1882第4版）[8]，并援引了其中部分重要段落。

"在本书第一章所给出的簿记总原则中，账户分类的必要性可以追溯到最初对簿记结果的考察中。记账的目的或是为了随时了解所持有的各类财产的金额，这些财产对正确实施财务管理具有一定控制作用；或是为了从账簿记录中了解企业各部门的生产经营成果（利润和亏损）。由此产生了两类具有根本性差异的账簿。第一类包括'实账户'（vermogensbestandteile——等于财产的各个构成部分），这些账户中登记所要求或放弃的各种财产；第二类账户涉及企业的活动决策（geschaftszweige），在与之相关的总账账户中，以货币形式登记这些活动所产生的收入和支出。

> 每一种此类账簿在内容和形式上都是独立的。但是，为了同时达到两方面目的，两类账户需要在同一系统中紧密结合在一起，由此决定了复式簿记账簿体系的具体形式和内容。"

在另外一处，库茨鲍尔重新提到有关账户的这些基本分类，为了做到更明确的区分，他使用了一些描述性名称如"bestandconten"（剩余账户）、"erfolgsconten"（结果账户）。我们使用的则是不甚具有描述性的名称如实账户、虚账户。在第三章中，他特别提到结合两种账户的必要性，按照他的说法，"复式簿记是将一个经营性企业的财产账和结果账合二为一的一种系统的结合体"。

从这些例子中可以看到，有些 19 世纪的簿记作者不满足于仅仅使用规则和实例的教学程序。他们大胆设计出了新的路径。结果，他们不但站在了同时代人的前列，而且有了远超前人的绝佳主意。他们强调的重点是逻辑分析，并在不知不觉中构造出了具有"统计学"意义的簿记程序。

这是一种进步，但毕竟只是一个开端，因为这种先进思想只散见于各国少数作者的著作中。要使这些观念作为簿记教学的基础得到普遍接受，还为时尚早。除 18 世纪初和世纪中期这些并不多见的讨论之外，在整个世纪中，大量教科书依然保持未变。在该世纪后半期，有少数作者依然致力于拓展这些观念，其他作者则开创了另外一种不同的簿记理论。不过，绝大多数簿记教材在很大程度上仍依赖各种尝试性的或较为可靠的规则，以及大量实例。

有关福斯特从科隆贺姆和托马斯·琼斯的著作中获得启示的说明

本章本应该以 B·F·福斯特（B. F. Foster）题为《商业簿记精论》（*A Concise Treatise on Commercial Bookkeeping*，波士顿，1836 年）的著作作为一项重要参考，但本书并没有这样做，主要是因为福斯特的著作明显是大量引用了科隆贺姆理论部分的内容，如其第一章、第二章和第四章的很多部分就是来自科隆贺姆的第一、第二、第三章和第八章。

有趣的是，下面所附信函即是印在托马斯·琼斯《簿记原理与实务》（*Principles and Practices of Bookkeeping*，纽约，1841 年）的前言中：

纽约，1838 年 8 月 1 日

致托马斯·琼斯先生

阁下：

依本人愚见，您有关簿记教学之计划，具有如下诸种创新性特征：

其一，以分类账作为阐释理论之起点。

其二，对每一账户作了解释，并表明了其使用方式。

其三，从不同账户中就商人事务得出了两项推论，每项推论皆可表明其所值。

其四，表明按复式簿记规则记录的分类账包括两类账户，您称之为主要账户和次级账户，每一组账户就商人事务获得一项结论，表明其所值几何。主要账户与次级账户的结果协调一致，构成账簿的平衡关系。

其五，通过一系列分类账框架让学生进一步巩固此方面知识，并由此对各种分类账的结果作出推论。

其六，要求学生根据日记账业务填制空白分类账栏目，借此练习如何在不使用分录账的情况下登记分类账。

依本人管见，您这份有关复式簿记的独特教学计划，具有独创性意义，您对其效用和重要意义的坚持，也是极具价值的。

我在撰写最近一部题为《商人手册》（*The Merchant's Manual*）的书稿过程中，采用了源自您口头演讲的材料，涉及第十一章"簿记原理"有关分类账的解释，在本版中由于疏忽，未及表示谢意，在下一版中将特致谢忱。

您忠实的，

（签名） B·F·福斯特

参考文献

［1］Alexander Malcolm, *A New Treatise of Arithmetick and Bookkeeping*, Edinburgh, 1718, pp.132-133.

［2］Stephens Hustcraft, *Italian Book-keeping Reduced into an Art*, London, 1735.

［3］F. W. Cronhelm，*Double Entry by Single*，London，1818.

［4］Thomas Jones，*Principle and Practices of Bookkeeping*，New York，1841；*Paradoxes of Debit and Credit Demolished*，New York，1859.

［5］法国人佩恩（1817）在其著作第十九章中对此有过类似讨论，他使用的术语是"Accompt en Argent"和"Accompt en Nature"。

［6］Franz Hautschl，*Anfangsgrunde des einfachen und doppelten kaufmannischen Buchhaltens*，Wien，1840. 本书转引自 *Zeitschrift fur Buchhaltung* 杂志 1898 年 5 月刊登的 Alexander Novak 的文章。

［7］*Zeitschrift fur Buchhaltung*，January，1898，亦可参见：Hugli'"Buchhaltungs Studien,"Bern，1900.

［8］按照 Josef Schrott 的说法，库茨鲍尔有关复式簿记的解释，在其 1850 年的 *Legrbuch der kaufmannischen Buchhaltung* 一书中亦有全面展示。

第十二章

会计中的实体理论

上一章所介绍的诸种观点，尽管产生的时间和地点各不相同，但都有一个明显的共同之处。总体上来看，其作者皆采用了簿记理论中的"业主权"观点。科隆贺姆的等式揭示了复式簿记系统中账户间的基本关系，即

$$正财产 － 负财产 ＝ 业主资本$$

等式两边的数据，一边代表业主资本的构成形式，另一边则代表着业主资本的总数。库茨鲍尔通过剩余账户和结果账户（也就是通常所说的实账户和虚账户，后一类账户中包括资本账户）的简单对照，得出了相同的结果。托马斯·琼斯通过资产减去负债和资本再加上净利润所产生的一种可验证的结果（即财富净额）进一步阐明了两类账户之间的关系。按照当时的理论，"资本"意味着"业主的投资"。在营业开始时它是由业主的原始投资所构成；其后任一时刻，资本将可能意指原始投资，或者原始投资加上或减去自开始营业以来实现并留存的损益——即财富净额。

尚须注意的是，"成本"和"收入"观念当时尚未形成。资本会因利

润而增加，因损失而减少。这可能只是一种早期遗存。那时，每当一项交易结束之后，即可立即确定其结果，当时诸如"间接费用"、"预付费用"、"应计负债"之类的现代项目尚未出现。如果某项支出无法确定究竟应该计入哪项交易，则作为"损失"处理，并只是技术性地从资本中予以扣除。

把损失和费用混为一谈的恶习在当时就已存在。对现今那些初学簿记的人来说依然如此。他们只是本能地感到费用更多地具有资产的属性，因为它们是为了获得某种营业上的利益而发生的支出，而不像损失那样不会导致任何形式的利益回报。

前面提到的几位作者最早提出的复式簿记"业主权理论"，于19世纪最后一季在几位著名簿记作者的手中得到了进一步发展和完善。其中最为知名的是美国人查尔斯·E·斯普拉格（Charles. E. Sprague）、瑞士人F·霍格利（F. Hugli），以及德国人J·F·雪尔（J. F. Schar）。同一时期，人们开始讨论复式簿记的另一观点；"业主权理论"不再是对复式簿记属性唯一的解释。但以后的事实表明，该学说的地位不但未见衰落，反而变得更加稳固。

科隆贺姆用一个简单的等式表明了复式簿记账户的基本属性；琼斯强调"借"、"贷"（这两个术语甚至可以简单地用"红"、"蓝"两字来代替）符号纯粹的统计特征。斯普拉格在1880年对簿记作了非常有趣的分析，他也同样用了这一等式，并在分析交易时简单地将其视为会计要素的增减，而不是"债务"，这些内容构成他整个分析的核心内容。[1] 以下摘自他文章的文字，足以说明他的观点：

> 借贷规则是所有复式簿记记录都必须遵循的基本原则，每个人在讨论这一问题时，几乎都会从不同角度进行论述。在实际运用这些规则时，原则上并没有什么不同；然而，当人们表述它们或向其他人进行介绍时，我们便会发现它们之间实际上存在极大的差别……
>
> 为此，我打算用另外一种方式来对借贷原则进行考察。将会计学作为（实

际上它也是）数学的一个分支学科来看待，我可以将其简化为一个代数式；我可以将这种代数结果转换成普通的语言，也可以转换成簿记员所使用的技术性、习惯性并且通常是为了便利而采用的等式。我会始终将其表示为一种真正的代数式；而且，我认为，不管采用了何种方式来表现事实，只要等式能够或明确或含蓄地保存下来，它就是真正的簿记……

复式簿记的所有运算皆属于下述等式的变体：

实有＋人欠＝欠人＋净值，用符号表示则为：

$$H+T=O+X$$

这一等式所体现的是簿记处理中数学的一面，但其中所包含的运算却仅仅是加减法而已……

单一所有权——假如作为簿记主体的我对他人既无赊卖也无负债，那么，我的净资产将恰好等于我占有的东西，不多也不少，用公式表示为：

$$（等式一）H=X$$

我占有的等于我的净资产额，我所占有的财产事实上全部属于我自己，除此而外我没有更多的主张权……

附有信用的所有权——假如我把我的一部分财产委托给别人，但我并无欠债，那么，等式一将变为：

$$H+T=X$$

即：我之所有加上别人欠我，等于我的净资产额。我的财产由我占有的财产加上我要求并期望从其他人——我的债务人——那里收回的财产组成。

不过，我也可以欠其他人——我的债权人。那么 $H+T$ 就不真正全部属于我了。我还作为受托人（从字面上理解）占有那些给我提供信用的人一部分财产，这部分财产价值须从 $H+T$ 中减去，以给出 X 的真正价值。以 O 代表我对他人的负债金额，则有：

$$H+T=X+O$$

这就是基本等式：

$$占有物＋委托物 = 债务额＋净资产额$$

......

对静态下的财产等式就介绍这些，现在我们来看看它的变化。

仅有两种类型的变化：增和减，多和少，＋和－。

增加的四种形式：

1. 占有物增加

2. 委托物增加

3.　　　　　债务额增加

4.　　　　　净资产额增加

减少的四种形式：

1.　　　　　占有物减少

2.　　　　　委托物减少

3. 债务额减少

4. 净资产额减少

我们通过将等式的负数项移到其对边来进行说明，这一原理适用于这一部分的 4 个项目：

占有物增加加记到借方；

但占有物减少就再加记到贷方而不是从借方扣除；

债务额增加就加记到贷方；

但债务额减少就加记到借方而不是从贷方扣除；

委托物增加就加记到借方；

而委托物减少就加记到贷方而不是从借方扣除；

净资产额增加就加记到贷方；

而净资产额减少就加记到借方。

因此，在等式变化中，借方和贷方的项目也可以从四个方面扩大到八个方面。

（a）静态中价值等式的要素是：

借方	贷方
占有物	负债
委托物	净资产

(b) 动态中价值等式的要素是：

借方	贷方
1. 占有物增加	2. 占有物减少
3. 委托物增加	4. 委托物减少
5. 负债减少	6. 负债增加
7. 净资产减少	8. 净资产增加

表 (a) 是资产负债表或财务状况表的总体规则；

表 (b) 是编制分录即在某种交易或价值变化发生时确定记入借方还是贷方的总体规则。换言之，它用于说明将价值变动记录在等式左边还是右边，由于表 (b) 包括了等式要素所有可能的变化，故其能满足表现多种交易或商业事项的需要……

等式的变化 —— 举例说明

设交易为：我购买一批商品，其价值为 k，用现金支付 i，剩余部分从 p——处得到价值为 p 的信用，那么我们一定会问——

八种变化中哪项适用于现金？

哪项适用于商品？

哪项适用于对 p——的负债？

答案是：

我的现金减少，记入贷方；

我的商品增加，记入借方；

我对 p——的负债增加，记入贷方。

因此，k 是借方，i 和 p 是贷方，等式为

$$k = i + p$$

假定金额为 $k = 1\,000$，$i = 500$，$p = 500$，

我们可以将该等式表示为日记账分录形式，

借商品——从 p—— ••••••••••••••••••1 000

处购进的"杂项",

贷现金，已支付金额，••••••••••••••••••••••••• 500

贷 p——，尚未支付的余额，••••••••••••••••••••••• 500

根据上面的讨论我们可以得出如下结论：

（1）簿记中的所有报表都是以等式为基础。

（2）所有减项（负数或扣除项）移到等式另外一边都将成为加项（正数或增加项）。

（3）借方和贷方仅仅意味着等式的左边和右边。对明白等式意义的人来说，无需对借方和贷方作出定义；对于那些尚未领会等式意义的人来说，即便对借方和贷方作出定义也不会使他们明白。

之所以要如此详细地摘录斯普拉格的论述，不只是因为他是美国会计的开拓者，还因为他对经济活动的分析是如此透彻而系统，以致这些方法在一定程度上成了后来大多数美国簿记教科书的解释基础。对前人著作（尤其是托马斯·琼斯的著作）中未曾料及的内容，斯普拉格几乎未曾涉及，同时，他对别人的理论和观点也未作详细介绍。但是，他提出并简明地描述了将商业活动分解为借、贷要素，以及把交易记入专门账簿之前先编制分录这样一个思想过程，对美国的簿记教学产生了深远影响。

在 19 世纪最后 10 年的欧洲，极目所及，是关于簿记理论的极为热烈的讨论，而不再是关于先前观点的一般性争论。在簿记理论业主权说的倡导者中，F·霍格利（瑞士伯尔尼一位政府会计人员）属于领军人物。在 1887 年出版的一部著作中，[2] 他在描述各种账簿记录系统的过程中附带地讨论了两组账户的独特构成。在而后 10 年中，他继续从事这方面研究，大量向那些解释和提倡簿记理论中业主权说或"二账系说"（two-series-of-accounts, *Zweikontenreihen-theorie*）的技术期刊[3] 投稿。这些文章后来与其他文章一起以《会计研究》（*Buchhaltungs Studien*, Bern，1900 年）为题结集出版。这些文章主要运用会计等式来解释复式簿记的基础，说明负债是负资产。按照他的观点，拥有企业财产的是

"企业"本身，而不是企业欠企业主的，就好像欠第三方的债务那样。

　　他的观点在原则上遵循了其他人所提出的理论。但比较明显的是，对前人的成就他了解甚少，因而过于倚重库茨鲍尔和奥格斯普格的成就，[①] 不过他倒也首先明确表示他的著作并不具有原创性。他的贡献在于做了大量充分的理论讨论，让读者能够很好地理解其基本要义。

　　与霍格利处于同一时代的 J·F·雪尔[②]对复式簿记的基本原理也是相当关注。他之所以这样做，是因为他要向一些成年工程师、律师和化学家讲授簿记知识。他努力调整自己的解释，以适应他所面对的特殊听众，并尝试用数学的观点来阐明问题。这是在 1889 年，次年，他把自己的解释集成一本小册子，[4]很快便被译成数种语言。数年后，其内容有了很大扩展，最终构成一本书。1922 年，该书第 5 版[5]出版发行。

　　雪尔以一家企业为例对价值运动作了极为有趣的分析，可惜其篇幅太大，无法在此作全面展示。然而，从该书第 5 版中 80 多页有关簿记业务的符号表达，以及代数方程式的广泛使用，无疑可以让读者相信，通过账簿记录完全可以做到账务平衡，而事实上它也确实做到了这一点。他们是否通过这种方式学会了做账，可能是多此一问；它可能本来就没打算让他们学会。但是，对初学者而言，不管他们多么成熟，这种程序都有点太过复杂。下面的举例有助于说明该作者的方法。[6]

　　最后的等式与开始时的等式在形式上是相同的，不同的只是所包含的基本项的数量。由此证明，不论发生多少业务，最初的平衡都将继续保持。

---

　　① 霍格利显然是库茨鲍尔和奥格斯普格的崇拜者，在他名为"两位开拓者"的文章中，除了摘引他们著作中的内容之外，还称他们为"这一领域中的先行者"，认为他们的贡献无论怎样都不算高估。

　　② 从 1899 年起担任莱比锡商业学院教授，在商业教育发展方面功勋卓著——参看 *Zur Entwicklung der Betriebswirtschaftslehre*，Berlin，1925 年。

(a) 用等式形式表示经济业务		(b) 用账户形式表示经济业务			
		财产		资本	
		借方 +	贷方 −	借方 −	贷方 +
(1) 开始时等式：	$A-P=K$	A	P	=	K
(2) 等式变换：	$+a-a=0$	a	a		
	$+b-b=0$	b	b		
(3) 损益业务：	$+g=+g$	g		=	g
	$-l=-l$		l	=	l
(4) 混合业务：	$+q$	$+r-q=+r$　q+r	q	=	r
	$+m-\ (m+t)$	$=-t$　m	m−t	=	t

加总以上等式：

扣除 a，b，q 和 m：

$A+g+r$ 为新资产 ⋯⋯⋯⋯⋯⋯⋯⋯⋯⋯⋯⋯⋯⋯ 称为 A_1

$P+l+t$ 为新负债 ⋯⋯⋯⋯⋯⋯⋯⋯⋯⋯⋯⋯⋯ 称为 P_1

$K+g+r-(l+t)$ 为新净资产 ⋯⋯⋯⋯⋯⋯⋯ 称为 K_1

(5) 最后的等式 ⋯⋯⋯⋯⋯⋯⋯⋯⋯⋯⋯⋯⋯⋯⋯⋯⋯ $A_1-P_1=K_1$

假如该作者在其著作的第 5 版（1922 年）中完全复制了 1890 年初版时的这部分内容，那就给我们提供了一个与斯普拉格在 1880 年对一系列等式的汇总[7]进行比较的极为有趣的机会。斯普拉格的等式也是用符号表示的：

*	$(I+i_2+i_3)$	|	|	$(i+i_4+i_5+I_1)$	*
	$+I_1$	|	|		
*	$+(K+K+X_3)$	|	|	$+(k_1+K_1)$	*
	$+K_1$	|	|		
*	$+L$	|	|	$+L$	*
*	$+U$	|	|	$+U$	*
*	$+(V+v)$	|	|	$+V$	*
	$+V_1$	|	=	|	
	$+W$	|	|	$+P$	*
		|	|	$+Q$	

				+ R	
*	$+ (X_2 + X_1)$			$+ (X + X_3)$	*
*	$+ Y$			$+ (Y + y_1)$	*
				$+ Y_1$	
*	$+ Z$			$+ (Z + z)$	*
				$+ Z_1$	

删除标有"*"号的行，将得到：

$$I_1 + K_1 + V_1 + W = Q + R + Y_1 + Z_1$$

这是一个用字母代表其元素的资产负债表等式；V 和 W 代表债务人，Q 是债权人，R 是应付票据，Y_1 和 Z_1 是合伙人的资本，I_1 是现金，K 是商品。作者指出，尽管各项业务的发生已经改变了最初的情形，但结果等式（现金＋商品＋债务人＝债权人＋应付票据＋资本）仍与最初的等式（占有物＋委托物＝负债＋净资产额）一致。虽然雪尔不知道之前有斯普拉格的著作，但这位德国作者所表达的理论观点却是和斯普拉格一致的。这两位作者按照类似的线索研究复式簿记的基本属性，从而完全独立地得出了类似的结论。[①]

19 世纪最后 10 年的这些作者很少增加全新的东西——无论对他个人而言这些思想显得多么新颖。他们或者独立地作出自己的解释但却在无意中与他人的观点相类似；或者像霍格利那样，通过进一步的论证和更好的说明丰富了前人的解释。因此，19 世纪最后一段时期内出现的著作并没有改变该世纪中期所表述的"业主权理论"的基本特性。

不过，对复式簿记基本属性的此类解释并非完全没有受到挑战。就

[①] J. G. CH. Volmer（*Zeitschrift fur Buchhaltung*，Vol. III，1894，p. 25）要求大家关注荷兰作者的著作（F. W. Balabrega，*De leer van het boekhauden volgens wiskundige grondeginselen*，1890 年），作者用代数方式解释簿记，与雪尔的解释非常相似。Volmer 说，作者曾告诉他说，他在写作时根本不知道有霍格利和雪尔的著作。

在霍格利和雪尔在欧洲、斯普拉格在美国提出簿记的"业主权理论"的同时，另外一些人提出了另一种理论来对复式簿记进行解释，这就是他们所谓"实体理论"（"entity theory"，*Geschafts-theories*）。

"实体理论"，正如其名称所暗示的那样，强调的是区别"企业"与业主。按照这种观点，账簿主要关心的是向将财产委托给"企业"的"外部人"提供会计资料，关注其目的。这一点与业主权理论截然相反，在业主权理论下，簿记被视为业主对其自有财产进行的会计活动，目的在于了解其财产的详细及总体情况。

两种观点的根本区别在于对簿记功能及资本和收益概念的理解有很大不同。按照业主权理论的观点，资本是业主的投资；负债只是负资产。按照实体理论，资本则是企业从各种来源获得的活跃财产的总计数，负债（借款）在这里和业主投资一样被认为是"资本来源"。按照业主权理论，利润是正负财产相抵后的净增加额（即净资产）；按照实体理论，利润是补偿了经济活动过程中所垫支的费用后的剩余收入。按照第一种观点，利润属于所有权的增量，不管其因何而获得；按照第二种观点，利润是用收入弥补预支费用后对管理的一种报偿。根据第一种理论的资本概念，可以得出如下资产负债表等式：资产 － 负债＝所有者权益；根据第二种理论的资本概念，得出的资产负债表等式则为：资产＝投资。

如果只是做历史的讨论，则不可能充分认识理论上的这种差异可能带来的后果。但熟悉会计学最新发展趋势的人却非常明白，现代会计理论必须以对一些基本理论问题的研究为基础，包括：企业经营目的、业主和债权人的职能、资本和利润的性质，等等。这些都是上一代的作者们就已经在开始讨论的问题，但他们却没有想到用这种方式去考虑会计理论。

对财务事实进行分类的方式和对经济业务进行分析的方法，只不过是内在目的的外在表现，即对资本和利润作严格的区分，以便更直接地对企业目标发生影响——也就是说，会计是内在目的而簿记是外在表现。

承认基本概念的重要性是当代会计发展的一大进步。20 世纪之前的讨论并未对后果作深入探究。第一种理论的支持者努力的主要目的是想把对经济活动的分析提高到公理的水平，如"借方为收受方，贷方为付出方"；第二种理论的倡导者一心想弄清"企业"概念。19 世纪晚期的文献中对这些问题的讨论，大都是关注如何对试算表是否平衡，以及复式簿记中各种现象的实质作出解释，搞清楚为什么一些项目的增加记在左边而另一些项目的增加却记在右边。对簿记理论具有深远意义的一些方面根本没引起人们多大注意就过去了。

但是，既然后来的知识让我们明白，现在乃是根源于过去，我们就很有必要以简明的方式勾勒出复式簿记的实体理论中所反映出的思想观念的历史脉络。不过，还有一点值得注意的是，仅靠这种对历史脉络的简单提示，我们无法确定某一具体作者从他之前的人们那里究竟有些什么继承；在大多数情况下，由于史料缺乏，我们不可能追寻到某一位具体作者的思想渊源。不过，通过这种梳理，我们可以了解到某些具体思想在一定时期内的持续性。

在 19 世纪最后 10 年欧陆系作者的印象中，实体理论的起源只可追溯到 19 世纪 80 年代。后来的研究[8]却倾向于认为该理论的起源可以延伸到更早时期。比如，研究表明，所有权计算不一定是中世纪簿记的唯一目的，当时的早期簿记有许多实际上是针对投机、寄售等行为的"代理人"会计。研究还表明，贵族们更愿意以"提供借款"的方式参与商业冒险，这样既可以现实地分享利润，又可以避免让人指责为放高利贷牟利，因此，这时所谓的"资本账户"事实上常被当做其他负债，表现为贷方余额。[9]

这种情况证明，事实正如我们所认为的那样，即便在很早的时候，真正的业主（主要的投资者和风险承担者）乃是个人，与要求任用会计人员的单位是截然分开的。这种情况下所要求的会计，自然与严格意义上的业主权簿记理论所要求的会计不同。这种情况，最恰当的描述应该是代理或受托经营，它所要求的是针对受托财产（而非所拥有的财产）提供报告。因而，对报告人（账务记录人）而言，"所有者"账户原则上与贷款人账户并无不同。事实上，贷款者为了避免以贷款人身份出现，经常会采用所有者的形式。在 15 世纪，商业冒险是司空见惯之事，对其任职管理人（与之相对应的是隐名合伙人）来说，有两项要素是非常重要的：①他所经管财产的种类；②他所经管财产的来源。利润不过是为使用中财产的来源增加了额外的"负债"。

需要注意的是，这恰好就是后来"实体理论"的观点。很久以后（不过依然早于 19 世纪八九十年代——通常认为的实体理论产生时期），列恩·高伯格（Leon Gomberg）[10]提供了一些资料，表明在 19 世纪二三十年代，有关资本和借款账户性质相同的思想就已然存在。高伯格引用的资料表明，路德维克·克利帕（Lodovico Crippa）（*La Scienza dei Conti*，Milan，1838）和一位不知名的作者（*Thoughts on double entry and balance sheets*，London，1869 年）就已经持有这样的观点，认为资本账户本质上是处于经营中的商人自己的个人账户。下面一段是高伯格引用的 J·G·考斯勒-瑟纽尔（J. G. Courcelles-Seneuil）（*Cours de Comptabilite*，2d edition，Paris，1870 年）的观点：

"复试簿记的原则是，所有商业资本都是委托给企业来管理的资本，在任何时候都必须能够说清楚它在哪里，在谁的手里，可以什么样的形式被找到，以及它于何时、因为何种原因发生了增加变化……

企业要给商人设立一个账户，就像该商人是局外人一样……"

高伯格指出，这位法国作者没有像其他人那样，错误地称商人（所有者）为实际债权人。他进一步指出，所有者和企业分离并非凭空虚构；两者事实上已经分离，但将账户中的所有权项目称为"借款"，却纯属想当然，因为不论是权利还是惠泽，"所有者"与"债权人"皆是截然不同的。按照高伯格的观点，簿记关系到企业内部的价值运动，而非某一位所有者的私人事务。所有者可能会在企业事务之外有许多属于个人的财务活动，这些活动理应排除在企业簿记之外。

在继续介绍欧洲作者有关实体理论的讨论之前，此处有必要先介绍一位美国作者，他对此提出了一些类似观点，并于 10 年后受到荷兰人布伦克曼（I. N. Brenkman）和德国人波利纳（Berliner）的热烈拥戴。

E·G·福尔松（E. G. Folsom）的著作（1873 年）在许多方面都是非同凡响的。[11] 他受过良好的教育（文学硕士），对当时的政治经济也有一定了解，因为他特别提到了迈尔（Mill）和凯里（Carey）。与其他簿记教科书相比，他的著作中理论讨论部分占了更大比重（约占全书 1/5 的篇幅）。此类讨论在该书前面部分，主要从经济角度来讨论有关劳动、费用、货币、交换价值等问题。其目的在于通过这种方式，借助一些来自经济学的定义、观念和分类，奠定簿记的理论基础；随后，他力图将各种经济业务组织成一个系统的体系。由此来看，他的主要目的，与在他之前的托马斯·琼斯和继他之后的查尔斯·斯普拉格一样，在于将通过业务分析确定借贷分录的程序简化成一个逻辑系统。但是在向读者解释如何分析业务和做账的过程中，他提出了一系列主张，似乎要把他的著作与簿记的实体理论联系起来，尽管他并没有明确表示要遵循某种专门的"理论"，更遑论构造一种理论。

他所提倡的业务分析是以价值的详细分类为基础，下面给出其框架形式：

价值的构成——

（1）商业价值，细分为：

（a）现实价值（现金、商品、有价证券、不动产）

（b）需要证据来证明的价值（个人账户、应收票据、应付票据）

（2）观念价值，细分为：

（a）劳动和服务；

（I）直接价值（费用、利息、折扣、佣金）

（II）损失和收益（接受服务为损失，提供服务为收益）

（b）个人所有权（即自己）

财产所有权

业主或股票所有权

合伙人或股本所有权

依此框架，他将所有价值交换归纳为 9 个等式，并将其归为 3 组：

（1）第一组等式　　　　　　　　　　　　　　说明

（a）商业价值＝商业价值　　　　　　　（用现金购入商品）

（b）商业价值＝观念价值　　　　　　　（收到租金）

（c）商业价值＝观念价值 和 商业价值　　（现金增加，原因是出售商品获得了利润）

（2）第二组等式

（a）观念价值＝商业价值　　　　　　　（用现金支付租金）

（b）观念价值＝观念价值　　　　　　　（以劳务抵偿劳务）

（c）观念价值＝观念价值和商业价值　　（接受劳务，部分以劳务抵偿，部分支付现金）

（3）第三组等式

（a）商业价值和观念价值＝商业价值　　（出售商品，获得现金，同时发生损失）

（b）商业价值和观念价值＝观念价值　　（以一部分劳务和一部分现金换取劳务）

（c）商业价值和观念价值＝观念价值和　（用应收票据和贴现抵偿应付票据
　　　商业价值　　　　　　　　　　　和贴现）

这是一个极好的框架，基于一系列命题，包括："所有业务皆有其价值交换基础"，以及"在企业的所有经济业务中，都有等值的价值收入与付出。"（第 16 页）可惜的是，作者并没有在此基础上继续阐释如何运用这些等式。（在这一点上托马斯·琼斯做得十分出色）。福尔松未能逃出"借方是收到之物而贷方是付出之物"之类信条的吸引，最终难免误入歧途。他也试图把借理解成"欠人"、把贷理解成"人欠"，从而招致了混乱。这并不奇怪，想要将一些适用于个人要素（这些项目代表个人，可以说成是欠人）的原则运用到非个人要素（在严格意义上是不能欠的）的分析中去，总是会在簿记推理方面造成很大障碍。导致这一困难的一项重要原因，在于将"借"直译为"欠人"。还有一个原因，就是以往做法的巨大影响，比方说，早期账簿所处理的完全是个人记录。

不过，此刻我们的兴趣并不在福尔松的业务分析方法，而是在于他那些将其著作与实体理论联系起来的观念。比如说，在解释利润时，他始终很强调服务，这一点就是极为重要的。其他大多数作者都没能像他这样直截了当地阐述资本与利润的性质。

"资本的增加和减少究竟是如何发生的?"（第38页）不是因为价值交换，因为它们是完全等值的，而是因为观念价值，原因在于，它们可以使交换等式得以完成，并用于计量财产的增减。收到的商业价值高于付出价值，直白地说明财富的增加，因为某些服务也得到了额外的报酬。就这样，作者将其利润概念与提供的服务联系了起来。用以表示损失和收益的账户在借（费用）方标上了"收到服务"，在贷（收益）方标上了"提供服务"。（第44～46页）在另一处，（第54页）福尔松谈到，业主只能提供并接受服务。因为在业主那里，观念价值（服务）有始有终，因此需要为他设置账户以记录这些服务。因此，"所提供服务"——作者已将其与利润相联系——还应该与业主联系起来。鉴于此，作者将利润构想为因为"业主提供服务"而获得的报酬。①

数年后，[12]福尔松对其著作的理论部分作了某些修订，他的意图明显是为了进一步澄清问题，使讨论的范围有所扩展。经过这次修订之后，他的理论在某些方面与实体理论更为接近。比如，在导论中，他将业务

---

① 需要说明的是，按照这一观念，价格波动所导致的结果似乎很难视作真实利润的来源。作者是否会把价格变动作为"资本增值"与利润相区别，我们自然也无从得知。

分为三种形式——

（1）服务：它是非物质和非具体化的（即当前服务）

（2）商品：属于过去储存下来的服务（即过去服务）

（3）主张权：需要在将来提供的约定服务（即未来服务）

他认为，所有经济业务都是因为这 3 类服务的交换所构成。所有交换皆是基于等价交换原则基础之上，这是所有正当商业的基础。因此，所有经济业务都可以表现为一种价值交换等式，其总数可缩减至 6 类：

（1）服务＝服务　　　　　　（2）服务＝商品

（3）服务＝主张权　　　　　（4）商品＝商品

（5）商品＝主张权　　　　　（6）主张权＝主张权

这无疑是一大进步，并超越了他之前对经济业务的分类。而且，需要注意的是，其结果是将所有要素简化成了某种类型的"服务"。①

福尔松始终把"服务"与簿记中的其他事物相联系。比如，他说损失是因为一项没有交换价值的服务而付出的代价；（第 10 页）被他归为此类的，包括以低于成本的价格出售的商品、利息、租金、佣金，以及"材料的消耗性使用，如固定装置及其他附着物……除非此类服务也是作为商品的一个内含部分，其支出由商品负担并能使商品增值。"（第 11 页）

尽管福尔松未能明确区分"损失"与"费用"，但在此，他却比他同时代的人更早地掌握了其根本原理。他说这些服务是损失（即所有权的减少），但从其最后一句话中，我们却不难看出，按照他的意思，这些服务如果不能作为附着在产品上的"成本"，则应该属于"费用"。这是成本会计最基本的主张，但在 1881 年它尚无用武之地，因为对于此种观念，成本会计尚未做好准备。

———————————

① 在后来支持实体理论的德国作者的著作中，我们发现他们同样强调服务，尤其是 20 世纪的一些作者，如波利纳、尼克里氏（Nicklish）等。

在同一页，福尔松将"收益"说成是"因为我们提供服务而获得的收入"。他说，我们获得收益，是因为我们给交易中注入了新生价值，因为人类的所有努力就是为了获得回报，它是所有财富最根本的源泉。在此，作者又一次把利润与业主服务联系在了一起，根本没有提到投机带来的增值。

他写道，资本必须具有再交换性；也即是说，它必须是一件商品或一项主张权（一项现实的服务比如劳动就不具备再交换性）。但是，并非所有财产都是资本。他指出，财产要想成为资本，就必须以获取利润为目的，将其交付于某一经营企业。因此，从一开始，资本就是与企业的组建相分离的，并建立了它自身与所有与之相关的各个方面之间的关系。（第 12 页）

最后这一小节对企业与业主的分离说得非常明白；正如前面已经表明的那样，在其他地方，他强调的是企业财产的服务性特征。他还建立了利润概念与业主服务之间的联系。需要指出的是，这些也是构成簿记实体理论的实质性内容，它获得了自己的名称（*Geschafts-theorie*）并经他人之手最终编撰成型。

接下来，我们的注意力应该再次转回 19 世纪最后一季的欧洲，以延续实体理论在欧洲大陆发展的历史线索。

在欧洲，对于究竟是谁最先提出实体理论，存在着一定争议，争论的细节不是我们这里所要关心的。在此，我们只需说明争论中所涉及的两个作者即已足够，而且，从他们的文章来判断，他们都不知道他们曾有过持类似观点的欧洲前辈，更不用说美国人了（比如福尔松）。

19 世纪 80 年代初，荷兰人布伦克曼出版了一部著作，[13]他的同乡沃默（J. G. Ch. Volmer）[14]后来提到这部著作，认为其中有关簿记理论的表述，成为沟通旧的簿记学说与会计科学的一座桥梁。他所谓"旧的簿记学说"，意指账户的"拟人化"观点，该观点试图把所有业务解释为个人债务，严重依赖"借为收受方，贷为付出者"之类的分析。沃默指出，后来的事实证明，复式簿记机制（比如：在不同账户中加、减方的位置颠倒，试算表的平衡等）其实并非最重要的事情，会计科学（*Verrechnungswissenschaft*）的本质和使命在于保持一种经济统计性质的记录，以便对特定财产实施适当的监督。沃默认为布伦克曼是认同有关会计的这种观点的，因为他曾将资产和负债的出现与消失当作借记及贷记发生的情况。

差不多同一时间，德国人曼弗雷德·波利纳（Manfred Berliner）写了一篇文章，提出了许多相同的基本观点。[15]他对布伦克曼的著作毫无所知。波利纳强调商人的私人生活和行为的独立性，与此相应，其个人财产也应该与企业资本相分离。波利纳认为，商业簿记只是一面反映这些独立奉献出来的资本的镜子。因此，经营资产乃是企业对业主的"债务"，经营负债则是企业对业主的"主张权"。在讨论利润时，波利纳认为，"利润"或"损失"只是业主服务价值的一种表示。不能把费用当做"损失"；它们必须作为相关产品生产成本的组成部分。他写道："对簿记而言，利润和损失的出现首先是在企业与业主结算之时，这时需要确定投入经营的各项财产是否依然存在，是否因为业务活动和业主服务的影响而发生了增减变化。"后来，波利纳反复重申他理论中这些基本的东西，并且否认之前对其他人的类似观点有任何了解。他还表示，早在1870年，他就已经在对学生讲授这些观点，只是因为缺乏适宜的媒体无法发表而已。

很难说实体理论在1900年以前就已经发展成为一种有关复式簿记本质的成熟而系统的解释。即便在进入20世纪之后，前人的理论依然有很多方面需要进一步完善和补充。比如，进一步明确地将全部资产解释为"潜在的服务"，把费用解释为"现实的服务"，以及随之而来的关于账户之间内在关系的解释，都是在后来的德国期刊（尤其是1912年的刊物）中完成的。[16]

在此，我们无需探究德国会计理论发展的细节性问题。此处所要做的，只是再次申明一下有关实体理论的一些基础性假设，对于不甚熟悉实体理论的人，这将会是很有助益的。

在实体理论中，资产和费用被归为一类，皆属创造利润的媒介，分别称作"现实的服务"（以是否会即刻对经济过程作出直接贡献为标准）或"潜在的服务"（对经济过程的直接贡献会延迟一些时间）。这些潜在的服务来源是多方面的，比如业主投资、留存收益以及各种贷款。鉴于此，资产负债表从根本上可以视为一项等式，其中的等量关系可以做不同形式的表达：

（a）创造利润的各种媒介＝创造利润的媒介之来源

（b）未补偿的支出＝投入总和

（c）财产＝权益

在某种意义上，这种观念倾向于将"资产"置于"费用"层面之上，因为前者被当做有待摊销的生产性支出，而不是作为可以通过清偿性销售偿还债务的物品。资产与费用间的唯一差别在于摊销时间上的不同，或者是否与某一特定单位的收入相关联。因此，资产和费用账户可以全部放在一起，用一个单一账户的形式作如下概括：

未补偿支出账户

借方：预先开支的可补偿支出	贷方：通过销售业务已实际补偿的支出 （对应的借方账户："补偿账户"） 余额：尚待弥补的支出 （＝资产，递延费用等）

按照这一理论，每笔销售（收入）都被视为消费者对其所收到的经济服务所支付的报酬。此类服务可分解为两部分：①销售方最初获得的各项具体服务（资产和费用）的一部分现在转给买主；②企业本身（或业主）提供的服务所获得的报酬（利润或损失）。

这种学说可以账户形式表示如下：

借方：各项资产和费用的一部分 贡献给销售。（对应的贷 方账户：各有关资产和费 用账户） 余额：为企业服务提供的报酬 （对应的贷方账户：结账时 转入某一个"创造利润的 媒介"账户，如留存收益）	贷方：因为提供给顾客的经济服务 而获得的报酬额。（对应的 借方账户：顾客因其享受到 的服务而付给的财产的形式）

有关复式簿记本质的这种观点显然属于一种经济学的观点。原因在于，它明显地将企业主的活动看成一种预付性质的活动，并在他具体提供特定服务时获得补偿；还因为它将利润当做企业主在预付过程中提供服务等的报酬。[①] 这种理论当然也是更强调"成本核算"，而不是强调资产负债表；其用意在于将成本与利润、努力与结果连在一起。按照这种理论，所谓"补偿账户"的作用，就在于提供一种证据，证明业务分析实质上是由有关各种成本（即预付支出）分摊的大量计算所构成，其目的在于将成本支出与具体的回报适当地联系起来。

业主权理论所关注的重心显然与此有所不同。业主权理论的主要兴趣，或多或少在于法律关系，也就是说，在所有权和债务方面。其资本等于业主投资加上未曾撤回的净损益（即其净资产）；借款不过是负财产；利润是所有权的增量；费用属于"损失"（所有权的扣减项）。

业主权理论能与业主制企业很好地结合起来。此类企业，业主（包括合伙人）与企业（在法律上）是密不可分的，因此，就实际运用的目的而言，对此一方的会计，也即是对另外一方的会计。实体理论乃是基于公司制企业而提出，对此类企业而言，资本贡献者（在法律上）与企

---

① 对投机性利润和价格变动所带来的利润究竟应该作何解释，此时尚未确定。按照后来一些作者（比如 Schmidt, *Die Organische Tageswert Bilanz*, 1929 年）的观点，物价变动所带来的并非利润，而是资本增量。它当然还有可能是一种自然的礼物、一种自然增值（就像动物的繁衍一样）、资本利得，等等。

业是严格区分的，致使"所有权"一词失去了其效力，对企业资产的主张权在程度上有着极大的不同，以至于许多形式的"债务"蜕变为另外的形式，无法对"所有者"作出明确的定义。

这两种主张都是深深地根植于过往的历史中；两者皆有很强的逻辑支持，并在各种文献中有过广泛讨论。然而，想要说明哪种观点最终获得了实质上的胜利，或者哪种观点更为流行，却是十分困难的。不过，一般认为，业主权理论对美国作者影响较大，实体理论却对德国会计作者产生了很大影响。

但是，无论怎样，这都是理论方面的巨大进步。从帕乔利乃至更早时代的（假设性）业务分析，到 19 世纪末关于资本和利润性质的争执，以及有关所有权和债务问题的讨论，其间经历了漫长的道路。理论上的进步是表明簿记向会计扩展的一项根本性因素。

参考文献

［1］1880 年七八月份，斯普拉格以"账户代数"（Algebra of Accounts）为题，在纽约《簿记员》（*The Bookkeeper*）杂志上发表了一系列文章。25 年之后，同样的材料经过大幅度的修订和精炼之后，形成了查尔斯·E·斯普拉格的《账户原理》（*Philosophy of Accounts*，New York，1907 年）。

［2］F. Hügli, *Buchhaltungs-systeme und Buchhaltungs-forme*, Bern, 1887.

［3］特别是在 1894 年、1896 年、1897 年、1898 年的《大学会计学》（*Zeitschrift für Buchhaltung*）杂志上。

［4］J·F·雪尔，《会计处理的学术性尝试》（*Versuch einer wissenchaftlichen Behandlung der Buchhaltung*），巴塞尔，1890 年。

［5］J·F·雪尔，《簿记与会计》（*Buchhaltung und Bilanz*），第 5 版，柏林，1922 年。

［6］雪尔《簿记与会计》第 5 版第 32 页。有关"复式簿记代数"的最新论述，可参见 Theodor Forjancic 教授发表在《大学会计学》杂志 1933 年 4 月号上的文章，"Die rechnerischen Grundlagen im Aufbau der Vermogensverrechnung"。

［7］《簿记员》，1880 年 8 月 31 日，第 53 页。

［8］如：Herbert Buhl，*Die geschichtlich begrundete Kontentheorie*，Stuttgart，1929；

Leon Gomberg，*Historie Critique de la Theorie des Comptes*，Geneva，1929.

［9］Buhl，*op. cit.*，特别是其中第 36～49 页。

［10］Gomberg，*op. cit.*，第 68～71 页。

［11］E. G. Folsom，*The Logic of Accounts*，New York，1873.

［12］E. G. Folsom，*Logic of Accounts*，New York，1881.

［13］I. N. Brenkman，*Nieuwe Theorie van het dubbel boekhouden*，Gravenhage，1882.

［14］《大学会计学》Vol. 3，pp. 6-73（1894）.

［15］*Allgemeine Lehrsatze der Kaufmannischen Buchhaltung*，published in "*Kauf-mannischen Blattern*" in 1887. Later the material was expanded in Berliner's *Schwierige Falle der Kaufmannischen Buchhaltung*，Leipzig，1893.

［16］H. NIchlish in *Zeitschrift für Buchhaltung*，V. 21，p. 63，and H. Biedermann in *Zeitschrift fürHandelswissenschaft und Handelspraxis*，V. 5，p. 99.

第十三章

公 司 的 影 响

　　要完整地展现促使簿记向会计转变的各种因素，绝对不能少了公司的影响。这是一种极为特殊的企业组织形式，因为它必须经过批准之后才能成立——至少在美国是如此。一项显见的事实是，公司的发展会改变环境，尽管公司自身也因客观环境中经济情况的演进而发生改变。簿记也属受公司发展影响的环境要素之一。这种影响是难以避免的，致使公司在执行商务方面具有超卓地位的各种因素同时也给记录企业业务增加了额外负担。

　　公司作为一种企业组织形式，可以集合广泛的资本，并有专人代替不在场的所有者对这些资本实施有效的管理，其优势在于可以极大地促进商务的增长。公司规模巨大、结构复杂，由此带来了许多记录问题；与此同时，它还催生了一些十分特殊的关系，这些关系亦引出了属于它们自己的问题。公司作为一种企业组织形式特别适宜于大型企业的发展；巨大的规模带来巨大的交易量，随之而来的是对劳动记录的迫切需要，以及如何保证记录结果准确性的问题。这些要求体现在簿记记录的选择和设计中，也表现在为了准确迅捷地处理数据而设定的程序中。因此，公司可能对簿记产生十分巨大的影响。不过，这里我们所进行的是关于会计史的研究，不适于对大型企业中所涉及的簿记机制作更深入的探究。为此，我们将不得不将其略过，仅仅提到它的存在而已。

公司所拥有的种种特征不只促进了大型企业的组建，也使这种企业组织形式得到人们普遍的喜爱。因此，公司数量及规模就成了促进经济及相关事务发展的一项重要因素。其必然结果之一就是许多人（而不再只是少数人）与一个特定的企业相关联；他们中大部分人不会像合伙制下那样亲自参与企业经营活动。他们因此必须依靠数据和报告来了解公司经营的详细情况。这种情形很自然地增加了簿记的责任。股东无法直接参与经营活动进而意味着代理管理，这又意味着需要一种从外部进行控制的手段。这是公司影响会计的又一领域，即作为"外部控制"的独立审计。这是我们需要另辟一章进行讨论的主题。

不过，公司内在特征对簿记的影响并不局限于这些方面。更深的影响表现在其他各处，包括各种理论观念，比如公司是一个持续的经营体，在进行收益"分割"时，投资于公司股票的资金不是一种可以实现利润或损失的"冒险资金"，而是一种可以定期从中获得回报的长期"投资"。如果公司是因这种期望而存在，则必须经常仔细地区分资本和收益。复式簿记的基本特征之一就是它有能力表明这两项因素之间的区别；准确计算每期实际收益是会计的一项主要职能。因此，当公司作出这种区分的意义不断增强时，它也就促进了簿记向会计的扩展。

公司中核心的会计问题涉及可作为股利分配的利润数额。要做到这一点，最重要的是进行资本和收益的区分。也正是在这点上，公司对会计具有最大影响。本章及随后几章将考察这种影响的历史基础。在此首先要做的，是考察将企业作为一项永久的、持续性的活动来看待的观点，这种活动所产出的是收益，而不是一系列各自独立的投机性利润和损失。随后将考虑折旧的发展以及有限责任观念的成因与影响。

当封建主义在中央政府的巩固及自由城市影响的增强中逐渐垮台时，英国的经济环境也随之发生了变化。中世纪封建庄园中盛行的农业生活在很大程度上改变为城镇的工业及贸易生活。这已经十分接近，但却依然不是现代意义上的企业经济。生产还是以手工方式按"批"进行；当一批产品完工时，再寻求买主。在寻到买主完成讨价还价之前，生产会暂时中断；只有在完成交易之后，才能释放出那微量的资本进入下一次周转。因此，生产不是一种连续，不是一种"常态"，而是一系列独立的冒险投机。

当时的贸易也大部分是在同一层面上进行。商人会购入他们认为随后可售出并获利的任何东西，每次交易都是一个独立的单元。他们所经手的尽是些凑手的东西；他们不会像我们今天所说的那样"经销一种商品"。早期企业是为了利润而进行的"冒险"，是一系列冒险投机的聚合；现代企业则是更为稳定的，置于"收益基础"之上的一个交易的连续体；也就是说，它所追求的是在长期资本基础上稳定的经常性回报，而不是在分散的冒险资本基础之上非经常性的零星利润。

但这并非"投机"精神触动人们的唯一之处。当自由城镇上的工匠以及在各大市场之间往来奔忙的陆路商人在常规生活中感受到商路断绝（1453年）的影响时，这种影响进一步促进了冒险精神并促使人们开始进行各种探险活动。结果，葡萄牙人于1500年之前打开了非洲西海岸前所未知的商路，西班牙人发现了新世界。至1532年，墨西哥发现了银矿，人们头脑中在梦想着与东方进行大规模利润丰厚的贸易——这种贸易写就了文艺复兴时期意大利城邦的兴盛——的同时，开始想象巨额的金属财富。

这些巨大的吸引促使人们背离城镇生活的常规，加入海上冒险行列。谁发现通往东方的海路，谁就拥有巨大的盛名和财富；谁能够发现另一个贵金属储量丰富的墨西哥，谁就将拥有数不清的财富。

这是些很有吸引力的想象，但却并非企业景象；它们为投机冒险及可能的利润提供了机遇，但却不是获取投资收益的机会。其结果必然是一场赌博，因此，只有少数极为勇敢的人准备参与这种冒险活动，同时很少有人会把自己的全部财富投入到这样一种冒险中去。然而，这种冒险一旦成功所能获得的丰厚报酬却是非常吸引人的。因此，人们发现了一种能够同时既保障人身安全，又能够参与一些资本冒险的方法——这就是组织联股公司（joint-stock company），一种介于当时普通合伙与贸易伙伴"管制公司"（regulated company）之间的组织形式。

所有冒险人都是合伙人，但不是所有人都直接参与冒险项目；采用"联合股份"，但却非"联合管理"；同时具有这些特征的企业属于普通合伙企业。如果是联合管理但却不具备联合股份的特征，则属于"管制公司"——也就是独立成员的一种联合，每个人都是在共同制定的贸易行为规则之下用自己的资本各自进行贸易。

这种冒险属于冒险投机；其中有些看起来就像是军队企业。弗罗比舍（Frobisher）航海和德雷克（Drake）远征都是16世纪最后10年中的冒险企业，他们由西班牙人付费寻求获利，冒着在战斗中死亡的风险，并有可能在求利中失败。这种海盗式的远征，不用说，属于独立的冒险，而非一种持续性经营。伊丽莎白女王时期的非洲贸易及探险航队，由意大利航海家塞巴斯蒂安·卡伯特（Sebastain Cabot）发起的俄罗斯公司（Russia Company）以及其他一些人所进行的旨在发现通往中国西北的通道的探险活动，也都属于同样性质。东印度公司也具有同样特征；也即是：它们所采用的资本，不只是一种联合股份，也是一种可终止的股份；每次冒险结束，所有收益都会全部分掉，随后的冒险则重新募集资本。

由可终止股份投机冒险向具有永久性投资资本的持续性企业转换是一种最有意义的发展。关于这种改变我们将通过对东印度公司兴起的追索作简单探究，因为这个巨大的企业，一方面是求利的商人，另一方面又是政府的一条长长的手臂，在两种类型的管理中皆具有广泛而丰富的经验。[1]

东印度公司在半个多世纪的时间（1600—1657年）中，是在可终止联合股份制下运行的。当然它理应如此。公司联合股票的出资者，大多是于德雷克在世界各地的武装远征中发了大财之人。他们将对东印度公司的投资视作另一个只需几百英镑就可以能获得巨大收益的冒险机会。① 公司的其他出资者则是利凡特（Levant）商人，他们将自己与东印度公司的联系仅仅当做他们与土耳其人之间的常规生意出现问题时的权宜之计。

这些影响无疑已足以决定公司的早期政策；这种可终止股份政策一经确定，必然会持续一定时间，直至最初的影响完全消失。后来又出现了其他一些因素，也使得可终止股份显得更加合意。例如，当时人们担心王室会进行干预，② 因此不愿长期投入资金。当时尚未建立个人投资退出机制（对此应该有所理解），因此，每次航行结束后资本的流动被认为是极其必要的。通过这一过程，有些愿意退出的冒险者可以退出，有些想加入的则可接纳进来。外界人士有时会认为即便这种安排也不利于将那些愿意加入这一冒险贸易的人全部吸纳进来。

东印度公司的远航从 1600 年首航开始到 1617 年，已经有过 13 次航行。每次航行都有各自独立的资本出资。每次航行结束时所有资产都会分掉。当然，有事实证明，这只是一种理论上的选择，而不见得完全符合实际，因为实际上有时会有未清算的"余额"。比如，第一次航行的"余留"（rests）或"残余"（remains）最后将不得不与第二次的并在一起，随后是第三次余留与第四次的合并，如此等等。

1613 年筹集的资本规定期限为 4 年；也就是说，每年要付 1/4 以装载当年的船只。这是东印度公司第一次公然地连续资本，标志着联合股

---

① 约翰·梅纳德·凯恩斯（John Maynard Keynes）曾就此发表意见，认为近代史始于 16 世纪的资本积累，而英国对外投资的资本最初则是来源于德雷克（Drake）带回的西班牙财宝。"伊丽莎白女王就是远征冒险集团的一位大股东，她用投资赚来的钱偿还英国的外债、平衡预算，除此之外，手头还有 4 万英镑。她把这笔钱投到了生意兴隆的利凡特公司，并用从利凡特公司分来的利润组建了东印度公司，从这家大公司分来的利润成为后来英国对外投资的基础。"（《星期六晚邮报》，1930 年 10 月 11 日，"我们后辈的经济可能性。"）

② 詹姆斯一世就曾颁发过一些特许，这些特许似乎对公司的垄断地位是一种威胁。Wm. R. Scott, op. cit., Vol. I, p. 197.

份公司在从成员"分享货物"的观念向将总投资资本视为一定具体数额的可转换单元的组合体的观念发展的道路上迈出了明确的一步。这也是从出资股东或准备出资的股东数量有限，资本额未曾指定（如果还要筹集的话）的情况向从不确定的出资者中筹集限定或指定数额资本的组织转变的开始。1613 年的企业还接收了第九、第十、第十一、第十二、第十三次航行中未实现的财产余额。

印度贸易还在继续，永久性资本的压力变得越来越大；来自荷兰的竞争日趋激烈，因为荷兰东印度公司装备优良的贸易基地而使其业务得到了很好的保护。明显，英国东印度公司也需要在持续性资产上进行类似的长期投资。此外，大量未完成的紧张的航行，每一个都有其单独的"残余"及不同的股东名单，造成持续的困窘与混乱。当时的簿记技术根本无法胜任确定许多处在不同阶段的贸易冒险活动的资产及利润这种像变戏法一样的工作。因此，制定一项长期投资政策成为摆在当时管理层面前的首要任务。

在这些条件之下，公司最终接受非终止性股票原则——也就是今天所谓永久性投资资本，也就毫不足怪。1657 年，公司取得了一项新的特许，其中规定公司股票第一次应该在期满 7 年时进行估值，随后则每 3 年末进行一次。在此估价基础上，任何一位股东都有权将自己的位置让给另一位想加入公司的人。在此之前，为了获得在公司中的利益，必须预订新的股票——如果他能进得来的话——或者从目前的成员手中购买某次航行的部分股份。因此，在新的特许下，要撤回投资或成为一名成员都容易了许多。这一规定同时也为公司股票交易打开了方便之门，并因此而使吸引必要的资本变得更为容易。

同样重要的是，在这项特许生效 4 年之后（1661 年），公司管理者宣布，将来的分配将由已赚取的利润（股利）所构成，而不再像以前那样"分割"财产。换言之，自此开始，将可能——必要的话——仔细区分"资本"与"收益"。无疑，这又是在现代公司经营的条件安排以及现代会计在担负其某些最重要的职责方面迈出了巨大的一步。①

从以上所述中，绝不能得出在 17 世纪中期被东印度公司采用之前，非终止性股票一直鲜为人知的结论。事实上，永久性投资是某些公司特殊性质所造成的必然结果。比如从事矿冶活动的皇家矿业公司（Mines Royal，1568 年获得特许）及矿冶厂（Mineral and Battery Works，1568 年获得特许），通过管道引泉水入伦敦的新河公司（New River Company，1609 年获得特许）。此外，在 1620 年前六七年，俄罗斯公司的资本投资也发生了一些变化。虽然每次航行依然被看做一次独立的冒险，但整个企业已经有了明显的持续感，理由是：从冒险"H"到冒险"N"一直结转下来的债务，当最后发现无法收回时，就在账上冲转掉了。

----

① 利润与资本的区分以及损益账户向资本账户的结转，早在英国贸易公司以定期回报取代期间性股票投资之前就已经成为复式簿记程序的一个组成部分。对这种"定期化"，早期簿记教科书中曾有过解释。Cotrugli（1458 年）曾讲到每年核对分类账与日记账，以及把全部损益结转到资本账户，Manzoni（1534 年）谈道，在许多地方，簿记员要于年末结清账户并开设新账。（Otto Bauer, *Monuments of Bookkeeping History*，Moscow，1911，pp. 47-111）帕乔利（1494年）讲，在有些地方，每年结账已经成为惯例，尽管账本可能还没记满。Pietra（1588）曾经描述过适合修道院使用的账户，并指出，在每个财政年度终了，须向教会当局提交一份报告。（J. B. Geijsbeek, *Ancient Double Entry Bookkeeping*，pp. 39-90）系统的复式簿记有时对英国贸易公司的发展是一种促进，但当时，复式簿记在英国的使用却并不十分广泛，因为意大利簿记法在海外的传播是很缓慢的。一些重要的早期簿记教科书出现的时间顺序大致如下：Cotrugli（意大利，1458 年），帕乔利（意大利，1494 年），Manzoni（意大利，1534 年），Oldcastle（英国，1543 年），Ympyn（荷兰，1543 年），Mennher（荷兰，1550 年），Peele（英国，1553 年），Pietra（意大利，1586 年），Mellis（英国，1588 年），Stevin（荷兰，1602 年），Dafforne（英国，1636 年，1651 年，1660 年，1684 年）。在 16 世纪，英国的簿记教科书很少，因此很怀疑在Dafforne（其著作曾多次再版）之前究竟有多少人了解意大利复式簿记。在英国，固定资本投资（以及定期化）取代期间性股票，更可能是因为前面描述的环境条件变化的影响，而不是因为意大利簿记。

早期簿记实务对定期化的影响不能看得太重，因为作者在描述定期结账时，总是会讲到，每年结账只是某些地方的习惯，或者是某些商人的个人选择，或者会说只有在账簿记满之后才会结账。个人账户曾有很长时间是不结账的，就像在 Freres Bonis 的账簿中那样，有一个账户从 1345 年不间断地记到 1358 年。在 Andrea Barbarigo 的账簿中，有一本分类账从 1440 年到 1449 年就一直没有结过。他儿子 Nicola 有一本分类账一直从 1456 年用到 1482 年，直到 1482 年记满之前就没结过账，尽管他每年都要算利润。（Richard Brown, *History of Accounting and Accountants*，pp. 98-107.）对此，Brown 曾发表自己的看法，认为"直到 17 世纪，在很多地方还是要等到账簿记满之后才会结账"，表明当时人们的注意力集中在利润计算方面，直到很久以后，才开始注意对实账户进行汇总（以余额账户或余额表的形式）。

有关非终止性股票存在的证据不只存在于英国。荷兰东印度公司1602 年获得的特许期限是 21 年，事实上其原始股票一直持续到 1630 年。[2]前面我们已经提到过荷兰人为加强其贸易基地而进行的数量可观的永久性投资。

尽管可终止股票在 16 世纪及 17 世纪初的英国企业中并不具有完全的典型意义，但在当时对其的采用确实比以后时期更为频繁。换言之，永久性投资已经开始逐渐将可终止股票驱逐出去。虽然不能说永久性投资观念的出现（与之相伴而生的当然还有可分收益）是从可终止股票的使用中直接脱胎出来的企业理论发展的高级阶段，但值得注意的是，在与永久性投资并存一定时期之后，到 17 世纪中期，可终止股票终于彻底消失了。一种实践不一定是独自根植于另一种早期的实践之中，但由此却可以看到一个明显的演进过程———一种更耐久的形式最终得以存留。

区分资本与收益的重要意义迄今为止已经从经济的方面作过讨论。使用长期资本资产的经济必要性造成了对相对较为持久的投资资金的需求。这种"持久性"投资与股份的可转让性使收益的区分成为一种经济上的必需。意大利的复式簿记业已有了很好的发展，在某种感觉上似在等待它的宿命，为在最变化多端的、无法预料的环境条件下（就像未来几个世纪所证明的那样）完成对这两项因素——资本和收益——的区分，提供一种有机的机制。联合股份公司是催化剂，在它出现时，资本资产的永久性投资与收益计量机制结合在了一起。

商业公司的存在对会计有积极影响，因为它为努力保持投资完整提供了明确理由。但公司的影响进一步扩展，超出了 17 世纪强调区分资本与收益的范围，甚至超出了 19 世纪有关股利界限的法律规定。① 这些法

---

① "公司发放股利不得对股本造成任何损害。" 8 and 9 Vict. c16，Sec121（1845）.

"除非公司经营导致利润增长，否则不得支付股利。" 25 and 26 Vict. c.86，Table A，Sec. 73（1862）.

1834 年和 1837 年专利特许法根本没提到股利。

令并未对收益作出定义，而且有可能会就在特定情况下是否应披露可用于发放股利的利润展开争论。利润或收益的计算当然属于会计问题；但是，直到确立用以指导计算的原则之前，人们的意见一直不同，而且这种不同可能会带到法庭上去。法庭因此而不得不在有关会计文献（与簿记教科书形成对照）出现之前号召人们考虑具有会计意义的问题。① 因为这一原因，在此将考虑 19 世纪的一些司法案例，这些案例涉及有关可用于股利分配的利润问题。②

一项对英国 1785—1866 年修订报告（*Revised Reports* ［English］1785—1866 年）及约翰·密英国案例法汇要（John Mew's *Digest of English Case Law*）的调查分析显示，这一时期人们在诉讼中对利润和股利并无多大兴趣。在法庭提起诉讼的公司案例中，大多数涉及的是有关公司合同及借款权利、董事的权利与责任、针对股东的股份分配以及要求签订合同等方面的问题。但是，在 18 世纪六七十年代，大量判例涉及利润或股利问题。在此我们将讨论其中一些涉及会计原则的案例。

1845 年及 1862 年的法令似乎是很合理的，它们认为公司管理者有责任为了保护公司资本完整而将股利从利润中单独提出来。目前这一要求依然被接受，而且几乎是自明的，无需进一步辩解，因为现在人所共知，作为公司要拥有法律上的永久的连续性，则需在财务上保全资本，以便公司保持真正连续的存在以及法律上的连续性。但这一点并非总是同样明确；在早期不但需要说明这种限制的原因，而且还要确定据以计算可分配利润的原则。

---

① 英国《会计师》杂志创刊于 1874 年 11 月，有一段时间，该杂志主要关注职业新闻和法律事务，而不是审计程序和会计原理。1881 年，F·W·皮克斯利出版了《审计人员：其职责与责任》，其中许多章节主要靠的就是法庭案例，大部分英国审计教科书都是这样。

② 此时已无需更多地去考察有关审计人员法律责任或因为发放股利而造成资本损失的案例。其他很多地方已经提供了大量与此有关的材料，特别是在后来的英国审计教科书中，在 Prosper Reiter 的《利润、股利与法律》（*Profits，Dividends and the Law*，New York，1926）中。

在一个案例中，[3]一家保险公司向公众宣称有一定的资本，人们认为该公司宣布的红利与资本不相称，是一种欺诈，因为这种行为会使债权人——本案中为保险客户——的安全受到威胁。另外有一家公司因为在没有利润的情况下力图支付资本"利息"而遭到法庭反对，理由是这种行为是违反公开投保人的利益的，因为该提议"与代表公众利益的立法机关的立场是不相符的。"[4]在后来一个否决了与资本不相称的股利的案例中，[5]也作出了同样解释。在此，这种提议被认为是越权的，因为它等于是从经营中将资本转出，并会因此而通过对部分成员的回报减少债权人有权指望用于支付的资金。

这些案例中的决定表现了对允许股利与资本不相称的情况的质疑。人们还提到另外一些更为有趣的例子，涉及一些具体情况，这些情况下的问题是搞清楚究竟有多少利润可用于分配股利。

有好几个案例或多或少从总体上来讲都涉及确定净利润的方法问题。其中一个案例[6]援引了1864年公司联合会（议事程序）备忘录中的条款。该条款说明，为了股东半年度会议的目的，资产负债表"应该包含在过去半年中所形成的属公司所有的资本、债权及财产，以及公司债务、损益的真实余额，并表明在支付了所有与铁路的维护与运营有关的费用之后还有多少剩余，这个剩余也就是所谓'净收益'。"

在另外两个案例中，法庭认为在两年前这类事务很大程度上属于公司的议事程序。"第一步是通过拿出股票，并将公司各种性质的资产扣除负债（包括因已投股本而形成的负债）之后确定一个价值，做到资本补偿，毛收入的剩余（如果有剩余的话）将是净利润。"[7]在另一个案例中，法庭支持董事会"报告"不是资产负债表的替代品，法庭认为："（议事程序中条款）的目的是让董事会提供一份资产负债表以表明公司资产及其价值，并在另一边反映公司负债；因为只有在这种报表中，你才能就究竟有没有利润得出合理结论。"[8]

19世纪中期出现的这些观点触及会计中一个十分有趣的问题。引起人们注意的第一件事是用资产负债表来计算"净收益"或"净利润"。这体现的是一种与公司最终清算及结束相关的利润观念：利润由资产偿还负债以及偿付股东投入的资本之后的剩余所构成。[①] 但是，作为一种观念，在某些方面它是不甚完善的，因为它无法很好地满足后来的条件加诸于它的各种负担。作为一种在清算中确定利润的报表，它可能比较合适，但它未能给持续经营中定期确定利润确立一种满意的方法。对于一个处于清算中的企业，各种事实皆在掌握之中，价值也是通过已经完成及已经结束的交易来确定的，这些条件下的利润也是已经实现的利润。但对于持续经营中的企业，最后事实尚无法知晓；根本不能像处于清算中那样去考虑资产及负债的价值，也不能使用现值，因为在这种情况下，由于缺乏所使用价值的实在性，利润计算的结果是否现实尚未可知。现代人所看到的则更多的是收益确定问题而非利润问题；[②] 也就是说，目前所需要的是对营业收益与资本增值作出区分。

不过，19世纪的理论无法满足20世纪的需要显然并非理论本身的过错：更为中肯的批评应该是我们对20世纪的需求领会太差，以至于我们依然试图用19世纪的观念来满足20世纪的需求。

在试图理解19世纪会计观念的过程中，可对前面援引的案例中体现出的有关利润的资产负债表理论就其与所涉及的企业类型之间的关系作进一步考察。法庭对利润的定义用于合伙企业比用于公司的利润计算更为合适。通常，在合伙或独资企业中，会计期末未分配利润会结转到相关个人的资本账户中去。随后，在另一个会计期结束时，资产负债表"余额"将是对当前利润的计量，因为过去的利润已经合并到了资本出资之中。

---

① 这一观念在现代会计文献中依然常见，同时也可以和之前一章中所描述的业主权理论联系在一起。

② "收益"被设想为一个与连续的时期相关的概念。（比如因出租房屋而收取的月租）相比之下，"利润"则与时期没有很大关联度；它与因为再次出售房屋而获得的收益更接近些。

然而，对公司而言，情况却有所不同，因为其未分利润不能简单地合并到资本出资之中去；它会存留于"剩余"账户或某种形式的准备账户。由于"剩余"并未献身于资本，因此必须构成留存收益或利润；因此，公司的资产负债表余额（资产减去负债和股本）也就不能代表该期利润。如果公司的资产负债表是计算利润的一种手段，则过去利润的留存应该当做尚未贡献的资本，正如股票红利等各种形式。

一个公司的资产负债表真正所表示的乃是到某一时日为止利润的累积，包括那些来自过去时期的留存。其整个数字都可用作股利，这一点确属事实，但这一数字很难用前面所援引案例中法庭使用的"净收入"或"净收益"概念来描述。如果当时所使用的这些术语含义与今天并无二致，则它们应该未能准确表现出它们所配属的要素。当时的使用或许适合合伙企业的情况，因为在这种企业中未分配利润会吸收（贡献）到资本账户之中；但它却不利于公司制企业，因为，对公司制企业而言，有诸多理由让股本账户保持法定数不变。

在此我们不必考虑公司剩余究竟更多的具有资本还是利润的特征，或者剩余是否应该（在事前并未作为某种准备的情况下）作进一步的区分，一部分作为资本的附属或增量，一部分作为可分配股利等问题。这里所强调的只是公司的出现带来了额外的会计问题，而早期人们所找到的各种用于解决这些问题的答案，自然地更适合合伙或独资企业，而不太符合公司这种新型企业组织形式的特征。

当我们在无意识之中试图将这些旧有的概念用于新的情况时，我们首先会面对许多前所未有的困难，比如有关利润的资产负债表概念，如果严格遵行，它就会将我们引入一种很不好的境地，我们会将"利润"或普通剩余作为贷项与固定资产的重估增值放在一起。

19 世纪的法庭还面临着与会计原则相关的其他问题。比如，英国法庭需要决定建设期间的利息是否适宜作为一部分费用计入资产价值的问题。对此法庭提供了支持，[9] 但后来又指出新发证券的股利不宜归由资本负担。[10]这些问题其实是要求区分资产与费用，或者，按通常的话来说，是要求区分资本性支出与收益性支出。

有关使用稳健性原则的另一迹象体现在采用借款手段支付股利的案例中。这种做法显然会被否决的，[11]因为如果适合用于支付这类项目的收入已经被吸收进入了资本之中，就没有理由为了支付股利而借款；借款是为了获得可归入资本资产的项目，尽管贷款的进入有些落后于该事实。法庭同样地肯定，归由资产负担的一项适当的费用会造成虚假利润，同时欺骗公司及公众。

无法收回的账款也成为法庭详细审查的一分子。一家贸易公司1864年2月份的一份资产负债表包含应收美国南部联邦的债务，以及一部分归其所有但依然在美国的棉花；按照该报表，公司当时有足够的利润足以用以支付拟定于5月份支付的股利。当这一问题提交法庭时，[12]法庭裁决该报表不对公众和股东构成欺诈，原因在于他们无意隐瞒资产的性质，法庭不愿"对诚实地编制并公开宣布的会计报表计算上的错误锱铢必较"。换言之，法庭不愿用1869年的眼光对董事会1864年的判断提出质疑，也不愿对商人以诚意作出的判断提出质疑。然而，当另一家公司的董事以包含了他们知道为坏账的债权的资产负债表为基础宣告股利时，法庭认为该公司的行为超越了权限，董事应为全部股利负责。[13]现在很显然会采用审慎的做法，对因无法收回的账款造成的意外损失计提准备，以便提供一定的保护；审计师从其经验出发，对这种需要[14]有深切的感受，但最终的判断权在于董事会，审计师所具有的只是批评的权利。

虽然法庭并未像现代会计中已经成为惯例的那样建议设立坏账准备，但在某些情况下，他们确实又会表现出计提准备的需要。当一家保险公司的董事会支付股利但却并未对与它相关的主张权作出适当准备时，法庭说（1870年）："把收到的保险费视为可用于支付股利的资金，一点也不考虑这样支付可能带来的风险，是我所听到过的最过分的行为。"[15]稍后的一个案例中，[16]法庭认为董事会用了资本来发放股利，有违信用，尽管其中并不包含任何欺诈成分。在这个案例中，他们的做法是按现值来反映主要资产（房屋建筑贷款的分期付款合同）的价值，使用的是5％年金表；它所表现出的是远远大于实际的账面价值——这种做法对在分期支付流失的情况下接管财产时因可能的缩水而造成的风险未作任何的补偿性准备。

在这一时期，对在计算可用于发放股利的利润时考虑折旧补贴，法庭同样给予了支持，[17]虽然有一种趋势就是将它从性质上作为一种准备来考虑。也就是，折旧更多的是被作为对耗竭资产的一种替换，而不是将成本费用散布于资产发挥作用的各个时期。损耗在计算净利润时将被视为与"一个人在后来出售继承的财产时扣减其成本价具有同样意义"。[18]

以上选自19世纪后半期的英国法庭案例，为说明公司在促使簿记向会计转化的过程中发挥作用的方式提供了额外的解释。这些案例考虑最多的，是可用于发放股利的利润；由于法律在限制股利方面缺乏进一步明确的定义，因此只能由法庭来判定一定具体条件下股利的发放是否会减少资本。这一问题通常会转化为特定支出在性质上是属于资产还是费用，或者是否为未来的经营计提适当准备，比如折旧、坏账准备、保险准备等。这些问题涉及基本会计原则，无疑，争论各方常常会从有经验的会计师那里得到很多建议。①

因此，不应该由法庭来制定全新的原则；最为可能的是让审计师在其执业实践中所采用的原则得到公众及法庭的认可。事实上，我们的兴趣并不在于这些事情是否由法庭来处理，而是在于这些案例可能反映出当时会计执业界的意见。当各种会计教科书开始出现之后，我们可以直接从中观察到业界关于会计原则的意见。我们发现其中大都赞同法庭的意见，这也从另一面反证了我们关于早期法庭判决很好地反映了当时会

① 比如，在 Oxford Benefit Building 对 Investment Society 案（1886年）中，双方都任用会计师来提供净利润计算报告。

计执业界观点的印象。

参考文献

［ 1 ］此处所陈述的各项事实主要源自 Wm. R. Scott 的《1720 年之前的联股公司》
（*Joint Stock Companies before* 1720）。

［ 2 ］Wm. C. Webster，《商业通史》（*General History of Commerce*）第 155 页。

引证的法庭案例：

［ 3 ］Evans v. Coventry，25 L. J. Ch. 489（1856），也可参看本章后面讨论的 Rances
Case.

［ 4 ］MacDougal v. Jersey Imperial Hotel Company, Ltd. , 2 H and M 528（1864）.

［ 5 ］Ginnes v. Land Corporation，22 Ch. D. 349（1882）.

［ 6 ］Bishop v. Smyrna and Cassaba Railway Co. , 2 Ch. 265（1895）.

［ 7 ］Binney v. Ince Hall Coal and Cannell Co. , 35 L. J. Ch. 363（1866）.

［ 8 ］Helby's Case, 14 L. T. （N. S. ） 47；2 Eq. 175.

［ 9 ］Bardwell v. Sheffield Waterworks Co. , 14 Eq. 517（1872）.

［10］re Alexander Palace Co. , 21 Ch. D. 149（1882）.

［11］Hoole v. Great Western Railway Co. , Ch. App. 262（1867）. Mills v. Northern
Railway of Buenos Aires Co. , 5 Ch. App. 621（1870）.

［12］Stringers Case，4 Ch. App. 475（1869）；City of Glasgow Bank v. Mackinnon, 9
Ct. Sess. 535（1882）；re Peruvian Guano Co. , 3 Ch. 690（1894）.

［13］Flitcrofts Case，21 Ch. D. 519（1882）.

［14］re National Bank of Wales，Ltd. , 2 Ch. D. 674（1899）.

［15］Rances Case, 6 Ch. , App. 117（1870）.

［16］re Oxford Benefit Building and Investment Society，35 Ch. D. 502（1886）.

［17］Davidson v. Gilles, 16 Ch. D. 347（1879）；Dent v. London Tramways Co. , 16
Ch. D. 244（1880）.

［18］Knowles v. McAdam, 3 Ex. D. 23（1877）.

第十四章

折　旧

　　公司的发展使一个问题变得日益明晰起来，它将成为此处我们所要讨论的重点，即：折旧和更新，也就是针对收入进行适当扣除的问题。对早期折旧问题的考察表明，人们曾用两种不同的方式看待该问题。其一是在单一所有权的情况下对未曾售出的商品作为财产进行折旧；其二则是将折旧与公司长期资产的维持相联系。第二种处理方式很明确地反映在19世纪有关铁路问题的讨论之中，当时很多铁路公司的报告中都发现此种情况。前一种有关折旧的所有权观点在很长一个时期内所出现的少数簿记教材中断断续续有所发现，不过，很多教材却完全未曾提及这一问题。在此将首先对它进行讨论。

　　英国早期簿记教材之一，约翰·梅里斯（John Mellis）的 *Briefe Instruction……*（1588年）一书中在"家具器具"账户贷方曾有如下记录：

　　　在此冲减家具器具是因为存在 xl. xs.①，是因为我发现当此之时它因为使用
　　而变旧了许多，称其为 xl. xs.，是因为家居用品的减退要以如下方式计入损益
　　账户：借（15）……………………………………………… 10 10 0

---

　　① xl. xs. 究竟是什么意思，原著中未作解释，从前后的语句来推测，应该是约翰·梅里斯著作中用以表示早期折旧观念的一个词汇。——译者

在损益账户借方有如下记录：

更多 xl. xs.，反映因为家居用品的价值减退而导致的损失，该
账户曾记贷（06） ┈┈┈┈┈┈┈┈┈┈┈┈┈┈┈┈┈┈┈┈┈┈ 10 10 0

取自斯蒂芬·蒙蒂格（Stephen Monteage）的例子将说明 17 世纪的
实务。在其著作《借贷带来便利》（*Debtor and Creditor Made Easie*）第
2 版（1683 年）中，有一个受托财产经管及支出（charge and discharge）
账户。[①] 其中一个部分是"The Accompt of Stock"（存货会计），阐明了
实有存货的详细情况。这一部分的最后是"未售存货计价"：有 7 头牛按
同样的价值做了计价，1 头公牛的价值比该账户开头所记少了 15 先令，
1 头公羊少了 5 先令。同样的例子在其第 3 版（1690 年）中却不再出现，
但在分类账 A 中作者却用了一个"马匹"账户，与之颇相类似：

马匹	借方		马匹	贷方	
1675 年 4 月 10 日，库存马匹 6 匹，单价为 8 英镑/匹……	48	— —			
			1676 年 4 月 9 日，转记损益账户，马匹因使用而损耗……	6	— —
			余额，单价为 7 英镑/匹		
				42	

过账所依据的日记账分录为：

余额为借马匹账户，单价为每匹 7 英镑┈┈┈┈┈ 42 — —

损益账户借方记马匹使用中的损耗┈┈┈┈┈┈ 6 — —

损益账户借方是如此记录："记 1 年中马匹的使用损耗 6：—：—"。

---

① 本书第九章已全文复制该账户。

另一账页上反映的牛账户中记载牛的初始价格为每头牛 4 英镑，随后一笔购买账记每头牛 5 先令 11 便士，余额为每头牛 4 英镑 5 先令。此存货价稍高于初始价但低于平均价。由此可见，结账时的价格因为最近的购买可能有所增高，但由于考虑了 1 年持有期内的价值减损而最终略低于初始价。不过，在羊账户中，期末余额（存货）所用的单价与初始价相同。或许是因为羊作为非役使性牲畜，可以认为不会发生任何"使用中的损耗"。

约翰·梅（John Mair）《簿记方法》（*Bookkeeping Methodiz'd*，1757 年第 5 版）有关长期资产价值的处理，可看作 18 世纪折旧处理的典型代表。其方式如下：

"船只、马匹或其他财产账户……在其借方包含了初始成本及后续计价，其中考虑了各种费用，如修理及其他各种与之相关的费用。贷方反映（如果有与之相关的正式文书）其出售或交换价，或因之而导致的利润的增加；如运费收入，租金收入等。这里有三种情况：其一，如果贷方没有什么要记，则仅仅通过贷记余额而记账；其二，如果贷方需登记船只、马匹等的出售价或其他处置，则双方间的差额为因该项销售而产生的损益，需要通过借记或贷记损益账户办理结账；其三，如果贷方只包含运费收入或租金收入，这时首先需要计算与船只、马匹相关的费用，借记损益账户，抵减运费收入或租金收入，然后结出该账户的余额。"

按照这一方案，固定资产被作为混合性账户处理，与商品账户极相类似；其存货部分后延，而残余部分转到损益账户。梅的论述中不甚明确，船只或马匹在结账时应该按照市价还是初始成本做贷方反映；他只是提到"船只、马匹等的价格"。在后来一部题为《当代簿记》（*Book-keeping Modernized*，1768 年第 2 版）的教科书中，他用了"估价"一词："……首先按余额贷记该账户，以对船只或马匹进行估价，然后结算该账户和损益。"如果"估价"一词是按其现代意义来使用，则需要通过在存货或余额中反映一定量的减少额，将任何可能的缩水或折旧转记入损益。

在 19 世纪，通过存货法确认折旧已变得不再容易发生错误。[①]

威廉·杰克逊（William Jackson）在《真正的意大利式簿记》（*Book-keeping in the True Italian Form*，1801 年）中，做了与梅相同的表述：按余额贷记该账户，作为对船只的估价；按余差结算该账户以反映损益。在关于船只账户的图式说明中，对贷方分录有如此解释："通过损益来反映磨损、老化等。"其余额称为"现值"（present value）。

19 世纪中期，按商品账户方式进行的固定资产处理开始扩展为多种账户。比如不动产账户，借方反映"其成本——购进价、修理费、税金等"，贷方反映"租金收入、销售及剩余未售价值"；残余价值为不动产损益（Fulton and Eastman，*A Practical System of Book-keeping*，1853 年）。约翰·佛勒明（John Fleming）（*Bookkeeping by Double Entry*，Pittsburgh，1854 年）曾提到一个蒸汽船账户，借方记"其成本和费用"，贷方记"通过销售、货运或客运所创造的价值"。另一位作者（Thomas Jones，*Paradoxes of Debit and Credit Demolished*，N. Y.，1859 年）在其"辅助账户"中包括了棉花、不动产、铁路股票，"借以了解相关费用和收入，以确定有关损益"。约翰·Q·皮尔森（John Q. Pilsen）的《簿记的彻底改良》（*Complete Reform in Bookkeeping*，N. Y.，1877 年）在其"可变价值账户"中包括商品、不动产、船只、证券。关于为企业自用而非销售的财产（他提到的有家具器具、设备、牲畜、租赁），他建议在财产清册上分项进行反映，并认为应该"扣除总成本的一定比例以反映磨损"。布

---

① 在此时的法国，出现了一个与生产直接相关的折旧实例：佩恩在一本名为 *Essai sur la tenue des Livres d'un Manufacturies*（1817 年）的著作中，讨论了一家胶水厂的成本核算。其中涉及一个锅炉账户，形式如下：

锅炉

2 台锅炉 ······················· 4 500	作为存货，其价值计为 ···················· 4 100
修理费 ···························· 400	转入成本		800

800 中扣除掉 400 的修理费，剩余 400 就是折旧。各种器具和火炉也按同样方式处理。

兰特（Bryant）、斯图拉特（Stratton）和帕克达（Packard）　（*Counting House Bookkeeping*，N. Y.，1863 年）在不动产账户中登记税金费用并贷记所收到的租金。在第二种实务中，不动产在账户中是以高于成本的价值反映的。不动产的增值在 S·W·克里腾德（S. W. Crittenden）的 *An Inductive and Practical Treatise on Bookkeeping*（1853 年）中也有发现。

不久，折旧也以此种方式为人们所提及。W·因格理氏（W. Inglish）在 *Bookkeeping*（1861 年）中讨论"清查存货"时谈到建筑和机器，他认为："在此类账户中，应该每年从原始成本中扣除 5%～10%，以反映退化或磨损。"在所举的家具账户实例中，分录摘要为："5%的折旧，由营业费用负担。"

这些例子表明，人们对折旧很早就已经有了认识，并在账户中用了一种特别的方法来反映其影响。不过，上面所描述的所有方法，都不过代表了当时最佳的实务处理方式，而不是一般的实务处理方法，因为很多企业的处理并没有充分利用到复式簿记的优势，而且有更多根本没有用到最佳簿记方法。而且，即便是最佳簿记实务中所反映的也仅仅是很简单的折旧概念。其账户中所反映的财产折旧处理乃是期末在"尚未售出"时做贷方记录。这些方法在最早的教科书中极为类似。折旧并非作为费用或成本，而是作为损失处理，作为"使用中的减损"。因此，一艘船只的折旧与一艘船只因风暴而引致的损失原则上并无二致。

尽管以这种十分浅显的方式来了解一下折旧的存在，依然要比完全忽略其存在要好。但是，以这种简单的概念来表明折旧的存在，却不是十分妥当。然而，直至 19 世纪中期，我们却依然未曾发现任何有关折旧的全新观念。蒸汽机车于这一时期出现，前所未有地将人们的注意力吸引到了固定资产以及与之相关的维护、更新及改进等问题上。从下面的讨论和经验中，新的折旧观念开始成形，并为更好地理解折旧的实质打下了良好基础。

早在 1841 年，伴随着铁路的发展，已经有证据表明至少有少数人已经对折旧及其与净收益的关系有了一定的认识。例如，该年度的《美国铁路杂志》转载了《英国铁路杂志》的一篇文章，强调以定期方式仔细确定"精确的具有可比意义的磨损程度"的必要性，如此方可保证向股东分配真实的净收益。在计算真正可用于分配的利润时，现时费用应该包括"各种不同形式的全部实际支出，而不仅仅是实付费用……如此才不至于让未来的所有者对为了赚取目前股利而事实上已经发生和耗用的支出承担责任"。而且，"其目的应该是避免把非经常性的巨额支出堆积到特定时期，因为磨损是在多个年份逐渐发生的"。

就对折旧本质的理解而言，这一观点确实有很大改进，但它依然是不甚明确的。因此，也就难怪会看到各异的实务处理方式。正如该文中所指出，利物浦和曼彻斯特铁路公司的做法是把新机车的费用让当期支出来负担，大枢纽（Grand Junction）铁路公司采用的却是年度估价的方法。不过，伦敦和伯明翰铁路公司却通过每年于普通修理费外多计一定比例费用的方式建立了一份折旧（更新）基金。所有这些折旧处理方法中，每一种方法都是为了满足一定条件下的具体需要；也就是，它们都是用扣减可分配利润的方式来防止轻率的股利分配。不过，在其后几年，从我们目前的位置可以看到，这些方法并不理想，对于其中存在诸多混乱和矛盾，我们也无需感到惊讶。①

一位早期美国作者戴奥尼夏·拉德勒（Dionysius Lardner）在其《铁路经济》（*Railway Economics*，1850 年）一书中指出，他反对"年度存货估价"。"如果时间使某些部分减损"，他写道，"新的部分就会增加，这样，总体上的价值将会保持不变"。（第 117 页）因此，年度估价只能反映"市场化折旧"，也即是，并非因为机车实际价值减损所引起的价格下跌。如果收入必须补偿任何这种形式的市场价值减损，则资本必须补

---

① 事实上，尽管折旧的成本观如今已经获得普遍的承认，矛盾却并未因此而终结。比如，在 20 世纪 20 年代末，为了应对物价上涨时更新改造资金需求增加的问题，人们急于增加折旧，而 30 年代初高企的折旧费却在一定程度上阻碍了经济从衰退中复苏。

偿价格上升所带来的收入的"增加"。但我们不能采用这种原则，因为，按他的想法，市场价值是由公司难以控制的原因决定的，而这些原因与"其财产的使用或滥用"毫无关系。①

与此同时，拉德勒也针对将因业务增加而新增机车的费用由收入负担的观点提出了自己的看法（第115页）。这将"借记收入和资本"，这对临时股东是不公平的，因为他们强调的是目前股利。另外，不能把现有机车的维护和折旧费归由收入负担，这样做会使永久性股份持有者负担费用而投机性股份持有者受益。

该作者反对设备年度估价法，并因而接受其他两种方法，认为它们对公司目的而言是比较合适的。他认为机车（"移动资本"）处在一种"连续再生产"或"持续再生"的状态。他说，一项实际调查表明，维修和更新是一个自然的过程，并不会因为渐进的减损导致不良结果。没有什么会失去，甚至连老旧的材料也可以改制成其他设备，且"从来不会从路上完全消失"。按照这一方案，完全的更替将作为当前费用处理。

然而，对铁轨而言，更新将是个长期递延的过程，需要作不同处理。拉德勒指出，英国和比利时一些铁路公司经理人所进行的一项研究表明，70磅铁轨的寿命期估计为20年，"证据表明，从老化的数量程度上来讲，铁轨的老化是逐年逐步发生的，可以包含在年度修理费中，也是应该包含其中的；但是，就其性质来看，它必须允许累积，因为在20年期间结束时，替换线路的整体费用将必然发生"。（第64页）他因此提出了一种计算年金的方式，"以找到应该再投入的准备……如此则铁轨可以从年度准备金的累积数中获得更新"。

在大量铁路报告中也曾提到同样问题。佩里·梅森（Perry Mason）教授在有关折旧的扩展研究中考察了大量早期铁路报告，从中发现了许多不同的折旧方式，下面将对此予以介绍。

---

① 该作者在陈述中还曾提到英国人的观点，西北铁路公司经理卡彭特·惠士在向董事会提交的两份报告中用很大篇幅对类似问题进行了讨论。

甚至在 19 世纪中期之前，铁路公司经理就已经在以多种不同的方式应对折旧问题。例如，巴尔的摩和俄亥俄铁路公司的报告（1833 年），对每年更新铁轨和枕木所需资金按计算 20 年年金的方式做了考虑，以达到最终积累足够资金的目的，其每年所需资金为 3 342 美元。雷丁铁路公司（Reading Railway）的一份运营成本分析报告（1839 年）中包含机车折旧和维修费用，加起来占 25%。另一家铁路公司（哥伦比亚-费城铁路公司）的预算费用中包含一个有关"磨损"的项目，它以行李车厢的初始成本为基础，作为按年金方式计算支付的利息费用的附加费，以 5 年为期更新本金。

波士顿—伍斯特铁路公司第 15 营业年度的年度报告（1846 年）中有如下一节，表明其修理、更新和折旧混杂的情况：

> "在目前费用的……报偿中，对印刷体进度表中所描述的形式有所偏离是必需的，一定程度上偏离开这些支出在账簿中作为费用处理的方式。在修理费的几个标题之下，……登录了所有支出，并非只是为了修理，也包括了新建、改造或者附加；除非附加价值超出财产的磨损……超出在总存货中代表它的数额；在这种情况下，这一超出额要归由总账账户中适当的标题项负担，剩余的归为修理费。为达此目的，需要作出一项估计，尽可能贴近实际，在结清每年的账户——包括各个户名下的财产，以及与附加相比超出修理费的折旧数——之前……"

这一小节的标题为"估计超出修理费的折旧"，但其结果却是简单地报告为"毫无超出"。

1844 年，波士顿—普罗维登斯铁路公司对车厢、机车等项目的现值作了估计，"计入……收入账户总计 4 万美元，并从建筑成本中予以扣除"；这是之前 10 年的累计折旧。纳什维尔—查特农加（Nashville-Chattanooga）铁路公司 1855 年年度报告包括如下段落：

"之所以要拨出足够的数额以涵盖因减损所带来的所有损失，另一项重要原因，是为了使高管和董事能获知单位运量的实际成本，防止铁路公司犯常见的错误，费用标准定得过低……"

该报告另一处还谈道，"为了公司未来的繁荣，应该将它突出地反映在目前费用项目中"。

所有这一切都表明对折旧与收入关系的理解。与此同时，我们也发现了另外一种表达，即折旧是"在繁荣时期加以储藏"，或在折旧分录中将资本支出作为费用处理。比如，查尔斯·艾里特爵士（Charles Elliot, Jr.）在《美国铁路杂志》（1843 年）上写道：

"对那些目前刚刚开始营业或已在赚钱的公司，我建议及时形成一项临时性基金，以备不时之需，在新的一年中这种需要是一定会出现的。将年度费用（原文如此）分割开来，就好像它们是真实的利润，是极坏的政策；以铁轨、车厢和机器费用为代价所赚的钱，应该贮藏起来以进行这些财产的更新，而不能用于分配，就像它们可以永远持续一样。显然，每家公司都应该在繁荣年代每年进行这种储备。当其刚刚开始经营时，机车每运行 1 英里应该至少提留 6 美分，每吨英里货运应提留 1 美分，且每 1 英里铁路提留 200 美元，以补偿材料损耗，以及铁轨和机器的磨损。如果其利润不容许有这种准备，谨慎的投资者将会远远避开该公司的股票……"

波士顿—伍斯特铁路公司第 13 年度的年度报告（1844 年）中有如下记录：

"……很明显，哪一年的实际支出都不足以作为实际磨损的判断标准。要获得满意的结果，唯一的方法是依照连续多年的经验作为指导，在每年确定红利之前，给每年分配一个等同于每年期满确定价值时制造货品的平均成本的数额。依照这一原则，董事们的早期做法是在修理支出被认为与老化和磨损所造成的损耗不相当时，为每一年度的减损提留一定准备金；当其开支超过修理所需平均成本，就需为了满足以后年度的开支需要建立一项基金。这项基金现在已经被耗尽，按照企业主管们的想法，为了在以后代替这项基金，需要每年发生修理支出，需要每年花钱购买新设备来取代旧设备，买新铁轨取代那些破损或磨损严重的铁轨，其数额应该尽可能与财产的原始成本相近，以这种方式来避免与净利润相混淆，收入的这样一个部分是资本整体保全所必需……在估算铁路的年度净收益时，应保持适当的谨慎，在宣告红利或利润之前提留一定准备，它应该足以达到股本的整体保全，但不能比此更多。"

该铁路公司下一年度的年度报告中还有这样一段：

"人们认为，在当年收益之上拿全部数额作为当年费用的一个部分是适当的，与将其归由建筑账户负担不同，它应该形成资本，因为本年度内机车和车厢修理账户所记的支出不足以满足因磨损和毁坏而对铁路经营所需的大量机车、客运和货运车厢的颇为沉重的折旧需求。要将每年支出分配到各个独立的账户，以使每个部门所用财产的磨损和更新之间准确地相等同，即使可行，也将是非常困难的。不过，确定该年度的净可分收益这一目标是完全可以达到的，只要修理支出的总计数足以维持全部财产因为各种原因所导致的老化、减损、毁损和折旧之需。"

1846 年，在 1844 年和 1845 年计提了 76 000 美元折旧后，波士顿—普罗维登斯铁路公司报告道："车厢和机车存货本年度没有计提折旧，其增加的价值大大超过旧有存货的减损。"

各种措词都认为应该提留折旧准备，有些认为应归入费用，有些认为应从净收益中列支。例如，"假如其利润难以负担该项准备……"，"……每年分配 15 000 英镑的费用以便建立一项基金，满足临时（铁轨更新）需要"，"……创建一个沉入基金以应对折旧大项的适当性和绝对必要性"，"……从收益中提留准备金并将准备金记入减损和老化账户……超出修理费和新建的需要"。不过，对有关这些准备的具体会计技术却未见描述，我们猜测这一技术尚未开发出来。

在 19 世纪最后 10 年，对折旧的考虑有了很大扩展。对铁路行业更新改造的讨论依然在继续，但其后不久，它开始与统一账户和委托管理问题联系起来。与此同时，又有了一个新的开始，在一些书籍和讲稿中，开始涉及工厂生产的折旧问题。

在铁路人员的观点中，部件的适当更新会使设备运行效率提高，这是符合逻辑的。[①] 比如，火车头是由许多可更新的部件构成，这些部件的服务寿命期有很大不同。黄铜管每隔几个月就要换一次，整体框架和车轴却可以连续使用 30 年。同样的，路轨也是由很多独立的单元所构成（轨道、扣结、道砟），其退废自然也是依其服务情况而定，不会同时发生。从表面看来这是很简单的事情，因此，将更新所需作为费用处理，并保持最初的资产完整。

不过，尽管这一程序看起来是符合逻辑的，但却并不是总会被毫无疑问地接受。上面援引过的波士顿—伍斯特铁路公司的报告已然表明，在很早的时候这种可能就已经存在，即：更新支出并不能完全与"老化和磨损所造成的损耗"相符合。25 年之后，1870 年英格兰《全民工程师协会学报》（*Proceedings of the Institution of Civil Engineers*）发表的一份有关机车部件服务寿命期的分析报告指出了类似问题。当时调查者的结论是，即使全面更新部件也不能阻止最后的折旧，因为服务期长度各不相同的各个部件总有一天会退废，但机车却依然需要在经过更新后继续运行。

几年后，又一份铁路公司的报告（路易斯维尔-纳什维尔，1874 年）对这些问题作了进一步说明。在这份报告中，阿尔伯特·芬科（Albert Fink）（公司副总裁、总监）提倡使用一个"更新账户"作为协调目前支出与目前到期退废间关系的手段。

---

① 在当时，人们有许多证据确信这一点，但逐步废弃观却很可能严重损害这种信心。

"要使铁路公司的年度报告有价值，公司账户应该能表明与该年度经营有关的费用。为达此目的，需要设立一个账户，名为'更新账户'，其贷方反映估计运营成本与当年实际发生的成本费用之间的差额。……本账户的年末余额会是应归入收入账户的适当支出……这个账户总会有需要记入的一定数额，代表着财产折旧，与没有这一账户的情况相比，所有者可以通过它对其价值有明确的概念，尽管它不一定完全正确。"（因为以估计为基础）

　　不过，"估计运营成本"是一个很有弹性的元素，甚至会因风速的不同而不同。在报告所附的数据中，芬科很耐心地指出，目前桥梁、扣结、铁轨等的修理和更新支出在过去 8 年的平均数之上，由此可以认为，按照目前的设备状况，其后的修理费将低于平均数。这是为了应对由于 1873 年的恐慌而导致的交通压力减轻和其他滞后影响而采取的措施。

　　1879 年，《铁路公报》（*Railroad Gazette*）的几位记者描述了一个更新账户，用以提留更新基金。他们反对按当前收益的好坏来决定维护支出的做法，他们认为这是"借维护之名"行缩减营运成本之实。他们更喜欢用一个称为"更新基金"的账户，其借方登记所发生的全部修理和更新支出。每月都会在借记营业费用的同时贷记更新基金。这笔转账业务中记录的是足以抵偿折旧和修理费的"适当数额"，或者，按照另一位记者的说法，是抵偿因为天气和机车运行而引起的平均折旧和实际磨损。但对如何确定这一数额，却未作具体说明。

　　在此没必要考虑最后究竟是什么原因导致了州或联邦委员会对铁路行业的管制，以及当时是用了什么方法进行控制。值得说明的是，委员会从其一开始就规定了统一会计报告的形式，更新问题为其中内容之一。

　　马萨诸塞州 1846 法要求铁路公司报送年度报告，包括对费用的分析。其中一节应该是说明花费在"机车修理、新机车购置、客车车厢修理、客车车厢购置"上的数额，其目的为"抵偿折旧"。

随后一小节需要报告：

"为了更新而计提的折旧估计数，即：

路轨和桥梁

建筑

机车和车厢。"

30年后，马萨诸塞州铁路委员会有关铁路账户的说明要求单独报告"由营业费用负担的新机车费用，以提供良好的原始数据"。这是在修理费之外，但并没有同样地提到折旧。

1879年6月，在纽约州萨拉托加温泉（Saratoga Springs）举行的第三届全国铁路委员会大会通过了一份有关统一账户的委员会报告，包括如下规则：

"（1）所有负债应在发生的月份登账，而不必提及支付日期。

（2）费用应每月确定其归属，而不必涉及购置或支付时间。

（3）除财产的实际增加以外，不应该由财产账户负担任何额外的支出。除非是旧有财产发生了一些特殊情况，比如在更新其原有结构之外新增加了价值。"

该报告还包括一项有关费用的典型分析，其中特别提到各种不同构件的维修及路轨、扣结的更新，但并没有以同样方式提到折旧问题。

这种先例在后来铁路管制成为全国性事务时被州际商务委员会继承下来。该委员会的第二份年度报告（1888年）中提出了公司报告的格式，将扣结、路轨、路基、机车、车厢等维修和更新放在"营业费用"类别之下，但却未曾提及折旧。

以上简要的考察表明，人们所提出的各种用以在账户中反映折旧的方法，并没有在铁路系统获得支持。每年进行资产重估价是其中方法之一；提取一份年金，到需要更新时累积至合意的数额，是另外一种方法。其中作为优先选择的方法是更新法，它有利于更好地进行折旧。按此计划，维修和更新支出可以作为费用处理（或者直接计入，或者计入作为中间媒介的"更新基金账户"），除非其支出明显是为了进行总财产的扩张。若属后一种情况，则要增记相关的资产账户。

需要说明的是，这种作为优选对象的处理方法在支出发生时十分注意区分资本性支出和收益性支出。明显，对折旧的性质人们尚缺乏充分的理解，因而习惯于将所有长期资产支出记入资产账户，再将其成本逐次转入营业费用，或者直接做贷方记录，或者使用一项估价准备。

英国在这方面的进展更快。有关折旧的讨论在 19 世纪 80 年代开始扩展到铁路系统之外，进入工厂领域。例如，埃德温·古斯尼尔（Edwin Guthrie）1883 年在曼彻斯特学生会（Machester Students Society）发表有关制造账户的演讲时谈道："因为制造业利润是所产价值与所耗价值之差，因此，准确地确定所耗价值或成本是极为重要的。"他指出，期内可消费的价值是原材料、存货、直接人工和外部服务，需在几年内消耗的是机器设备和建筑物。这种价值耗费会计的目的被描述为"资本支出的补偿"。

在此，对折旧生产成本本性的认识，相对于铁路行业的处理方式而言有了很大进步。这一点有望很快引出对工厂生产方面会计的关注。

折旧在工业中的应用在接下来的一年中得到了进一步发展，埃温·马逊（Ewing Matheson）的《工厂折旧》（*The Depreciation of Factories*，London，1884 年）一书对此具有重要的推动作用。该书作为有关这一主题的第一部论著，是从一年前发表在《工程师》杂志上的一系列文章中脱胎出来，与皮克斯莱（Pixley）的《审计师：其职责与责任》（*Auditors：their duties and responsibilities*）一同构成职业会计技术文献的基础。

马逊承认铁路工作的多重可能性，认为其折旧可以通过对各个独立单元分别进行定期更新作更合理的考虑；他说，从理论上来讲，维护可以被看做是抵补折旧。他也看到了实践中的矛盾，以及特定年份中出现多种错误的机会。比如，在开初几年，并不总是会有足够的更新支出足以抵补折旧，这样就会出现一种诱惑，将"收入超过支出的剩余部分"作为利润处理，尤其前期利润较小时更容易出现这种情况。只有当承诺的数额很大，能够提供"一种很宽泛的有关磨损与更新的平均数"，或当多年的业务已经证明了一种极为允当的平均支出比率，才可以相信更新能够抵补折旧。此外，要从资本支出中分离出维护支出，也常常会是十分困难的，甚至在业务发生的当时也难免如此。但我们却依然需要对两者作适当的区分。如果一项支出应该归入未来收入，而将其归由目前股东负担并计入本期收入，因此而使本期收益减少，将是有失公平的。如果应由目前收入负担的支出被记入资产账户，就会在可用于红利分配的收益确定方面对股东构成欺骗。

马逊指出，有些美国铁路公司用可能最少的资本建了新的线路，只要有收入出现他们就会用其去完成道路建设。他又补充说道："在英国却要警惕完全相反的做法。"两种情况下都需要仔细的会计处理，以便形成可信的记录。

在对铁路行业的更新作了一定讨论之后，作者又列出了各种系统的工厂折旧方法。

依照马逊的观点，在用以记录价值变更的各种方法中，最有影响的是定期对所有项目进行重新估价。但这很难行得通，因为它既费时又费力，而且，由于在早期很难有关于磨损情况的准确标志，使得估价本身很难圆满实现。另一个较好的计划是确定一个比率，可以"毫不费事地"每年摊销一定数额，然后通过在较长期间内的局部估值对其结果进行检查。

有时，人们会用占利润的一个固定比例的方法来取得较好的折旧效果。马逊认为这并不妥当，因为，"即使在没有利润的情况下，磨损照样会发生"。最好的办法是"像前面曾经考察过的那样"，在维护支出之外增加按资本价值计算的一定百分比计入收入。

马逊的基本思想是注意区分资本性支出和收益性支出，最终以目前收入作为正确计算股利和提取现金的基础。他的理论包括认识折旧与可见净利润之间的关系，并在没有利润的情况下继续计提折旧。他还在其他地方谈道，经济波动时常会使工厂设备闲置，因此，应该在开工程度较高的年份以较高比例计提折旧，"以补偿开工不足年份利润较低或完全没有利润时的折旧需要"。他还指出了通过扣除部分利润建立"一项称为折旧准备的独立基金"的可能性，比起在账户中减少工厂价值，这一计划更为合意。他发现，工厂价值会受除实际条件之外的各种环境因素的影响。他说，在前几年应该多扣减一些，因为新发明可能会很快取代原有设备；提高折旧负担率更有利于为不确定的需求进行生产的企业获得成功。

不过，即使他对这一问题有极好的把握，他也依然没有把折旧问题全面地与工厂生产成本联系起来。不过，这并不有损马逊著作的价值，因为当时工厂制度尚未发展到如此程度，足以使间接费用受到人们高度重视，或者系统地进入生产成本。

后来的作者尽管已经在从事成本会计方面的著述，但却并没有获得有关折旧问题的更全面的认识。例如，J·S·刘易斯在《工厂的商业组织》（*The Commercial Organization of Factories*，1896 年第 3 版）中说，处理折旧最稳妥的方式，是保证工厂所有设备都能够及时得到维修，并每年从收入中扣除一定数额，以便能够购买一系列全新的设备。加克和费尔斯（*Factory Accounts*，1893 年第 4 版）走得更远一些，他们谈到，在实践中，折旧的数额应该依照企业经营的总体条件而各不相同，不过，很少有企业努力把折旧分配到部门或不同的业务上去。

在对折旧会计的发展作了一番考察之后，第一个想法可能是，对折旧方面的根本问题直到很晚都未能获得很好的认识。在 19 世纪中期折旧观念正式出现之前，即便偶然有所提及，也只是简单地作为财产类项目的一种变体，与商品存货的处理并无不同。第二个想法是，折旧理论发展缓慢，似乎仅仅是出于自然，因为在很长时期内很少有机会提出折旧问题。企业规模过小，在考虑净利润计算时对所有者一方并无很大兴趣等。此外，长期资产的使用相对较少也是一项重要原因。

公司的增长使许多条件发生了改变。公司意味着有限责任，意味着保护股本使其不受股利伤害；因此，正确计算股利需要使净利润计算更为精准。商务公司有关其船舶和贸易站的经验证明了公司制企业组织形式的优势，在于其资本配置方面的极大便利性。企业人士不久就认识到，公司也是保证持续经营的理想形式，使之与一些重要资产的长久的生命期相配比。

这两项因素（积极的长期资产和对仔细计算利润的特殊需求）同时出现，是人们之所以会认识到折旧的重要性的根本基础。在这两项因素加入之前，折旧只是利润计算的附带部分，此后则成为不可或缺的成分。首先在贸易公司，随后在铁路行业，这两项因素结合起来，奠定了折旧会计的基础。不过，就我们所知，在贸易公司的账簿中，并未考虑船舶和贸易站的折旧，而铁路行业，正如我们所见，确实对路轨和设施的磨损给予了特别关注。显然，折旧的发展还需要有第三类因素，在铁路行业案例中已经有所发现，但其时间并不是很早。

早期贸易公司的利润是如此富足，人们把拥有贸易公司的股份作为一种新的消遣，公司债务很少，因此很少有因素能刺激人们真正仔细地去计算利润，甚至在最古老的有限责任公司中也是如此。长期资产客观存在，但仔细计算利润的需求，尽管也在一定程度上有所体现，却并未得到充分认识。而且，直至折旧会计产生之前，对它的认识都是十分肤浅的。或许是因为公司制企业的历史对于充分认识其重要性来讲尚属太短。

再过 200 年之后，人们开始对公司的性质有了更好的了解。尤其是对于仔细区分资本和收入与正确的净利润之间的关系有了更清楚的认识。它对 19 世纪中期簿记知识的巨大改进无疑作出了很大贡献。因此，当铁路公司开始运营，会计原理也同时获得了巨大进步，自然也引起了对折旧问题的巨大关注，远远超出了早期贸易公司时代的实践。

　　是维护现有建构和设备的支出需求，将折旧问题现实地摆在了铁路公司面前。维护作为一种物理行为，意味着拆除老化零件换上新零件。机车、车厢和铁路都是许多独立零部件的组合体，因此其会计问题显得很简单，只是当其代表着老化零部件的更新，将有关支出作费用处理，并在购置全新设备或增加全新的零部件时，将有关支出记入资产账户。因此并没有折旧"准备"，也没有在资产的服务期内分配初始成本。之所以这样处理，是因为铁路公司认为只要好好修理，这些资产完全可以永久使用。其中也有其他因素的影响，比如按条件不同分别负担费用，忽略退废因素等。尽管用 20 世纪的观点来看，其不完善性是显而易见的，然而，与之前的各个世纪相比，折旧在 19 世纪的进步依然是十分巨大的。

第十五章

有 限 责 任

　　股东对公司债务承担有限责任是公司制企业的另一重要特征。它对会计具有重要影响，是因为公司需要因此承担为发放股利可能引起的实收资本减少提留准备的法定责任。进行长期资本投资所带来的经济压力，也要求仔细区分资本和经济上所必需的收益。公司所具有的有限责任特征，使得这一区分成为一项法定要求。通过对"社团化"（corporate-ness）概念的背景考察发现，有限责任是经营性公司的一项必然特征。为此，必须仔细区分公司收益与资本。

　　公司一项最必不可少的要素，是与股份持有人相分离。从法律的角度来看，它本身是一个实体，具有个人所具备的许多属性、能力及其他特征。但是，一个公司并不是简单地因法律或政治原因而具备这些特征；法律只是认识并承认了这种社会创造物根本的内在属性，并随之对其进行了规定。

　　这种独立的实体，没有人类的个性或灵魂，其之所以出现并获得接受，原因是多方面的。比如，很早以前，基督教会就是一种强有力的机体；"唯一性"乃其教义中一个不可或缺的部分。由于其领导者地位的单一性，成员精神的统一性，以及修道院僧侣个性中的顺从，尽管作为个人的主教不断更替，主教办公室的地位却是恒久而稳固的（主教办公室对财产的权利具有长久的持续性，不管任职者为谁）——所有这些都在向人们昭示，在他们本人之外，可能还有一个单一的外在个体存在。

当人们因为共同的宗教信仰走到一起，就会感受到团结的力量，而不只是作为个人的简单聚合；同样，那些生意人聚集到一起，是为了在生意中获得共同保护，以团结的方式结成一个属于他们自己的组织，即所谓手工业行会。当中世纪的城市自治开始出现，人们同样感觉到，他们除了是作为个体的居民之外，还是一个"城镇"集体。的确，当自治城市的自由民组成的团体强大到足够程度，即可通过王室特许的形式，赢得或买回对其"唯一性"的明确确认。

在这类社会机构中并非只有"社团化"和"唯一性"的感觉，而且还独立地持有私人财产。通过设立修道院，个人财富贡献给了宗教。这些机构随后被教会本身所接管，并且，随着时间的推移，财富以各种形式获得了很大程度的扩张，不论是普通僧侣、修道院长还是主教，没有人再认为该财富属于个人所有。城市同样拥有财产，这些财产常用于生产营利，以支付城市自由民为了获得自治核准或许可需要向王室支付的税款。行会也有共同基金用于救济方面，后来他们甚至有了自己的医院和议事厅。通常总是认为，该"实体"所获得的所有权可以集体形式永久继承，而不是以个人身份存在。[1]

因而，中世纪最大的三种机构均表现出同样特征：教会、行会、城镇，每一种都是一个独立的实体。显然，没有任何一种实体完全是因为天赋的原因而突然出现，也没有谁是在某一特定时刻在没有这一基本要素的情况下进行投入；由于社会演进，使得"实体"概念的出现成为不可避免的事实。① 鉴于当时具备这一特征的只是一些主要机构，当然地，

---

① 在此我们不可能像解释公司所具有的其他明显特征一样，对公司实体理论提供适当的理由。这一话题存在一些争议。不过，就感觉而言，这一观点可能是最具逻辑性、最有用的，特别是在理解股东所承担的有限责任时。与此同时，需要承认，"实体"特征并非每一项有限责任所必需，最典型是有限合伙，其资格只是由简单的协议来规定。参见 Frederick Hallis，《公司的个性》（*Corporate Personality*），伦敦，1930 年；以及 Stanley E. Howard，"1807 年前法国的合伙经营"（Business Partnerships in France before 1807），《会计评论》，1932 年 12 月。

其在公司中获得承认，就只是个时间问题。甚至在中世纪，律师们对这一区别就已经具有很强的识别力，我们被告知，他们在 13 世纪就已经对公司实体与这三类社会组织作了区分，而且，在爱德华四世统治时期（1461—1583 年）他们就已经在讨论"公司"的性质和类型。[2]对公司属性，Sutton 医院案中有进一步讨论（1612 年），成员和公司的分离于此得到了确认。继考克之后，豪尔（Hall）和布兰科斯通（Blackstone）对早期判例也有进一步的研究。

肯定的是，债权人与公司及股东的关系迟早会成为一个引人注目的问题。当这一问题出现之时，解决问题的方法其实也已具备，因为当公司及成员的分离得到认同，就必须自然地得到遵循，并保证不让公司成员个人的债权人接近公司财产，因为公司成员现在对公司活跃资产所具有的直接财产权利，并不比最初所拥有的物品出售给另外一个个人时所可能享有的权利更大。同样的，债权人没有理由因为对公司的债务而接近公司成员的私人财产。律师在解释普通法对股东有限责任的归因中所内含的逻辑时，可能作出如下说明：

股东、公司和债权人之间的相互关系是一种独立个体之间的合同关系。如果 C（公司）欠了 CR（公司债权人）1 000 美元，CR 和 S（股东）之间将没有任何联系，因为他们的想法不会在协议中相遇。任何人都不可能走出通道之外，让没有关系的随机过客承担义务。当然，如果 S 以认股款未付余额方式欠 C 50 美元，或 S 从 C 那里借款，必要时，CR 可能会承担这些债务，将其转嫁给欠其款项者，并因此可以按 S 欠 C 的金额接近 S 的私人财产，但却不会比此更大。然而，在长期合同下，是没有办法确立 S 与 CR 之间任何的偿债义务的，原因在于他们与公司关系上的分离。因此，很难逃出这样的结论，即：公司股东不能对公司负债承担超出其投资或未付认股款以外的义务（除非有特殊协议作出相反规定），只要公司作为一个独立实体有自己的缔约能力，持有财产，等等。

显而易见，这种"分离性"特征并非源自法律；从真实的感觉来说，它早于政府和现代法律的建立；它是"自然的"，也就是说，它源自环境条件，而不是任何事先想好或精心设计的意图。法律只是一种对人造的或人们所接受的规则的表述，构造法律时可以承认也可以忽略"实体"的存在，但它自己并不能产生一个实体。[3]

在当今时代，有限责任不论在成文法还是普通法中都是十分确定的，是现代公司不可或缺的一部分。对外行人来说，它乃属必然之事，是很容易接受的；或者，充其量也只是把它归因于最近一些不很清楚或名不见经传的立法者的创造。不过，就像大多数经营机构一样，这一组织同样也是经济演进的产物，因此，要考察有关其最初起源的详情总是十分困难。事实上，你可以说它没有"源起"——如果"源起"一词是指一个起始点的话。有限责任并非从任何一个具体的时点开始；它根植于诸多观念和关系之中，这些观念和关系在长达几个世纪的时间里，恰如夏天的薄雾，处于一种淡淡的模糊状态；它逐渐成形，浓度渐增，恰如薄雾逐渐演变为厚厚的云朵。

有限责任获得承认的结果，就像永久性投入资本的设立一样；也就是说，需要仔细区分企业资本和企业收益。永久性资本使得这种分离成为经济上的必需；区分有限责任则成为一种法律上的必需。在两种观点中，经营都被当做一种持续性活动，两种情况下都需要仔细进行资本保全。一方面，必须保持经济资本以保证经营单位的经济实力不受损害；另一方面，必须储备必要的法律资本，以使外部各方——股东和债权人——权利得到适当保护。

为了使个人和社会作为一个整体可以不承担劳动生产率和财富缩水的损失，必须努力维护企业的经济实力。所有相关各方都可能感受到这一影响：价格混乱影响消费者，较低的净收益危及投资者的安全，营运资本缩水影响短期债权人债务的清偿，国家丧失税收收入，管理层在一种不健康的过紧的状态下从事经营。如果无法储备足够的经济资本，将会导致很坏的后果，为防止这种情况出现，必须付出很大的努力。

如果无法做到法定资本保全，将会导致一些人们很不愿意看到的后果出现；不过，在这种情况下，损失常会落到无辜的第三方头上。尽管经济观点主要关心的是避免非可预见的损失，或为了持续保持较高的劳动生产率而使其处在较好水平，法律观点则更多地倾向于促使董事会在财产支出方面采取自觉行动，以降低投入资本的"保护性边际"，使之能够从债权人安全的角度得到保持。

虽然有限责任观念是公司实体的一个内涵部分，从其出现伊始就已经存在，但有可能看到，导致自由联合和法定有限责任的根源，在于中世纪的合伙康曼达（en commendite）。这类组织在 12、13 世纪的意大利城邦最为常见，[①] 因为教会并不赞成赚取利息和财富，因而贵族们借此来隐藏其直接的贸易牟利行为。[4] 但教会并不反对赚取利润，贵族们因而可以通过把他们的钱合起来托付给值得信任的商人，从其冒险所获利润中获得一定份额，从而求得他们良心上的慰藉——在获得回报的同时保持其尊严。不过，按照相关的理解，贵族无需承担超出其投资金额之外的责任。在这时，还有一种航海合伙（maritime partnerships，意大利文为 societas navalis），在这种合伙中，投资者的责任，相对于第三方而言，仅限于他对船舶所拥有的权益；投资者可以通过放弃股份来逃避责任。当"隐性"（silent）合伙人不在场的情况下，需由船长承担全部责任。每一次冒险活动结束之后，需在船长、船员和船主之间分配利润，剩余利润则分给在投机活动中投入了金钱或货物的康曼达（commenda-tores）。[5]

这些做法体现在中世纪海洋法法典中。其中有三部法典构成后来立法的基础：第一部为《康索拉度海法》（*Consolato del Mare*），为比萨、

---

① 康曼达（Commenda）契约在 1155 年的意大利和 1210 年的马赛都曾存在。据记载，在佛罗伦萨，按照 1408 年的法令规定，"康曼达"可以免除所有超出其资本份额之外的任何负债（*Select Essays in Legal History*，Vol. III，PP. 183，185。也可参看 M. B. Beglie，*Partnerships in Commendite*）。

威尼斯、热那亚的海洋法，一般认为早在第一次十字军东征（1096 年）之前就已出现；第二部为《奥莱隆法》（*Laws of Oleron*，约 1150 年），由法国国王路易七世（Louis VII）的王后在第二次十字军东征返回时带入北部欧洲；第三部为《维斯比法》（*Laws of Wisby*，1240 年），是构成汉萨同盟（Hanseatic League）的海洋法基础。[6]

1673 年，法王路易十四对已有商法进行了法典化。这些法令［通常被称为《萨瓦里法典》（*Code Savary*）］包含各种古老法典的主旨，并直接导致了 1807 法国商法典的出现。这些法令中包括有关有限合伙（societe en commendite）的一些具体规定，与中世纪组织的类型相同。

苏格兰法律亦可追溯到同样基础，因为它长期以来一直与大陆保持了紧密联系。詹姆士五世于 1532 年建立的苏格兰最高民事法庭（court of sessions）就是仿效巴黎的法院，苏格兰的律师也是按大陆法律来培训的。因此，当我们发现在 18 世纪的苏格兰产生了一种学说，认为对债务而言，合伙负有最大的责任，而且，合伙人只是在对合伙关系的追索失败的情况下才需承担法律责任，也就一点也不足为怪了。当人们小心地将特定合伙人的姓名与合伙企业名称相互分开时，债权人将需要承担因为投入资本而造成的实体债务扩大，而无须承担合伙人个人（隐性合伙人）债务。[7]

在爱尔兰，由于 1782 年开始引入大陆国家准许存在隐性合伙人的做法，因而在有限责任方面也有了一定进展。对公司负债负有责任的只是任职合伙人（active partner），其股份是可以转让的，即便某个合伙人死亡，合伙关系也不会因此而结束。[8]

英格兰因此被这样一些国家所环绕，这些国家通过以古老的康曼达观念为基础构造的有限合伙，形成对责任的限制；但英格兰本身却滞后了很长时间。为什么会出现这种情况，很难说得清楚。或许是因为英国在王室特许的基础上发展了联股公司的形式，以此满足企业组织形式上的需要。可以肯定，其使用是很广泛的，而所谓《泡沫法》也并没有打算禁绝特许公司。① 或许因为英国普通法中的合伙概念与大陆国家有所不同。至少在 1788 年劳德·拉夫波罗（Lord Laughborough）的如下言论中，可以体现出这一差异："在欧洲的许多部分，有限责任是被允许的，他们可以进行注册登记；英格兰的法律却有所不同，其规则为，如果一个合伙人享有这一优势，他同时也会承担全部的负担。"

西美昂·E·巴德文（Simeon E. Baldwin）对英法两国法律的比较研究同样证明了这一点。[9] 在大陆民法之下，合伙关系是在契约基础上形成的，尽管也有其他不同的说法，各有关方承担的却仅仅是其应该承担的部分责任。因此，商业联合（合伙）因为需要一个坚实的商业信用基础，被法律缔造成了基本类型之外的一种例外，所有合伙人需对债权人负联合责任。然而，英国人有关合伙的概念是一种代理观念。这意味着每个合伙人都有能力去约束其他人，而所有人，由于联合自身所具有的根本属性，需要联合起来一同为债务负责。因而，在英格兰，不必为了达到商业目的而赋予合伙人以联合责任，对基本观念作出改变。换言之，大陆基本法涉及的是有限联合责任，英国基本法涉及的则是无限联合责任。因此，大陆法官很容易接受这一观念并采用有限合伙，因为这只是沿袭了其基本原则，这在英格兰却很难，因为采用同样计划则意味着对英国合伙理论的全面背反。

有人力图在早期英国联股公司（Joint-stock Company）中引入有限股东责任，却未获成功。据说，《百万银行章程》中允许有限责任，这样，认股人将无需承担超出其股票金额之外的责任，渔业公司（Fisheries Company）（1633 年）却在经历了一次亏损之后再次采用联合责任，规定追加的认购资本可以免除对这一亏损的责任。[10] 这些条款并不是为

---

① 《泡沫法》（6 Geo. I c 18）针对三种可能的罪行：①非公司实体假装成公司；②在发行和销售可转换股份时进行过度甚至欺诈性投机；③把已有的商业特许乱用到与之无关的领域；除此之外，还有一种真实的恶行，即：④构造欺诈性的或出售股票的公司。E. T. Powell, *Evolution of the Money Market*, p. 176.

了告知可能的债权人他们不能指望股东，而只是表达一种愿望，可让认股人确信，公司政策并不会像当时的一般惯例，时时要求额外的资本投入。对蚊子岛公司（Mosquito Island Company），事实确曾如此。在该公司，所有曾按每股 100 英镑的价格购买过股份的人，都可以选择是否"继续付出"，也就是说可以不接受进一步出资的要求。不过，这和否认债权人对股东私人财产有任何追索权并非同一回事。

这些事例在性质上更多的是揭示了"面值"（par value）学说——一种全额支付的股票——的早期发展情况，而不是按一般理解的那样，作为有限责任的例证。《百万银行章程》只是表明认股人无需支付额外的资本。这可能等于在说，进一步扩大企业或弥补亏损所需资本，可通过其他途径获得，无需号召原有股东继续出资。但它并不等于说，当公司资产处于清算中且不足偿付时，债权人没有对股东财产的追索权。事实上，在股份制企业的出资人计算中，很少会把债权人纳入其内。

另一个被作为 17 世纪英国贸易公司中存在有限责任之证据的实例，是一部于 1662 年通过的法律（14 Charles II c. 24），该法将东印度公司（East India Company）、非洲公司（Africa Company）、渔业公司的成员排除在了破产法下的"商人"之外。[11]

当时的破产法是亨利八世（Henry VIII，1542 年）所颁布的一项法令，并以伊丽莎白（Elizabeth）颁布的一项法令作为补充。早期法律认为：

> "当有人用诡计获得他人财物后逃匿，或占有他人房产却不愿付款……大法官可以剥夺并出售所发现的任何财产，并在债权人之间按比例进行分配……但是，债权人依然就尚未清偿的债务保持对债务人的权利。"
（34 Henry VIII c. 4）

伊丽莎白的法令以如下方式对早期法律作了扩展：

> "倘若任何正在从事商业贸易的商人保有自己的房产，或离开自己的国度，或寻求庇护，或因为违反律条遭到逮捕，或被定为不法之徒，目的在于欺骗或阻碍其债权人，则应视为破产，并实施破产程序。"（13 Elizabeth c. 7）

通过这些法律，政府可以让有欺诈行为的商人的私人财产可以为其债权人所获得；依照 1662 年的法律，三家大型股份公司的成员可以不受早期法令约束：

"……任何冒险投资于东印度公司、圭莱公司（Guiney Company）或新近成立的皇家渔业公司（Royal Fisheries）的个人，其投入的金钱不论多少，都不受任何有关破产法令管辖，作出归属于某一商人或贸易商的裁决或被剥夺……"

从这些法令可以看出，股东并不等于"商人"，他（作为一个个体）不能被判处破产，因此他的财产不能像原来的法令规定的那样被剥夺。自从 1662 年法颁布之后，就取消了 1653 年对约翰·沃尔斯特霍姆爵士（Sir John Walstenholme）的破产裁定，他持有东印度公司股票。看起来，之所以对约翰爵士作出破产裁定，完全是冲着他的股票去的，或者是通过针对一名股东的行动来得到公司资产，尽管后者只是以个人身份作为公司特定资产的所有者（我们无法得到有关该案的详细报告）。还有更多信息，可使这一情况变得更为明晰。但在任何情势下，东印度公司都不可能破产，而且，这种案件中的原告是公司的债权人，他们想拥有对股东私人财产的追索权。不管 1662 年的法令是否实际为股份公司成员创造了一种有限责任，这种情况都将不得不存在，因此应该得出结论说，该法并没有使该种情况终结。

"有限责任"一词应作如下严格限定，即：股东的私人财产（在其已足额交付认股款之后）不能为发现公司资产不足以保护其不受损失的债权人所触及。令人怀疑的是，是否早在此时就已经提出有关股东对债权人的责任问题。该关系是一个纯粹的法律概念。这一观念可能是所有"法人及政治团体"（body corporate and politic）的一种内含成分，但直到有限合伙开始广泛传播，以致可对"有限"一词做近距离观察之前，其法律意义始终没有得到全面认同。随后的法令只是公开承认了每一个人造或法人实体中内含事实的法律地位。

19 世纪初的一些法律诉讼中存在一种压力，即便英国法律在这方面有某种程度的例外。[①] 1808 年，法院发表了一项公告（*The King v. Dodd*，9 East 516），认为股票上的免责是一种"迷惑性的错觉"，但在其他情况下，法庭拒绝按《泡沫法》来处理案子。数年后（1811 年），当确定（*The King v. Webb et al*，14 East 406）一家面包公司并没有因为发行股票而受到基于泡沫法的禁止时，一点也没有表现出在该法内含意义的体现方面有任何危险或迷惑，表明对构建股份公司的限制已经有所松动。在 1832 年，法庭拒绝承认一家股份公司是违法的，尽管董事会答应会防止任何股东在所有合同和外部交易中拥有额外负债。（*Walburn v. Ingilby*，I M and K 61，76）这可以解释为对 1825 年法的一项测试，该法废除了对股份公司的禁令。本案所提供的许可，为此类公告开了先河。1843 年的两个判例表明，为了获得充分的公司权利而进行的斗争依然在持续。其中一个案子（Garrard v. Hardy，15 Man. And Gr. 471）表明，只是发行股票并形成可转让股票本身并不违反普通法；若要说违法，则必须表明有损害或欺骗公众的行为。另一个案件中也有同样主张。（*Harrison v. Heathorn*，6 Man. and Gr. 81）这里所关注的公司在其有关联合的条款中加入了这样一项条款，规定任何面向个人的股票发行都可以同时免除他对公司负债的责任。对此，法庭认为，没有任何证据表明这些股票对社会公众造成任何伤害或不便，因此该条款不应受到任何指责。

1825 年，王室被授予颁发特许令的权利，对公司成员的责任和免责有很具体的规定，但这种特许的权威依然来自国会的单行法。直到 1844 年，才可以通过注册登记来设立公司，而直到 1855 年，通过注册登记所设立的公司才获得了有限责任许可。以下简要回顾表明了在英国最终可以自由获得有限责任之前所经历的一些关键性步骤。

---

① 参见："The Coming of General Limited Liability" by H. A. Shannon in *Economic History*，Vol. 2，No. 6（January，1931）.

1825——本年度颁布的一项法令废除了 1719 年禁止设立股份公司的 "泡沫法"。除其他有关条款外，该法第二条（Sec. 2）给了王室在将来颁发特许的权利，允许"此类公司的成员以其个人身份和财产对贷款和合同负责，他们可以按他的陛下认为适当的方式结成公司，他们可以通过这种特许宣告并承担适当责任，其成员也可以因此承担相应的责任。"（George IV c. 91）

很难说本法已经创立了有限责任。本法所做的是要求在特许中说明股东责任的范围和条件，从而在法律意义上使这一问题得到人们的普遍关注。如果公司成员和国王同意，特许中可以通过加入适当条款的方式提供无限或部分有限责任。

1837——本年颁布了一项法令，使王室可以通过书面特许方式，授权特许公司像在一项正式特许下那样拥有同样权利和同样的有限性。公司的组建过程因此变得不再那样代价高昂和繁琐。（7 Wm. IV and I Vict. C. 73）

1844——股份公司注册登记法，"为防止设立欺诈性公司，并保护股东和公众利益"允许在特定法律制度之下以便利的方式组建股份公司，特别是通过注册登记，其目的在于使与公司相关的基本事实公开化。（7 & 8 Vict. C. 110）

不过，值得注意的是，注册登记并没有将有关公司放到与特许公司同样的平台上，因为，直到按该法规定的那样把股票转让给另外一个持股人之前，出让方依然要作为股东承担相应责任。（Sec. 13）还有进一步具体的规定，当有关细节进一步明确之后，公司才会被认为已经法人化，但不会因为针对公司的任何判断而形成对任何股东责任的限制；每个股东要像公司尚未法人化之前那样承担责任。（Sec. 25）还有另一条更为明确的规定指出，针对公司的判断首先应该是对公司财产的判断，但如果经过勤勉努力依然难以获得满意的结果，则要针对股东财产作出判断。（Sec. 66）

1855——国会委员会在做了大量公开讨论和调查研究之后，[12] 于本年发布了一项法令，准许按 1844 注册登记法注册成立的公司得到有限责任许可。（18 & 19 Vict. c.133）随后的 1856 年、1857 年、1858 年法取消了之前有关保险和银行公司的例外规定。（19 & 20 Vict. c.47；20 & 21 Vict. c.78；22 Vict. c.91）

1862——本年度的公司法对英国的有关法律进行了整合，并加入了有关有限责任的条款。（Sec.7, 8）股东的责任可以依照有关联合的原始备忘记录限定于未付股份金额，或当公司结束时股东同意贡献的金额。公司名称中必须使用"有限"一词，或以 Ltd. 作为结尾。（25 & 26 Vict. c.9）

通过普通法组建公司的自由自此开始以较快速度传播：法国于 1867 年有了同样法律；德国，1870 年；匈牙利，1875 年；意大利，1882 年；瑞典，1883 年；西班牙，1885 年。[13]

在美国，这方面的发展远早于欧洲。几乎自摆脱英国殖民统治伊始，美国就通过了与公司相关的法令。按照英国传统，只是在极为罕有的情况下，才会以特许方式授予公司权利，这种传统在美国从来没有很稳固地建立起来。殖民地中对机会平等的强烈偏好，致使普通公司法可以在较早时期获得通过。其中最早的是有关教会、教育或文学学会的法律。南卡罗来纳州，1778 年；纽约，1784 年；新泽西，1786 年；特拉华州，1787 年；宾夕法尼亚州，1791 年。[14]自由设立经营性企业公司的最早法律，于 1795 年在北卡罗来纳州首获通过。① 1811 年，一项纽约法令开始允许组建各种类型的制造业公司；在 1837 年的密歇根州，这一原则扩展到了银行业。很长时间内，许多州明确规定不得按特别法组建公司，而是将公司的组建置于普通法之下，其时间界限为：路易斯安那州，1845 年；爱荷华州和纽约州，1846 年；威斯康星州，1848 年；俄亥俄州和印第安纳州，1851 年。

与英国对这一原则的极其缓慢的接受相比较，美国能够在这样早的

---

① 对本法有如此说法："自罗马帝国以来，一个主权国家首次在平等的条件下，给予任何有此种意愿的人，为了经营目的而自由结社的权利。"——S. E. Baldwin, "American Business Corporations Before 1789"——*Report of the American Historical Association*，Vol.1，1902. 不过，本法局限于一种企业——运河的修建。

时间这样积极地促进公司的发展，是极为突出的。但也不能因此忽略了两国之间的差异。即：美国尚未经历过疯狂投机的"泡沫期"，而在 18世纪初期，英国人的思想和政策中对此却有难以磨灭的印象。在英国，公司被认为是一个永久性的政治团体，需要承担与其成员的责任截然分开的义务，因此，让其完全自由具有很重大的意义。在美国，公司的扩展既不会遇到来自传统的反对，也不存在与既得利益之间的矛盾；在这里，政府行动的最高原则是民主和公共事业；因此，组建公司的机会并未被看作是国家对少数人的特殊恩惠，而是由平等之手来安排的一种特殊待遇。此外，两国之间有关公司权利的法律观点也不尽相同。在英国，法庭的教义是公司可以做其特许中未曾禁止的任何事情，这就让公司包含了一种危险的成分。另一方面，美国法官的理论却是公司不具备得到正式准许，或通过公平意义所具备的权利。这就使得公司少了许多可怕的可能性。在美国，正是由于这些颇不相同的教义，可以经由具有极大自由度的自由之手安全地授予公司特许权，与之相伴随的股东有限责任的优势亦可因此得到更充分的发挥。

前几章的讨论已然证明，商务公司的发展对会计学的形成确实具有很大影响。因为目前会计学的两个基本公式中，有一个即是运用了适当区分资产和费用的已有原则，[①] 公司债务是相当明确的。正是在此，明确区分资本和收益的重要性受到了极大重视。公司作为一种企业组织形式，具有这样一种属性，即极大地突出这种区分。这既是出于经济上的需要，也是出于法律上的需要。还需注意的是，委托管理——因其极大地依赖对收入数据的分析，以此作为稳健表述管理政策的基础——是公司形式的一个突出特征，也是当簿记难以构成有效支撑时，会计学会繁荣发展的原因之一。

从经济学的观点来看，公司由于其存在上的持续性及其他特点，使

---

① 另一个基本公式涉及单位收入和产生该项收入的单位成本的结合。

其有可能筹集到大量资本；它自身的这一事实导致了对资本投资相对持久的倚重。但是，结合了机器生产的工厂制度以及长期资产的不断增加，公司组织形式更进一步增加了对资本量持久但却并不固定的需求。因为资本投资是一项持续性因素，"红利"的使用比"分配"更难以避免，经济资本保全也因此更具必然性。① 经营性企业的存在，再加上出于债权人利益的考虑，要求企业尽可能长久地维持持续实现其经济目的的能力。如果会计可以通过折旧或其他方式对此有所贡献，它就可以发挥很好的作用，并使其使用范围得到极大的扩展。

区分资本和收益以更好地实现资本保全，也是出于法律上的需要。不过，在这种情况下，需要进行保全的是法定资本或实缴资本，而不是经济资本。债权人在面对股东有限责任的情况下所具有的处于特殊保护之中的独特权利，是对股本这种特殊法律关注的基础，其背后是公司实体学说，它使股东有限责任成了一种合乎逻辑的选择——倘若不是出于必然的话。法律中对资本金的保护，可见于法令中对利润分红的限制，也见于有关哪些是可供分红的利润、哪些不是利润的原则之中。但是，在使用这些保护性措施时，董事会需要准确确定可用利润的具体金额。由于利润的计量乃是会计的职责，也正是在这一点上，会计与公司法之间有了一种十分重要的联系。

简而言之，整个事情可以做如下表述：公司实体的分离性提供了公司有限责任背后的逻辑；有限责任带来了积极的法律和公正责任，使投入资本免受红利侵害；对红利的限制转而要求仔细计算利润，包括计提折旧备抵；在会计（簿记在新的责任压力下扩展的结果）中因此发现了一些极为卓越的工具，一种可以公允地计算可资利用的利润的方式，并用于分析和记录商业业务的发生。

由此来看，公司的产生和发展对会计观念具有直接影响；它使会计

---

① 参见 Adam Smith, *Wealth of Nations*, Vol. 1, p. 124, 其中提到在提取任何利润之前保全固定和流动资本的必要性。

背负了重大的责任，使之远远超出了简单的复式簿记的限制，以适当区分资本和收益。

参考文献

［1］John P. Davis, *Corporations*, Vol. I, pp. 99-232.

［2］Pollack and Maitland, *History of English Law*, Vol. I, pp. 489-491.

［3］Floyd R. Mechem, 24 *Harvard Law Review*；J. T. Carter, *The Nature of the Corporation as a Legal Entity*, pp. 52-57.

［4］Paul Pic, *Des Societes Commerciales*, Paris, 1925, p. 108.

［5］A. K. Kuhn, *A Comparative Study of the Law of Corporations*, pp. 34-35.

［6］C. P. Sherman, *Roman Law in the Middle Age*, pp. 207-226, p. 306.

［7］George J. Bell, *Principles of the Laws of Scotland*, *cites*：*Sevenson and Company v. M'Nair (or Arron Fishing Co.) 1757*, 3 Ross, *Leading Cases on Scotch Law*, 580.

［8］S. E. Badwin, *Modern Political Institutions*, p. 201.

［9］Ibid., P. 181；Pothier, *Traite du contrat de Societe*, Sec. 96 et seq.

［10］Wm. R. Scott, Joint Stock Companies Before 1720, Vol. I, pp. 228-344.

［11］Wm. R. Scott, Ibid., Vol. I, p. 270.

［12］George Dodd, *British Almanac and Companion*, 1865, p. 101；Leon Levi, *Journal of the Royal Statistical Society*, xxxiii (1870).

［13］S. E. Baldwin, *op. cit.* p. 208.

［14］J. S. Davis, *Essays in the Earlier History of American Corporations*, pp. 7-16.

第十六章

英国审计的背景

审计是会计明确区别于簿记的要素之一。复式簿记应用伊始，即有教科书指导人们如何查找数据记录错误；而且，这方面最初的一些建议在随后的发展中依然适用。[①] 然而，职业审计远不只是查找总额错误，以及发现由日记账向总账过账的过程中发生的遗漏或错误。就现代实务而言，审计是由审计人员所执行的一项针对会计记录的严格审查，其目的是对数字中所显示情况的真伪进行检验。其程序通常包括核实所提供事项的真实性。它反映了精通各种簿记和商业技术的好几代人所积累的经验，并支持审计人员在账簿之外作多方面调查。

但是，当今财务调查之智识（resourcefulness）[②]，以及每个公开从业者所必须具备的思想独立性，并不是一下子就实现了的，其真正专业地位的形成也绝非易事。然而，审计的智识迄至今日已经成熟，其专业

---

① 帕乔利著作第 32 章中对此已经有所提及。其中将审查账目作为结清旧账开立新账的必要前提。他要求将日记账交给一位助手，而由业主亲自掌管分类账；前者一笔笔大声朗读日记账中的记录，由后者在分类账中找到相应的项目。如果所有项目都正确，两人就会在分录上画个圆点或打个钩作为标记，在整体对完之后，还要细查账目，看看有没有漏记的情况。

② "resourcefulness" 一词，通常是指一个人足智多谋，很机智。在此很难找到与之相对应的中文词汇，因此勉强以"智识"代之。——译者

地位也已经确立。这种发展赖以发生的环境是现代会计背景的一部分，应当予以特别注意。

我们必须注意英国，是因为审计最早出现在英国，而且在英国，会计师业务大约在 19 世纪中叶就开始成为具有专业地位的商业活动并发展至今。

为了对此有更多了解，在具体讨论 19 世纪的审计发展之前，我们首先对早在 14 世纪就可能已经在实施的审计作一简要回顾。虽然作为审计发展的奠基阶段，这一时期的时间跨度相对较长——包括 14 至 16 世纪，但其对象却是颇为一致的，因为整个阶段中都显示出了几乎同样的特征。

总的来看，当时的审计是为了确证财务人员的诚实性而非管理人员责任所设计。政府官员的地位于此显得十分突出。早在 1311 年，伦敦市政府中收取市政租金和费用的官员所做成的记录就需要进行审计。1456 年爱尔兰市镇政府财务主管以及 1535 年詹姆斯一世法令约束下的苏格兰政府官员（宪兵司令、市政官和市议员）也必须将其账目提交审计。[1] 需要接受审计的并非只是政府官员，私企主管也概莫能外；伦敦市瓦赛夫（Worshipful）白镴器皿公司的财务官也必须保留账目供定期审计。16 世纪一些大庄园收支主管的账目同样要接受审计。这些人和政府官员一样担负着受托资金的管理责任，其会计责任必须接受同样的检查或审计。

此类审计的实施者通常是被赋予特殊职责的官员，也可能是由某些责任人所组成的团体，他们作为一个更大的利益相关者集团的代表来履行职责。1316 年，都柏林市要求税务人员"在公众或审计人员面前"公布其收支账目。

伦敦市政府的财务官员最初（1298 年）需要接受由市长、市府参事、行政司法长官及其他特定人员组成的专门委员会所进行的审计，随后（1310 年）则需要由"全体公众中选出的 6 名优秀市民"进行审计。15 世纪苏格兰一些城镇的审计工作是当着市议会议长、议会和公民的面进行的。各个行会每年都要挑选出一些审计人员。伦敦市政府下属瓦赛夫白镴器皿公司（1346 年）向新当选的执行官交接现金和重要财产的仪式，必须当着全体成员专门为此事推选出的 4 位代表的面仔细而严格地进行。瓦赛夫白镴器皿公司（1564 年）章程规定：

> "按规定，每年需选出 4 名审计人员对行会账目进行审查，他们通过对这些账目的检查来保证账目完美无缺。"

这也许是从这一时期的家务账和庄园账目——比如约翰·霍华德（John Howard）爵士和威廉·霍华德（William Howard）爵士的账目[2]——中获得的有关 16 世纪英格兰会计实务（除英国财政部会计之外）最好的描述。

那时的庄园是很大的组织，需要好几位官员来管理财务并负责办理各项营业事务。其中有三种人责任最大。"检查员"（surveyor）须详细了解庄园主土地和佃户的性质与位置。以此为据，他需要登记一本租金税费账——事实上就是收入来源会计。这本租金账接下来要转给"总收款员"（receivor-general），由他负责收回款项，按照来源分别加以记录，并根据庄园主的签字许可支付款项。"审计员"（auditor）① 负责对总收款员提供的收支账目进行详细检查，在与检查员提供的租金账及庄园主的许可书核对无误后予以汇总。

下面一段文字摘自 1605 年一位无名氏的记录，足以说明审计员在庄园经济中的重要性：

> "审计员是所有官员中的压轴者，是庄园主与会计人员之间的裁判官，他需要正确处理各方当事人之间的关系，还要以自己的审查结果为基础，以账簿或摘要的形式向主人报告有关其收入、费用、预付款以及资金剩余（假如有的话）情况……"

---

① 1884 年 1 月 1 日的《会计师》杂志上刊登了一篇十分有趣的墓志铭，来自英格兰白金汉郡 Chesham 的圣玛丽教堂，其中写道："此处长眠着理查德·鲍尔，他曾在世上忠诚地为多位伟大的主人提供过审计服务，同样也准备着将他的账目提供给天堂里的主人……他于 1626 年 12 月 16 日去世，享年 77 岁。"假如理查德·鲍尔在其生命中最年富力强的 40 年中一直在从事审计工作，那他应该在 1586 年就已经在审查账目了。

审计员审查账目时，通常会单独待在一间屋子里，甚至饭食也是由人送入。由此可见审计是何等严肃之事。[3]

关于早期审计的考察，接下来所要关注的是审计人员进行审计所采用的方式。鉴于当时所面临的主要问题是是否忠诚地履行了财务责任，此时审计的目的自然应该归结为检查此类责任的管理是否得当。要达到这一目的，需要把有关事实摆到那些能够看出究竟有哪些错误或疏漏的人来进行审查。在最早时期，这会表现为"听取账目"，因为那时能阅读的人很少，会写的人则更少；"audit"（审计）一词本身意味着听。①

听取账目是一种极为古老的方式并且持续了很久。早在 14 世纪，沃而特·亨里（Walter of Henley）有关财产管理的名为《资源管理》（Husbandry）的著作中，就已经针对庄园账目审计提出了如下建议：

> "审计者应该忠诚而谨慎……通过听取各个庄园的账目，可以了解利润盈亏，了解管家、镇长、议长及其他人的行为，以及其行为是否得到允准……"[4]

爱德华一世（Edward I）1825 年颁布的一项法令中规定，如果"审计人员在审查中发现仆人有拖欠账款的行为，则应将其送进监狱"，表明贵族庄园中的审计人员被赋予了极大的权力。同样，白镴器皿公司的审计人员也有权（根据 1581 法令）在必要时向最高官员处以罚款。在 15 世纪（1456 年），都柏林市政府通过了一项法律，规定"that ther schold be from that tym forward two Audytores assignet upon the tresowrerys [of] saud cytee, to hyr har acownt yerly……"，意思是说，必须委派两人作为代表，以听取报告的方式对财政账目进行审查。差不多与此同一时间，苏格兰市政当局会在市长、议会和城市居民面前公开举行市政账

---

① 《会计师》杂志 1882 年 9 月 9 日号上刊登的一篇演讲稿中援引一本"旧百科全书"中的说法，认为："审计是就听关于手头的材料可以说明些什么，并据此作出判断。通常是由专门任命的审计员来检查并通过账目。不过，在处理这种业务时，这些人更像是检查员。"

目审计，在此之前他们会贴出布告，要求人们来听财务主管"报告账目"。

在 16 世纪，听取账目的做法仍在继续，尽管按照白镴器皿公司的条例，此时似乎已经在以"深挖细究"的方式进行详细审计。这项证据可能仍然不足以构成一个例外，因为所谓"细究"无疑依然可以作为随后听取口头账务报告的准备阶段，在听取报告时审计人员也可以当着大家的面作出评论。在这一时期，真正对账目细节作最详细审查的，乃是庄园账目的审计者，他们先是审查账目，然后再举行一次"审计通报会"，当着庄园主和其他官员的面——他们全都坐在会议室内——就会计账目进行口头报告。[6]

16 世纪中期市政审计报告中经常出现诸如这样的措词："由其指定审计人员听取报告"、"审计人员听取了有关罗伯特·杨基斯账目的总计数"，以及"看到、听到并理解了履行受托责任的情况"，可见听取账目乃是此时一种惯例。还有一些意思相似的措词几乎被当成审计的标志性特征，比如（阿伯丁市审计，1586—1587 年）："审计人员需要听、看、考虑、计算并允准"，以及"futit, calculate and endit by Auditors"。[①] 报告中的"总计数"（footings）可能需要特别注意，因为当时的会计记录中用的依然是罗马数字，但不是每个人都能运用罗马数字正确地进行加总，因此，数字的加总构成正确性检验的一个重要部分。

由此可见，早期审计通常有两种形式。第一种形式是由委派的市民代表公开听取政府官员有关财政活动结果的报告；第二种形式要求由一位备受信赖的庄园官员认真审查由负有财务责任的家族官员所提供的有关"收费与偿债"情况的账目。在第一种形式中，只要依据共同的或公认的知识，证明收入明细账中的应收项目业已收回，并对与之相关的费用支出作了详细的公开报告以减少作弊的企图，便能基本满足要求。在

---

① 此句为古英语，大意为由审计员进行计算和编辑。"futit"一词意思不详。——译者

第二种形式的审计中，审计人员需要根据其他人员所提供的账簿资料编制一份联合账表，确定其增加额无误，审核同一时期的支出是否合理，最终证实"收支表"中的小计数和总计数是否相符。

两种审计其实都是为了用来检查"受托责任"，除此之外别无他图。事实上它们起着检查和验证职员账目的作用。这里当然没有要求说明作为举债基础的净资产状况或财务状况；显然，无论记账者还是审计员，都未曾打算揭示商业或经营意义上的盈利能力。

在17、18世纪之间，经济生活的中心发生了根本性转移。之前经济活动的中心是自给自足的封建庄园，在那里，所有责任高度集中于庄园主一人之身，而"受托责任"则分别委派给其下若干人员。随着封建主义逐渐消亡，新的经济生活的中心不断扩散，形成极不相同的状况。城镇取代庄园成为经济中心，新的独立"主人"（在"工厂"中以支付工资的方式雇佣手工作业工人的小型制造业主）取代了由行会组织严密管制的手工业从业者。

自发现新大陆之后，海上贸易快速兴起，打破了以往相互隔绝的社会局面，带来了市场和资源供给前所未有的扩张。随着生产的大规模集中和贸易放开，银行业和保险业迅速发展以保持与新形势同步。这才是"企业"的真正开端。

伴随着企业的出现，产权和损益计算等新型会计问题取代了最初的"受托责任"。审计不再是一个检查他人职责的听的过程，而是开始更多地把重点放在对书面记录，以及根据文件凭证做成的会计账目的详细的视觉审查。

前面曾说过，在庄园中会有一个称为审计员的官员，对照这一情况，我们发现，17、18世纪企业的发展，实际上只是慢慢地使"审计"变得名实相符而已。当然，那时簿记已经存在，而且，在该领域中有所擅长的人也经常在其闲暇时间被召来为贸易商和其他不能做出令人满意的账务记录之人提供帮助。但这些人只是在其正常工作之外被雇佣来从事簿记工作，而不是作为专业审计人员。①

在当时，各种法律事务多少都与财务事实有一些联系，而这一点也自有其特定影响。早在 18 世纪中期以前，处理破产、遗嘱执行或其他法律事务所需的会计报告和报表大部分就是由律师编制的，对他们而言，要处理复杂的账目和财务交易是相当困难的，正是由于这种困难，使得他们开始在可能的情况下雇佣熟悉复式簿记的人来处理此类事务。[7]我们也自然可以设想，因为其业务中经常会涉及财务事务的处理，因而律师也希望能够掌握一些簿记方面的技术知识，以更好地履行其职责。

此类情况在这一时期出现得非常早，尤其在苏格兰。直到较近时期，该国很多会计工作依然是由律师事务所办理的。后来，当执业会计师组建了他们自己的职业团体（苏格兰为 1854 年），执业会计师有时依然会是律师团体的成员。[8]

布朗（Brown）所列举的早期苏格兰职业会计师很多都在政府事务中任会计之职。被布朗称为苏格兰首位执业会计师的乔治·沃森（George Watson）（1645—1723 年）曾是多年的爱丁堡市啤酒税总监，同时又是该市一位大商人的出纳；后来他又在苏格兰银行任会计师。亚历山大·查尔莫斯（Alexander Chalmers）曾在 1717—1759 年间担任爱丁堡市消费税署的总会计师和市府会计师；约翰·布加恩（John Buchan）（1808 年去世）曾任苏格兰邮政总局会计师；詹姆斯·布鲁斯（James Bruce）曾任爱丁堡市府会计师（1796—1825 年）。毫无疑问，这些人因其可信的地位和会计方面的专业技能，经常为他人提供专业服务，为了更广泛地发挥其技术专长，他们甚至不惜在业余时间从事地位低下

---

① 1770 年的 Bailey 词典把会计师定义为擅长加总账目之人（A. Murray, *The Accountant*, December 24, 1881 年）。另一位作者直到 1790 年还认为会计师只是数字方面的专家，感觉上就和法语中的 "expert comptable" 一词一样（George Yard, *The Accountant Students Journal*, May 1, 1883）。

的簿记员和教师的工作。①

企业破产事务的处理中也需要品格正直且具有业务能力的人来处置不动产和作为托管人。亚历山大·法库哈桑（Alexander Farquharson）（1788 年去世）即为其中之一。他曾编制过没收资产报告并作为债权人的托管人。大卫·拉塞尔（David Russell）（死于 18 世纪末）既是会计师又是律师。查理斯·塞克里格（Charles Selkrig）（1760—1837 年）曾有过大笔生意（曾经一次收费 20 000 英镑），并作为多笔数额巨大的资产的托管人。在破产领域也需要专家协助。例如，作为"商人兼会计师"的沃尔特·埃文·马克勒（Walter Ewing Maclae）曾被雇来处理几例因 1777 年美洲殖民地贸易中断而导致的巨额破产案。1793 年，马克勒再次成为托管人，这次是为当时由于其他很多企业破产而受影响的 3 家银行之一提供服务。

这些人并非严格现代意义上的审计师，但他们确实在从事各种半职业性的活动，而且，从某种意义上讲，他们确实连通了过去与现在，将中世纪在贵族个人家中提供服务的"审计员"与当今时代在其专业领域中为社会公众服务的"特许会计师"联系在了一起。

对 18 世纪末至 19 世纪初英格兰会计的状况，可以从对古代名录的研究中窥见一斑。[9] 1766 年的名录中并没有"会计师"或其他类似称谓，[10] 但从 1773 年开始，这一称谓越来越多见。此后所见到的并不只是这样的条目，此外还有各种组合词汇，如"会计师和代理人"，② "会计师和经纪人"，"执笔人和会计师"，"拍卖师、估价师和会计师"。在

---

① David Murray 在其《簿记及会计史》（*History of Bookkeeping and Accountancy*，Glasgow，1930 年）一书第 60～66 页中，曾经引用了在 17 世纪外出从事职业活动的人们的一些话。Robert Hartwell（1623 年）在广告中称其"长于应付有争议的计算"；Richard Dafforne（1670 年）写他可以"矫正国内外会计账目，不管是工厂账目还是公司账目"；John Collins（1675 年）说他"近来尤其关注大型账目和公共账目……"；Thomas Brown（1670 年）发布公告称他时刻准备着为想要进行"审计、编制会计报告"的人提供服务。

② 代理人一词可能代表了债务人和债权人之间一种极为有效的制度安排———一种起源很早的程序。参见：B. Worthington，*Professional Accountants*，p. 10.

1790 年的名录中，还曾有人在利物浦被列为"商业会计师和马口铁经销商"。[11]

18 世纪名录中这一标题下的条目数量，足以表明"公共业务"的缓慢增加。下面括号中的数字，表明各个城市不同年份从事这一职业的人数，其中：爱丁堡 1773 年（7），1774 年（14）；格拉斯哥 1783 年（6）；伦敦 1776 年（1），1790 年（1），1799 年（11）；利物浦 1783 年（1），1790 年（5），1796 年（10）；布里斯托尔 1783 年（2）；曼彻斯特 1794 年（2）。假如以上所列齐全且无重复（这一点其实很值得怀疑），则表明在 1800 年前的名录中，有关该职业的记录仅为区区 60 之数，与当时大不列颠的总人口数相比（1780 年为 12 560 000 人，1800 年为 15 717 000 人，实在微不足道。

即便在 19 世纪上半期，该职业的增长也依然十分缓慢。我们可以再次以名录中的项目数为证：爱丁堡 1821 年（58），1834 年（80）；格拉斯哥 1807 年（10）；伦敦 1811 年（24），1820 年（44），1843 年（160），[①] 1845 年（210），1847 年（186）；利物浦 1832 年（37），1849 年（69）；布里斯托尔 1824 年（20），1830 年（28）；曼彻斯特 1815 年（14），1829 年（24），1831 年（32），1840 年（52）；伯明翰 1808 年（2）；莱斯特 1831 年（5）。

在 19 世纪后半期的特定年份，也有一些类似数字可以说明这一趋势：利物浦 1869 年（91），1870 年（139）；伦敦 1860 年（310），1870 年（464）；[②] 伯明翰 1861 年（45）；曼彻斯特 1861 年（84），1871 年（159）；布里斯托尔 1861 年（74）；莱斯特 1863 年（13）。

除伦敦在 1845 年会计师人数就已经达到 210 人之外，再没有任何一个城市在 1850 年前会计师人数超过 100 人；事实上，在 19 世纪中期之前，

---

① Ernest Cooper 在《会计师杂志》（*The Accountants Journal*）1886 年 12 月 1 日刊上根据邮政地址簿引用了这一数字，以之作为"1825《破产法》所导致的巨大增长"。

② 伦敦会计师协会成立之时。

会计师人数超过 50 人的仅有伦敦、爱丁堡、利物浦和曼彻斯特 4 个城市，直到 19 世纪 70 年代以后，后两个城市的会计师人数才开始超过百人。

为便于比较分析，下面按时间顺序列出名录中各年度数据（表 16-1）。

表 16-1 旧时名录中列出的会计师人数

年份	爱丁堡	格拉斯哥	伦敦	利物浦	布里斯托尔	曼彻斯特	伯明翰	莱斯特
1773	7							
1774	14							
1776	—		1					
1783	—	6	—	1	2			
1790	—	—	1	5	—			
1794	—	—	—	—	—	2		
1796	—	—	—	10	—	—		
1799	—	—	11					
1807	—	10	—	—				
1808	—	—	—	—	—	—	2	
1811	—	—	24	—	—	—	—	
1815	—	—	—	—	—	14	—	
1820	—	—	44	—	—	—	—	
1821	58	16	—	—	—	—	—	
1824	—	—	—	—	20	—	—	
1829	—	—	—	—	—	24	—	
1830	—	—	—	—	28	—	—	
1831	—	—	—	—	—	32	5	
1832	—	—	—	37	—	—	—	
1834	80	—	—	—	—	—	—	
1840	—	—	107	—	—	52	—	
1843	—	—	160	—	—	—	—	
1845	—	—	210	—	—	—	—	
1847	—	—	186	—	—	—	—	

年份	爱丁堡	格拉斯哥	伦敦	利物浦	布里斯托尔	曼彻斯特	伯明翰	莱斯特
1849	—	—	—	69	—	—	—	
1860	—	—	310	91	—	—	—	
1861	—	—	—	—	74	84	45	
1863	—	—	—	—	—	—	—	13
1870	—	—	464	139	—	—	—	
1871	—	—	—	—	—	159		

以上事实表明，直至 19 世纪初，在英格兰尚不存在会计师职业，也没有精通业务的技术专家以公开身份向公众提供会计服务。但却有证据表明，随着 19 世纪的发展，会计师职业正在逐渐萌芽并成长。仅在 1811—1847 年的几十年（差不多一代人的时间）中，伦敦名录中所列出的属于会计类的商号数就几乎增加了 8 倍，即从 24 增加到了 186，① 而总人口在此期间的增加数却不足一倍。会计师数量的这一增长确实是很快速的，但会计师总人数却并不大，除伦敦市外，其他城市的会计从业者依然很少。在接下来的几十年中（即到 1883 年为止），伦敦职业名录所列的会计师人数增加了四倍半。增长速度减缓了很多，但总人数却达到了惊人的 840 人。比单纯的数字增长更为重要的是，1854 年，苏格兰的会计师组织了一个专业团体来培养成员兴趣及管理其职业行为；而在 1870—1877 年间，一些类似的职业团体在更多的英国城市出现，并开始只通过统一的技术性考试来接纳成员。

由此看来，在差不多两代人的时间内，或者说在 70 年差不多是一个人一生的时间跨度内，一个向公众提供娴熟服务的独立执业的职业得到了发展。

接下来的章节中我们将考察促成同一结果的一些社会和经济因素，

---

① 上文所讲为各地名录中的会计师（accountant）人数，而此处原文中却用的是"商号"（firm）一词，表 16-1 中依然用"会计师"，表明所用数据为会计师人数，是否当时一个会计师即等于一个会计师事务所（商号），未见任何资料解释，此处存疑并按原文译出。——译者

我们将看到，会计师作为一个新的职业，究竟是如何在复式簿记中所萌生的科学方法的基础之上，在工业化迅速增长的需求之中，在当时议会的诸种行动中发芽生根并成长起来的。

参考文献

［ 1 ］ Richard Brown，*History of Accounting and Accountants*，Edinburgh，1905，pp. 77-91，furnishes many of the facts stated in this section on the chapter.

［ 2 ］ See *The Household of a Tudor Nobleman*，by Paul V. B. Jones，University of Illinois，Studies in Social Science，Vol. VI，No. 4，December，1917，Chapter IV，"Financial Management in the Household."

［ 3 ］ P. V. B. Jones，*op. cit.*，pp. 143-144.

［ 4 ］ A. H. Woolf，*A Short History of Accountants and Accountancy*，p. 86.

［ 5 ］ 13 Edward I, c. 2.

［ 6 ］ P. V. B. Jones，*op. cit.*，p. 144.

［ 7 ］ A. W. Chalmers，*The Accountant Students' Journal*，June II，1883.

［ 8 ］ Brown，*op. cit.*，pp. 182，193.

［ 9 ］ Especially Brown，pp. 183，202，234，Woolf，pp. 31，171，Appendix II，and Murray，pp. 90-111.

［10］ A. W. Chalmers，*The Accountant Students' Journal*，June I，1883.

［11］ A. W. Chalmers，*op. cit.*

第十七章

会计师事业的发展

现在我们有必要来看一下 19 世纪经济的潮起潮落：接踵而至的繁荣、危机和萧条；细察企业破产法及有关当时经营失败的统计数据；观察通过对公共工作和联股公司总体上的法律制度规范而实施的社会控制不断增长的情况（这一观察也将延伸至下一章中）。之所以要对这些事务进行观察，是因为会计师工作范围的扩展，实质上是以这些条件为基础。这一时期特定活动的兴起，渐次催生了一个会计专家阶层。当这些专家有组织地开展针对自身及后人的教育，以便在与会计相关的事务方面更好地服务普通公众之时，现代执业会计应运而生。

在拿破仑战争结束至美国南北战争结束的半个世纪中，英国经历了多次重大金融危机和工业衰退，与此相伴是商业破产频发，这些导致了对精通会计的专门人才的巨大需求。其中至为突出的是 1815 年、1836 年、1857 年和 1866 年。显然，此处无需对发生这些危机的内在原因作深入考察。我们所要做的，只是勾画出当时发生衰退的大的环境背景，因为它属于这一时期与会计发展相关的经济条件。

拿破仑战争导致了 1815 年的英国危机。在陆战的漫长时期，英国本土得以免受战火荼毒，而其海上霸权也毋庸置疑。因此，她得以自由地建设自己的工业和商业。遇到这一良机，再加上工业革命首发于英国这一重要事实，使其生产力和制造业产品在战争期间获得了突飞猛进的扩展。人们期盼和平，对许多人而言，这似乎意味着，一旦对大陆的封锁解除，将会有极为巨大的商品需求，产能因此相应地有了很大提高。然而，和平却带来了完全不同的结果：大陆国家开始有能力和英国在供应市场展开竞争，而整个欧洲的总体购买力却又大大弱化。结果，英国累积下来的商品无法售出，不可避免地导致了衰退。

10 年之后，英国在 1825 年的恐慌后又经历了一次衰退。鲍威尔（Powell）[1]对这次极其可怕的大衰退的范围和强度曾作过仔细描述，按他的说法，英国似乎"在一夜之间完全变成了易货交易"。衰退带来的经济损失估计高达 45 000 000 英镑。

按照一些人的观点，1820—1840 年的困境源自纺织品制造业中外包制的极度竞争以及动力织布机的广泛采用；自由放任（laissez-faire）的经济哲学导致生产过剩。但也有人对危机的原因作另一种解释，他们认为，1822 年大丰收后银行不计后果地滥发钞票以及当时过度宽松的信贷政策所带来的投机风潮，导致了危机的发生。人们大肆囤积商品（棉花、糖和大米）待价而沽；"泡沫"法的废止极大地推动了股份公司的发展；公众人物和报刊大肆宣扬不断扩大的繁荣；股票交易所的入口每天都被急于投机的人们挤得水泄不通。[2]11 月，普利茅斯一家银行倒闭，12 月又有一家伦敦银行关门；3 周之内 70 家银行停止对外支付；英格兰银行的黄金储备从 $11\frac{3}{4}$ 百万镑跌至 $3\frac{3}{4}$ 百万镑。

10 年之后，又一次恐慌席卷英国。一位早期作者[3]就 1836 危机给出了 3 项解释：①持续的股份公司投机，包括股份制银行，其中 200 家是在 1826—1836 年间新设立；②股份制银行在美国的过度扩张（私立银行由 1830 年的 329 家增至 1836 年的 700 家）以及西部的土地投机，导致了美国的过度贸易；③美国公开账户上信用的发展（取消了附有提货单的汇票）及随之而来的美国商业竞争，导致了以此类信用为基础的贸易过剩。

随之而来的是长时间的严重衰退。在最为严重的时期，据说每 3 个人中就有一个背负着债务，很多人干脆连账本都懒得再看，只是在悲惨绝望中等待末日来临。至 1844 年，情况有了实质性好转；粮食丰收，开始出现剩余存款，铁路建设以很快的速度发展。① 到第二年，投机又开始盛行。秋天，物价猛跌，来年又发生了对未支付承购股票的持续性支付需求。1847 年秋，一系列企业的破产再次将这个国家卷入了恐慌。

这种周期性动乱始终持续着。1857 年，另一次由英国在美投资引发的危机席卷英国，导致大批纺织企业破产，许多冶炼厂遭受灭顶之灾。1866 年，企业刚刚从之前的打击中恢复，就再次被逼入了绝境。这种情况，一方面是因为持续的投机，另一方面则是因为美国内战的影响。在此事件之后，洛克（Locker）曾撰文，认为危机源于一系列错误观念的影响，因为对 1862 公司法下承担有限责任的联股公司的风险缺乏足够的认识，导致股份制银行大量出现，这些银行为了给其股东赚取利润而参与各种冒险投机。后来一位作者[4]则把 1866 年危机归咎于美国内战结束这一事实。战后美国开始在英国市场倾销棉花，而当时，由于实行价格封锁，印度和埃及棉花产量本身已经翻了 3 倍。事实上，不管是什么原因导致了危机，只看危急中许多大型企业破产本身所造成的影响（比如 Overend，Guerney & Co. 公司的破产，该公司负债高达 19 000 000 英镑），就足以证明危机的巨大影响。

不断重复的危机造成了一些必然的后果，包括严重的财务损失和大量企业破产。我们有一些有关英国企业破产的统计资料，但这些资料很难令人满意，原因在于缺乏持续性而且法律制度经常在变。不过，这些资料依然可以表明，企业破产不但在危机的年份发生，同时也是一种一直都在发生的现象。

---

① 1845 年 2 264 英里，1850 年 6 621 英里，1860 年 10 433 英里。

表 17-1　　　　　**英国破产统计（1817—1890 年）**

（根据《英国年鉴》和《惠特克年鉴》编辑）

年份	签发的破产委托数
1817	2 311
1818	1 248
1819	—
1820	1 784
1821	1 665
1822	1 419
1823	1 250
1824	1 244
（新法）	
1825	1 475
1826	3 307
1827	1 688
1828	1 519
1829	2 150
1830	1 720
（新法）	
1831	1 886
1832	1 519
1833	1 150
1834	1 013
1835	959
1836	890
1837	1462
1838	956
1839	930
1840	1 516
1841	1 330
1842	1 373
1843	1 169
1844	1 064
1845	1 028
1846	1 326
1847	1 373
1848	1907
1849	1 298
（新法）	
1850	—
1851	—
1852	—
1853	—
1854	—

年份	破产申请
1855	—
1856	—
1857	—
1858	—
1859	2 765
1860	2 820
1861	3 129
（新法）	

年份	破产"判决"
1862	9 663
1863	8 470
1864	7 224
1865	8 305
1866	8 126
1867	8 994
1868	9 195
1869	1 0396
（新法）	

年份	破产案	重组清理	庭外协商	合计
1870	1 351	2 035	1 616	5 002
1871	1 238	2 872	2 170	6 280
1872	933	3 694	2 208	6 835
1873	915	4 152	2 422	7 489
1874	930	4 440	2 549	7 919
1875	965	4 233	2 691	7 889
1876	976	4 986	3 287	9 249
1877	967	5 239	3 327	9 533
1878	1 084	6 356	4 010	11 450
1879	1 156	7 167	4 809	13 132
1880	995	5 546	3 757	10 298
1881	1 005	5 216	3 506	9 727
1882	995	4 679	3 567	9 241
1883	1 646	4 011	2 938	8 595
（新法）				
1884	2 998	485	687	
1885	4 566	61	189	
1886	4 816			
1887	4 839			
1888	4 826			
1889	4 520			
1890	4 011			

表 17-1 是根据《英国年鉴》1817—1867 年数据、《惠特克年鉴》1868—1890 年数据编制的，年鉴的原始数据来自议会文件和官方正式统计。

我们无法找到充分的数据来直接描述 1815 年危机，但在 1817 年，实际签发的破产委托高达 2 311 例。这一数字代表了危机后两年的情况，依然可以在一定程度上反映出危机的影响，因为在接下来的 3 年中，每年的破产数皆比 1817 年有显著减少。1825 年危机的影响在 1826 年的破产数中有所显示，该年度破产数为 3 307 例，比前一年的两倍还多。1836 年破产总数为 890 例，1837 年则达到了 1 462 例，很明确地反映了 1836 年危机所造成的财务困境。铁路投机兴盛时的破产数同样较大：1847 年，1 373 例；1848 年，1 907 例；1849 年，1 298 例。在 1857 年危机之后，1859 年的破产数为 2 765 例，1860 年为 2 820 例。1866 年金融危机的累积影响一直延续数年：1866 年 8 126 例；1867 年 8 994 例；1868 年 9 195 例；1869 年 10 396 例。显然，这并不仅仅是一次股票交易危机或投机危机，而是一场严重的工业衰退。

这些危机致使议会一次又一次地修订有关破产的法律制度。这些法规与其经济背景一道，对有关的考虑作出了回应，原因在于，法律中的某些条款要求具有专业经验的会计师为社会公众提供相应的服务。

1800 年前的英国法对我们目前的议题几乎毫无意义：它们只不过是提出基本的破产程序，因此基本上可以一带而过。

最早的法令[5]是在 1542 年颁布的，它只是简单地授权给大法官（lord chancellor），让他有权剥夺并出售"那些得到他人财物但却并未打算付款的人"的财产。剥夺的所获财产将在债权人之间按比例分配，但他们仍然享有向债务人追讨尚未结清之债务的权利。在伊丽莎白女王时代（1570 年），议会对这项法令作了拓展，将其适用范围特别扩展到那些违反各种专门法令、"意图欺骗或阻挠其债权人"的商人。[6]在 1604 年詹姆士一世（James I）时代，另一项法令扩展了有关破产的描述，包括了任何为了阻止或延迟债权人收回其债务，而以欺诈的方式转移土地、货物或动产的人。同时，法律还赋予法庭专员传唤证人、检查破产财产以及在必要时分配其财产的权利。若干年后（1623 年），在特定条件下，若发生破产，会被判戴上颈手枷示众 2 小时，并割去一只耳朵以示惩罚。[7] 1662 年，议会规定，股份公司的股东不得作为商人从事破产法明令禁止的各种商品的交易。[8] 1705 年的法令[9]规定，对未能在 30 天内履行偿付义务，已经依法破产并判了重罪者，可完全免除债务。

此后一百多年，英国再没有颁布过任何有关破产的法令。在此期间，社会和产业环境发生了巨大变化。当人们的注意力再次被吸引到有关破产的法律制度方面时，好几项新的法令开始接二连三地出现。在半个多世纪中，议会通过了 7 部极为重要的破产法令，包括：1825 年法、1831年法、1833 年法、1849 年法、1861 年法、1869 年法和 1883 年法。这里值得特别注意的，正是这些后来的法令。其条款既涉及参与破产事务处理的人员，也关系到与商业危机相关的背景材料。

这些破产法令在危机的间隔之间渐次出现，这一点本身可能说明一定问题。下表按时间顺序列出两种事项的发生情况。

危机——1815
　　　　1825——破产法令
危机——1825
　　　　1831——破产法令
　　　　1833——破产法令
危机——1836
危机——1847
　　　　1849——破产法令
危机——1857
　　　　1861——破产法令
危机——1866
　　　　1869——破产法令
　　　　1883——破产法令

在大多数情况下，法令都是跟在危机之后出现的。它跟得如此之紧，让人觉得两者之间似乎存在某种因果关系。从时间来看，破产法的颁布是在：1847 年危机后两年内，1857 年危机后 3 年内，1857 年危机后 4 年内，1825 年危机后 6 年内，1815 年危机后 10 年内。前面我们已曾表明企业破产数与危机发生年份间的关系。对照破产数量最大的时间与此处所提供的排列顺序，则不难发现，在危机和新的破产法颁布之间的一些年份，破产数量总会大幅度上升，这似乎成了一种规律。因此，各种事件似乎构成这样一种顺序：一场金融危机，大量企业破产，一部新的破产法颁布。

无疑，破产问题曾经在公众意识中占据了极为重要的位置。整整两代人的建设性立法，都在努力寻求保护债权人（在此代表普通大众）利益，减轻因破产而带来的损失。各种控制性手段被写入法律之中，但是，却始终有某个或某些人要承担一种责任，那就是对破产者财产实施管理，以尽可能维护所有有关人员的利益。自然，对那些特别能够满足法律和环境要求、诚实且具有良好判断能力的人员，需求量是极大的；他们所拥有的技术知识也自然会随着阅历的增加而不断增长。

后来的法令中有些特别条款是很值得注意的，此处将对其作一简要介绍。1825 年[10]法授权大法官任命"他认为合适的人"担任破产事务专员来领导破产财产处理事务，以清偿债务（Sec. XII）。人数和价值占优的债权人可以选派代理人接收并分配破产财产（Sec. LXI），倘若债权人未曾指派代理人，则可由破产事务专员代为指派（Sec. XLV）。代理人必须详细记录所收到的破产财产及其付出情况（Sec. CI）。破产事务专员需在公开会议上审查代理人账目（Sec. CVI）。

1831 年法[11]的变化很大，它创建破产法庭并设立了"官方代理人"。后者人数在 30 以内，包括大法官亲自选定的"商人、银行家、会计师或交易商"。官方代理人与债权人所挑选的代理人一起负责掌管破产财产，但是，财产的受收和处置则仅由官方代理人负责。（Secs. XXII, XXV, XX-

VI）按照以前的法律，破产事务专员的任命往往是出于政治的原因，选中人员很难具备这一特殊职位所需的知识。1831 年法试图通过将破产事务专员的任命限定在那些具有上述各种商务经验的人员中，从而弥补这一缺陷。1842 年，破产法庭的设立扩展到伦敦以外地区，官方代理人数量也相应有所增加。1833 年法只是作了些细节上的修订，与本章目并无多大关系。

1849 年，所有有关破产的法律统一进行了整固和修订，其程度之高，以至于在《法律汇编》（*Statutes at Large*）中，新法[12]所占篇幅达百页以上。新法中的材料大部分是早期法令的重复，包括前面所提到的在伦敦及其他地区设立破产法庭的组织问题，以及官方代理人任命事宜。关于公开破产之外的破产事务处理，该法规定（Sec. CCXVI），若有 3/5 的债权人（按人数和价值计算）可以接受有关债务处置的破产提议，法庭可针对提出破产请求当日的所有债权人批准破产申请。

当然，不论何种类型的破产，都会或多或少涉及一些与会计报表相关的事务，但对本章此处目的而言，最重要的则是直接与会计相关的章节。破产者必须将其记录和账簿呈交官方代理人，并协助后者清查其财产。（Sec. CV）由于官方代理人在同一时间要管理很多破产案，因此，在破产人呈报相关材料时，明显需要专家的协助。该法还进一步规定（Sec. CLX），破产者必须将此类平衡表和账目归档，因为法庭要指挥他们就其真实性进行宣誓。根据代理人的请求，准许向法庭认为合适的人员编报有关财产的平衡表和账目。法律还规定（Sec. CLXXXV），法庭应该组织有关破产事务的公开听证，包括在结案前核查曾经盟过誓的代理人所编制的收支报表。

上述大部分规定对破产法而言都是新规定，但是，1849 年法似乎——至少在一定程度上——只是汇集了之前一些"较好的做法"。《会计师》[13]杂志 1877 年刊登的一封信件证实了这样一项事实，即：早在 1831 年法和 1849 年法之前，会计师就已经广泛参与到破产案之中。他提供的 1817 年 6 月 20 日《利物浦水星报》（*Liverpool Mercury*）上刊登的一则公告说明，凡能够证明其与乔纳森·巴克之间债务关系的债权人，通过向坦普尔镇的约瑟夫·金父子公司（会计师）提出申请，即可收到清算资产中他们应得的份额。

不管 1849 年前的做法究竟如何，该年所颁发的《破产法》确实明确提出了大量与会计相关的工作。法庭上的最后听证要获得通过，很可能需要官方代理人提交有关账目准确性的很好的报告。为此，雇佣会计师来保证账目的正确性就成为一种常规。要为那些习惯于将破产当作一种犯罪的法庭和官员准备正确而且能够令人信服的报告并非易事。然而，将报表回溯到破产方能够表明他具有偿付能力的时期乃是一项惯例。[14]换言之，即有必要通过报表向法庭表明其无力偿债的原因。不只是破产方希望通过向法庭提交一份精心准备的事务性报告和有关损失的账目，帮助他清偿案子中所涉及的债务或获得一定程度的妥协，即便是债权人，虽然他们常常反对妥协，但为了自身利益，也希望能对报表资料作彻底检查。

社会需要具有专门簿记知识的人提供专业服务，这是显而易见的。当时人们对这一问题的意见更为坚决。沃辛顿（Worthington）报告中曾访问过一位差不多自该世纪中期以来就已经在从事执业实践的特许会计师。该会计师曾谈道，在经过适当考虑之后，他得出了一项十分确定的结论，在 1847—1848 年这个极为悲惨的时期，"最大的成就是给职业会计奠定了坚实而稳固的基础"。同是这位作者，在 1895 年又再次写到，有一些会计师，其业务几乎完全来自因为从事特定贸易的一些商人事业失败而引出的工作。布朗（Brown）[15]谈到，1849 年法有关编制破产报表的要求，"让许多众所周知的会计师变得更加声名卓著"①。

事实表明，1849 年法虽然有所进步，但却并非完美无缺。鉴于其细

---

① 莱比锡大学 Penndorf 教授的研究表明，德国的审计职业可以追溯到 16 世纪，那时候，人们聘用一些有经验的簿记员对大型贸易公司（比如说福格家族）的代理人和分支机构所提交的报告进行审查，并审查一些处于财务困境中的企业所提交的与破产清算相关的记录及报表。——Voss, *Handbuch fur das Revisions — und Treuhandwesen*, p. 8.

节对我们目前的目的而言无关宏旨，因此，我们只需指出后来1861年破产法进一步弥补了其缺陷，即已足够。1861年法[16]废除了官方代理人，把财产责任完全交托给债权人指派的代理人。（Secs. 117，127）之前债权人曾抱怨他们在破产事务处理中缺乏足够的话语权，眼下所有事情都处在他们掌控之下。如此则为破产事务的庭外处置提供了极大方便，并为会计师提供了更多业务，他们既可以参与编制报表，也可以在破产中作为受托人，或者作为债权人的代理人参与破产事务的处理。

该法第16号日程表提供了一种会计报表的专门格式，当时一位作者[17]还提供了一份"源自实务的图表"。该表左边为债权人名单（包括有担保和无担保两类），需要全额支付的债权人，以及一些因为贴现票据而发生的或有负债；右边是按好、不确定、坏3个等级分类的债务人，交给代理人或债权人手头所持有的财产，以及损失额。这实际上是一张"事务表"，与现今教科书上所用的表格并无不同。即便在那时，就已经有一份形式上极为现代的"损失账"，把各种损失详细列在一边，企业资本则列在另外一边。其余额为资本抵补损失后的净损失。作为最终结果的"损失"数，应与事务表余额相符。

数年后（1869年），当时依然生效的几项法令被合并一处[18]，形式上与1861年法颇为相似。该法赋予债权人在不受法庭干扰的情况下充分协商的权利。（Sec. 13）庭外协商因此变得更加容易。在这种情况下，可以达成一项协议，表明大多数（以及债务总额占3/4的）债权人所认同的解决方案；债务的清算和发布也应受债权人解决方案影响。（Sec. 125，126）这种情况下的投票表决应该有代理人或债权人亲自参加（Sec. 16）——对这一点此处需要做进一步评论。

新法所造成的一些后果很快就显现出来。在新法颁布之前的一些年份，处于财务困境的企业案在数量上呈缓慢上升趋势（参看表17-1中1862—1869年数据），此时对案数的分类变得十分清晰。比如，在1870年，总案数为5 002起，但其中通过庭外协商和重组清理方式（即尽量少占用法庭资源的形式）解决的案数达 3 651 起，进入正式破产程序的仅为 1 351 起。因此，当时曾有人报告说，自 1869 年法之后，债权人更倾向于通过清理方式解决债务问题，而不是进入破产程序。[19] 如果把 1870—1879 年新法下的总案数加总起来，我们将会发现，在 84 778 起总案数中，选择通过正式破产途径的约为 1/8（10 515 起）。如此则说明，在大量无法偿付债务的案件中，就像此处数据所显示的那样，有很大一部分是需要通过债权人之间的协商来解决的，这也是走出困境的最佳方式。

由此也证明了，已经很好地掌握了簿记知识的人可以作为受托人在非正式清理重组中很好地发挥服务作用。从统计资料来看，此种人才在当时已然出现：利物浦——1860 年 91 人，1870 年 139 人；伦敦——1860 年 310 人，1870 年 464 人。但是，当时曾有人[20]写到："在该法颁布后几年内，会计师人数就已经翻倍。我们发现，会计师在做本行的同时，还充当着各种代理角色，比如拍卖人、法院执行官、经纪人、讨债人、律师文员、法律用品店店主、帽商、裁缝、出版商、茶点房经营者、酒商，如此等等。你是否能理解为什么熟练的会计师还要申请一份特许证，以便将熟练的会计师与其他职业区别开来？"

此时，债务代理的重要性变得十分明显。因为无力偿债的情况到处蔓延，所以需要通过足够数量的债务代理人来控制收款人的任命（以及确定其工资标准），这种渠道具有公开性，因而很容易被人操控，有时难免会导致代理错误和欺诈。很多未经训练的贪婪之徒也开始自称为会计师，向债权人进行游说以充当其代理人，或者罔顾债权人所处的具体情况，极力催促债权人同意解决条件，以显示他们作为自封"会计师"的能力，代表他们参加债权人会议，甚至获得作为破产财产受托人的任命。

这种极尽所能获取债权人代理资格的状况，以及"经纪人、帽子制造商、出版商"等头衔暗含的讽刺意义，让事情进入了这样一种境地，即逐渐形成了一个特殊的职业活动阶层，这个阶层自然与那些真正具有承担受托人工作的专业资格的人中间还是存在一些细微的差别的。因此，很明显地，很多参与破产事务处理的人因为缺乏胜任能力而吸引了外界的注意。熟练的会计师总体上还未获得很高的职业地位，他们还不得不忍受声誉不高之苦，因为会计师在当时不过是一个自封的头衔，在公众的观念中，往往将他们视为不断祈求千万不要被人发现的"暗探"。正如早期《会计师》杂志上常常援引的那样，在法律期刊上，会计师动不动就被当作缺乏胜任能力的贪婪之辈，认为他们最关注的只是那些伪造的东西。即便是法庭，也同样分不清在同一名目下按照1869法的有关规定，为破产清理或债权人提供服务的两类人究竟有什么区别。直到1875年，还有一位法官在讲："整个破产事务都是一些称为会计师的无知之徒在处理，这是法律中最糟糕的不正之风之一。"[21]

因而，不足为怪的是，正是这种状况，在熟练的、经验丰富的会计师之间引入了一个休戚相关的未知成分，或者说，他们携手进入了职业协会，而正是这些职业协会要教会公众去区分什么样是合格的会计师，什么样是不合格的。

关于英国的企业破产及其会计需求，尚有一事需要略加说明。由于有关债权人的各种事务最后（1883年）完全被未经核准的债权人所左右，议会不得不作出反应，同时再次增发了一项破产法令。[22]正如表破产统计数据表所见，新法不久就终结了由未经严格限制的债权人通过协议方式清理或庭外解决债务纠纷的事实；有关债务处理的各项事务再次置于法庭视界之下。这种情况并不意味着庭外协议完全消失，尽管它确实导致经由会计师处理的偿债资产清理事务大幅度减少。① 不过，它使此类协议的处理，相对于以前使用代理人的情况而言有了一个更为安全的基础。事实上，新法进一步加强了对公允而合理的庭外协商形式的采用，要求提供更为详细的法定报告——"事务表"。该表是当时会计实务中一个很

---

① 当时一位作者发现，对会计师服务的需求开始更多地来自其他方向；因此，对会计师而言，债务清理业务的减少无需太过介意。C. R. Trevor, F. C. A., in *The Accountant*, November I, 1884.

明确的部分，该法充其量只是认可了这一惯例。在会计师协会理事会提交给贸易委员会的一份有关执行 1883 年法问题的备忘录中，会计师们指出：向债权人提供比该法第 16 条所要求的还要多的信息乃是他们的惯例，尤其在关于资产可实现价值的确认方面。该备忘录进一步谈道：

> "备忘表因此成为一份十分重要的文件，对债权人而言，它是一种指南，他们可以据此确定是否应该接受债务人所提供的庭外协议或重组方案。截至目前，债权人一直习惯于依赖它所提供的有关债务人状况的准确信息，因为，虽然后者要为它负责，但通常情况下它却是由会计师编制和呈交的。"[23]

对破产法的发展，至此已经无需再作进一步考察。上述讨论已然表明，商业危机导致了破产法的出现，后者则为熟练掌握簿记的人提供了工作机会。后来的事实证明，人们努力减少英国破产程序中"官僚主义"的影响，结果却导致法庭约束弱化，从而又产生了新的弊端。这些弊端所造成的利益冲突，让那些公认的会计事务方面的内行们开始联合在一起与那些技术上并不够格的人的行为作斗争，以争取他们自己的共同利益，更好地保护社会公众。

苏格兰破产法评注

早期英国破产法很容易产生"官僚主义"，可能是该法最大的缺点，并因此导致了许多试验性立法。早期苏格兰立法的稳健则显得与此颇为不同。苏格兰于 1772 年所确立的基本程序（12 Geo. III c. 3）为破产程序提供了一个合意的基础，事实证明那是极为有效的。其基本特征在 1856 年法中同样可见，苏格兰此类立法始终采用了这一架构。①

1772 年法作为序言性详述得获通过，是为了保护无法偿付债务的债务人对个人的影响，避免债务人财产被较早获知消息的少数债权人瓜分，从而造成对距离较远

---

① "［罗马］民法中由弗埃特（Voet）和其他讲解者关于解释债权人排列及优先顺序调整的解释，是目前苏格兰破产法实践的基础。"Murray，*Chapters in the History of Bookkeeping and Accountancy*，p. 133.

的债权人利益的损害和不公。法庭可以扣押债务人全部财产并指派一名临时代理人负责掌管这些财产，以保护债权人利益（Sec.1）。法庭更愿意任用同意提出扣押申请的大多数债权人提供的人选来担任这一职务（Sec.2）。该代理人（9个月之后）要尽其所知向法庭提出"一份有关债务人资金的说明"，债权人有20天时间可以在法院查阅该"账务说明"，然后，法庭会下令在债权人之间按比例分配这些找回的资产。（Sec.7）经2/3以上债权人同意，则可选择受托人来管理这些财产，而不是通过代理人来申明其主张（Sec.30）。受托人也可以选择一个代理人（经理人）代行其职。（Sec.31）

1793年法（23 Geo. III c.18）对一些程序作了细节上的扩展，比如要求债务人出庭，进行破产审查等。该法还包含同样的总体程序，增加了一些让特定细节变得更为丰满的程序，比如要求破产方出示"一份有关其事务的说明，"详细说明其公司及个人财产，等等；（Sec.21）要求大多数债权人提名其中3位债权人作为破产事务专员，对受托人账目、佣金结算等进行审查；（Sec.28）要求确立一定程序，9/10的债权人可据之核准一项由破产转为庭外协商的提议，法庭可以此为依据在听取反对意见后宣布庭外协商生效。

1814年法（54 Geo. III c.137）废除了以前各法，将其编撰为一部综合性法律，表述更为明确，组织也更具逻辑性。依照该法，普通债权人中的多数派可以控制所有会议；他们可以推选其中3人作为破产事务专员来代表债权人总体；他们可以推选1个人作为受托人，他可以成为任职代理人。其间关系俨然就像股份公司中股东（普通债权人）、董事（破产事务专员）与经理（受托人）的关系。因而，受托人自然应该成为在3位代表性债权人（负责审查账目、决定清理分配问题、佣金等）监督之下的专家，对债权人总体负责。该法还要求经常编报会计报表（Secs.33，Secs.36，Secs.37，Secs.45），并考虑债务人可能提出的进行庭外协商的建议。

在1839年，又一项法令获得通过（2&3 Vict. C.41）。该法对现存破产法在某些特定方面作了补充（即：赋予人数和价值占优的债权人以接受庭外协商的权力），但对长期以来所形成的程序和控制方式并未做大的修订。

对破产法的另外一次较为彻底的重编是在1856年（19&20 Vict. C.79），经过周密考虑的该法，让苏格兰执业会计师于中占据了不小的位置。其结果，正如前曾说明，在于维护最新的法律，并对84年前（即1772年）建立的基本程序作必要的改进。如果说 1856 年破产法是受到了当时苏格兰会计师意见的影响，在苏格兰，该职业毫无疑问受到了早期稳固存在并很有条理的法令的很大影响。苏格兰法律为法律和会计方面的专门人才提供了极为明确的位置（代理人、受托人），对这些人以他们自己的功勋为基础求得团体增长发挥了很大的促进作用。而早期英国法，虽然感觉上是为专业服务打开了方便之门，实则是将大部分责任交在了对具体工作所知甚少的官员手上。在苏格兰会交给会计师来处理的许多问题，在英格兰却是由大法庭的主宰者（masters in chancery）来处理。

两国破产法的上述差异，或许能够很好地解释为什么在苏格兰职业会计稳固地确立其职业团体的地位要比英格兰早了差不多一代人的时间（分别为 1854 年和 1870 年）。尽管英国法同样也为会计师提供了大量工作机会，要求大量"手艺人"（tinkering）让他们自己变得公正，并给予他们极大的稳定性，以确保能获得公众的充分信任，做到诚实守信。

参考文献

［1］E. T. Powell, *Evolution of the Money Market*, p. 330.

［2］Locker, in *The British Almanac*, 1867, p. 5.

［3］Locker, *op. cit.*, p. 12.

［4］O. C. Lightner, *History of Business Depressions*, p. 65.

［5］34 & 35 Henry VIII, c. 4.

［6］13 Elizabeth c. 7.

［7］23 James I, c. 19.

［8］14 Charles II, c. 24.

［9］4 Anne c. 1.

［10］6 Geo. IV, c. 16.

［11］1 & 2 Wm. IV, c. 56.

［12］12 & 13 Vict. c. 106.

［13］*The Accountant*, June 16, 1877.

［14］George Yard, speaking before the London Accountant Students Society, reported in *The Accountant Student's Journal*, May 1, 1883.

[15] B. Worthington, Professional Accountants, pp. 47, 69; Brown, *History of Accounting and Accountants*, p. 324.

[16] 24 & 25 Vict. c. 134.

[17] *Deacon on Bankruptcy* — 3d ed. pp. 699-702.

[18] 33 Vict. c. 71.

[19] *Whitaker's Almanac*, 1873, p. 303.

[20] Edward Carter in the presidential address at the inaugural meeting of the Birmingham Accounting Students Society reported in *The Accountant Student's Journal*, May I, 1883.

[21] Mr. Justice Quain, quoted by Worthington, op. cit., p. 72.

[22] 46 & 47 Vict. c. 52.

[23] *The Accountants' Journal*, April 2, 1885, p. 460.

第十八章

英国法定审计

　　仅仅工业危机和破产法的颁布，并不能说明 19 世纪英国职业审计兴起的总体环境。股份公司的发展也对技术知识及会计技能的增进具有十分重要的促进作用。在簿记向会计演进的过程中，有限责任公司究竟发挥了什么样的作用，我们已在上一章作过讨论，并对其中所涉及的主要法令作了介绍。因此，本章关注的重点，将直接转向几部重要的公司法中提及的会计或审计工作，或对此提出具体要求的章节。

　　英国股份公司发展的过往经历并不十分令人愉快。18 世纪初股票投机中的深度欺诈，招致了公司设立遭禁百年的严重后果。19 世纪上半叶，联股公司的优势才又开始慢慢影响议会，在经过了 1825 年和 1837 年的预备性立法之后，一项新法案终于在 1844 年获得通过。[1]依照该法，只要遵照公开注册的有关规定办理注册登记，即可合法设立联合股份公司。该法案特别注重建立一种保护机制，以便对公司发起人和董事的行为实施控制。在早些时期，正是由于这些人的行为失控，导致了股票投机的灾难性后果。

　　该法（Sec.1）要求所有联股公司必须办理注册登记，禁止以任何形式未经注册设立公司。办理注册登记时，需要进行一定的公开宣传，而且需要在最初的临时注册和最终正式注册之间，对所考虑的项目进行正式审查。事实表明，这项审查程序还是很有效果的。有许多公司提出申请，但最终难以完成注册登记，即是最明显的证明。①

或许是为了对董事进行审查和控制，该法某些条款要求董事保管账务资料，并由董事（或其下属职员）以外的人员对账务资料进行审查。股东必须在其初始协议中任命一名或一名以上审计人员，方可获颁注册登记证书；（Sec.7）以后的审计人员需要在年度股东大会上任命。（Sec.38）公司需要设置会计账簿（Sec.34），董事必须编制一份"完整而公允的资产负债表"，签字后送交审计人员（Sec.35）。该法还要求董事在股东大会召开10天前将资产负债表和所附审计报告打印件送交股东，同时送交股份公司注册机构。

数月后，又对这部法律进行了修订，并以1845《公司条款合并法案》（companies clauses consolidation act）[2]之名重新获得通过。该法案对账册保管（Secs.115-119）及董事编制资产负债表等问题作了更详细的规定，并增加了对审计人员资格的具体要求（在以前的法规中这种要求可能是暗含的），包括："每位审计人员至少应该拥有被审单位一份股份，但是，除了作为一名股东外，他不能在公司中担任任何职务，也不能和公司有任何其他利害关系。"（Sec.102）在另外的章节中，（Sec.108）该法还就外部专家的介入作出了如下规定：

"审计人员可以合法地聘用一些他们认为合适的会计师和其他人员，费用由公司承担。所聘用人员可以就有关账务资料编制一份专门的报告，也可以只是简单地确认原报告；此种报告或确认书应与由董事所提供的报告一起在股东大会上进行宣读。"

议会对董事显然是极不信任的，这种不信任表现在：第一，他们在两项法案中都特别强调审计人员对股东的代表性，而且规定审计人员只

---

① 有关新设公司注册登记的统计资料，可具体参看章尾有关公司注册登记的评注。

受股东控制；第二，出于预防目的，要求向登记机关呈报财务报告。通过这些规定，使得用欺诈的方式成立和经营公司变得十分困难。议会的这一举动等于是要求另外一个代理人实施检查或控制。一般来说，这种控制源于更早时期的一些类似实践，比如庄园主亲自检查他的管家和财产代理人的账目，[3]或者，正如我们在前面章节中曾经描述过的那样，将这一职责委派给一个技术熟练而且可靠的个人代表，作为他的审计员。在19世纪的股份公司中，股东取代了庄园主的位置，董事代表了管家和财产代理人，而审计员，依照法律规定，依然占据着其所有者权益之个人代表的位置，受命检查经营者的记录。

不过，该法所认定的审计人员乃是"业余的"，也就是说，属于"专业人士"；他们依然属于股东，尽管该法特别准许他们聘请会计师（专业人士）来协助他们。如果没有这些内行的助手，由于参与审计的人员缺乏应有的技术知识，必然会使审计流于形式，并且常常是不充分的。初期的审计程序很简单，甚至在1875年[①]，也依然只是核实一下有关款项支付的票据是否齐全，资产负债表是否与分类账余额相符。1861年，一位作者在一个小册子[4]中呼吁由公共（即政府）审计人员来查账，因为在他看来，1845年法下的审计"完全是胡闹"。他说，董事们召集股东大会，只给审计人员10天或14天时间进行审查。这种情况下的所谓审计，充其量只能是核对一下报表数据与账簿余额是否相符，查查付款票据而已。

虽然股东的审计难免有些不充分和不专业，但总比对董事们的经管责任完全不闻不问要强得多；而且，由于之前人们已经认识到了进行这种检查的必要性，并规定在必要时可以聘用专业会计师进行协助，因此，

---

① Ernest Cooper 在《会计师》杂志 1886 年 1 月 1 日刊上曾撰文指出，当时的情况依然很难令人满意。他写道：公司和慈善机构账务资料的审计，已经在很大程度上委托给了特许会计师，但是，通常情况下的审计有很大一部分在大多数情况下依然掌握在一些并不具备必要的技术，或者至少是不甚合格的人手中。（第139页）参见 1875 年 1 月 30 日和 6 月 12 日《会计师》杂志的社论。

1844 年公司法和 1855 年公司法已然为职业会计师作为一个阶层发展奠定了坚实的基础。①

1862 年公司法[5]对这一基础作了进一步补充。接下来我们感兴趣的是它是通过什么方式进行补充的。本法主要关注公司的成立和清理，以及在此过程中所涉及的各个利益相关方之间的法律关系。有关公司经营管理的各项事务，则在一个很长的补充表中作了规定，该法称之为"表 A——有关如何管理一家实行有限股份制度的公司的规章制度"。

这些制度构成一组所谓的公司细则，尽议会所知，确立了一个管理良好的公司所应满足的最低要求。依照 1862 年公司法第 15 条，这些规章适用于任何依据该法设立的公司，条件是"组织大纲（Memorandum of Association）未附有相应的组织细则（Articles of Association），或者组织细则中的条款并未违反或改变表 A 中所包含的规则……"。换言之，若公司没有自己的细则，或公司细则与表 A 中的规定冲突，则均需按表 A 要求进行操作。为了本章目前研究的目的，我们需要集中关注表 A 中的有关条款，因为 1862 年法有关会计的各项条款即是包含其中。

该表中有关会计的条款可简要归纳如下：公司必须从经营中获得利润，方能分配股利（Sec. 73）。董事应保持真实的存货、现金收支及债权债务账目（Sec. 78），并每年编制一次资产负债表和收入支出表提交股东大会（Secs. 79，81）。每年至少一次，由一名或数名审计人员检查公司账目，证实资产负债表的正确性（Sec. 86），这些审计人员可能是公司成员（Sec. 86），在获得董事的首次任命后，还要由公司在股东大会上进行任命（Sec. 84）。

每位审计人员都应得到一份资产负债表，他的责任是依据与之相关的账册和凭证对其进行检查（Sec. 92）。这些审计人员应向公司成员报

---

① 这一时期所颁布的一系列其他法令也为任用职业会计师提供了可能，尽管并未明确提出要求聘用外部专家。本章末尾将概略提及此类法令。

告，"依照他们的意见，该资产负债表是否充分而公允地包含了这些法规所要求的细节，并作了适当的提炼，以展现有关公司事务的真实情况"。（Sec. 94）为达此目的，审计人员可能要任用一些会计师或其他人员来协助他调查账目，费用则由公司负担（Sec. 93）。

从这些规定明显可以看出，1844 年法、1845 年法所确立的主要会计特征依然被保留了下来，在某些细节上还有所加强。新法中同样保留了由股东大会任命审计人员的条款，以及任用会计师协助审计人员工作的选择性规定。董事依然肩负着同样责任，包括保持账册和编制财务报表，而审计人员也一如既往地担负着审查账目和报表，并向股东进行报告的责任。

公司法的发展中存在着一种倾向，即有关会计细节的规定不断增强。为了说明这一趋势，此处将指出公司法修订中一些明显的变化。依照新法，公司不得进行超出利润以外的股利分配。与之前公司法中关于"不得进行会减少公司资本的股利支付"的规定相比，这一规定显得更积极也更加明确。还有一点需要注意的是，早期公司法对审计人员持股的要求此时也不再适用，尽管他依然可以是股东之一员。① 新法对审计人员的检查及报告职责作出了更为明确的规定，成为明显的进步标志。

除以上各项修订之外，1862 年法还详细规定了资产负债表格式供公司使用。只要考察一下表 18-1 所列报表的详细内容，无需更多解释即可明白，相对于之前通常只是列示借贷方余额的资产负债表，此时的报表已经发展成为一种对资产、负债和资本的分析性分类列报。

---

① 在此有必要说明其演进过程。在 1845 年法下，审计人员"应该至少有一股"，而且可以聘用一名会计师提供协助（Sec. 102）；在 1862 年法下，审计人员"可以是公司成员"，并且可以聘用会计师提供协助（表 A，Sec. 86）；1908 年公司法没有再提有关审计人员持股的资格要求，而且，有关聘用会计师的条目也被删除了（Sec. 112）。

表 18-1

1862 年公司法规定的资产负债表——表 A

_____公司资产负债表，18××年编制

资本和负债					财产和资产				
1. 资本		展示：	£ s. d.	£ s. d.	3. 公司持有的财产		展示：	£ s. d.	£ s. d.
	1	股份数				7	无法移动的财产，分为：		
	2	每股所付金额					(a) 自由保有的土地		
	3	是否有欠款，欠款的性质，以及违约者姓名					(b) 自由保有的建筑		
	4	被没收股份详情					(c) 租赁建筑		
2. 公司负债		展示：				8	可移动财产，分为：		
	5	抵押贷款或债券金额					(d) 交易中的存货		
	6	公司所欠债务金额，分为：					(e) 厂场		
		(a) 已经认可的债务					应按扣除退废价值之后的成本反映，在准备金或损益中列支		
		(b) 按照贸易或其他条款供货而欠贸易商的债款							
		(c) 法律费用欠款			4. 欠公司的债款	9	展示：优质债款，公司持有票据或其他证券的债款		
		(d) 欠付债券或其他贷款利息							
		(e) 未付股利				10	优质债款，公司未持有债券部分可疑债款及坏账		
		(f) 其他杂项债务							
6. 准备金		展示：除用于支付或有项目的利润之外的准备金				11	公司董事或其他官员所欠款项应单独列示		
7. 损益		展示：可随意使用的余额，可用于支付股利等	‗‗	‗‗	5. 现金和投资	12	投资性质和利息率		
						13	现金额，存放之处，以及是否要负担利息	‗‗	‗‗
8. 或有负债		公司可能负担的属于未知的债务主张 公司可能发生的欠款							

以上对 19 世纪英国公司法的考察说明，议会之所以深切关注适当保护联股公司股东利益问题，显然事出有因。18 世纪初，由于无限制地设立可转让股票股份公司，造成贪婪的投机和卑鄙的欺诈，乃至于不得不通过颁布"泡沫法"来保护公众利益。直到百年之后，慢慢地人们才发现对股东的欺诈并不是股份制的固有弊端，而且，通过制度规范（而不是限制）同样可以减少邪恶，发挥这种制度在聚集小额资本方面的良好作用。

公司法的主要目的在于建立一定程度的公众控制（也即是，了解创立公司所需具备的条件），以及对董事在管理公司事务方面的责任进行审查。前一目的可以通过要求注册、审批和办理相关手续即可实现；后一项目则可通过要求股东实施自我保护——即通过审计（检查）董事所提交的账务资料和财务报表——来达成。因此，公司注册登记机关有权否决不合规定的项目注册申请，股东则有权通过其代表（审计人员）了解有关情况，考查董事责任的履行，对其下一步行动实施明智的控制。①

在众多因素中，如果说是这些法规促成了会计职业的兴起，使得其中的从业者作为会计专家发挥作用，其实很大程度上也是出于偶然。最初的打算，实际上是想让少数股东对董事提供的账务记录进行检查并报告给其他人。但是，在各个地方，已经有一些人已经获得了丰富的账务经验，可以在必要时提供有关这一领域内的专门服务。其中有些人无疑已经为依照特许令所设立公司的股东提供了很大帮助，人们也已经认识到，这些人可以为按 1844 年公司法所设立公司中当选为审计委员会成员的股东提供更大的帮助。正如前面我们所看到的，在其后几个月内在一些特定细节上对该法所进行的进一步修订中，就已经提出了一些此类建

---

① 我们可以发现，这些条件下的审计与当今美国社会中特别受人关注的授信问题并无太大关系。这些法令所关心的核心问题，并非公司财务状况是否会影响到其偿还债务的能力，而是它能否（在必要时）对股东的贡献作出回报。因此，不论是在当时还是现代条件下（虽然原因有所不同），相对于收益表，审计人员更看重资产负债表，尽管对企业主而言，会计服务的主要内容乃是仔细地计算企业净收益。

议。修订后的法令特别准许股东所担任的审计人员聘请"会计师"作为其外部助手。相对于普通股东而言，这些会计师的专业知识更为丰富。

这等于是从法律的角度承认了专业人员的存在，虽然有些勉强，但却确实为其打开了门路。当然，接下来的路究竟会怎样走，要看这些相关人员采用什么样的方式来增强其服务能力，以及他们是否有本事让他们的能力越来越为人们所认可。

簿记的范围和重要性在19世纪获得如此发展，与英国的过去并非毫无关联。事实上，就环境条件来看，审计的职业化似乎是最自然不过的结果。在人类的本性中，深深地根植着独立审查或控制（监督或审计）的需求。当某些人被赋予了与政府收入、庄园管理或手工业行会运营相关的财务责任，某种类型的"审计"就会自然萌生。在前面章节中我们已经对这些条件究竟是以什么样的形式产生的作过一些讨论。

当工业社会和城市经济的演进已经远到足以摆脱封建主义的影响，产生了商业公司并带来工业危机之时，在新的形势下，照样遇到了对检查和审核的同样需求，而且要求采用同样的外部控制手段。联股经营企业董事所承担的财务责任，与封建庄园主的管家所承担的责任并无不同。在联股公司中，对经营者行为进行检查的需求表现得更为明显，因为在不加控制地发行股票方面英国曾经有过极为惨痛的经验。这种经验让负责的立法者和官员对可能危及公众利益的股票投机深恶痛绝。

在制定公司法的过程中，议会无疑考虑到了要保护股东和潜在股东的利益，使之免受欺诈性发行和董事管理失误之害。要确保这种保护得以实现，需要有完善的公开政策。考虑到以前的痛苦经历所体现出的需求，以及对以前所采用方法的历史性经验，要是公司法中没有有关审计的条款，那才是咄咄怪事呢！

在英国破产法中同样可以看到以保护公众不受欺诈损害的官方政策。无论造成工业危机的条件有多么不同，事实上，因负债者无力偿还债务而遭受严重损失的，始终是债权人（即公众），这其中又包含大量的浪费和欺诈。在破产法中，议会试图针对债务人财产清理建立一个独立的、没有利害关系的控制机制。其中对公众利益的考虑与对有关联股公司在的立法中的考虑同样之多。

在其他条件相同的情况下，通晓会计知识的人更适合作为受托人，因为他们可以正确地反映真实情况，从而帮助债权人作出准确判断。这种情况自然会吸引拥有这种知识的人，而且，因为有这种工作机会，其他人也会努力去获得必要的技能。对股份公司来说，情况也是如此，因为在检查董事履行其受托财务责任方面，会计知识是非常必要的。懂得会计知识的人被聘去协助由股东担任的审计人员的工作，由于他们的工作非常出色，以至于后来整个审计工作全部交到了他们手上。

如果将英美两国的审计程序作一比较，将会显示出这种背景具有额外特殊的意义。英国审计在 19 世纪获得了很好的发展，但它与公司要求扩大信用的诉求毫无关系。因此，它根本不重视企业财务状况的流动性问题。同样重要的是，英国审计也不会为了提高管理效率而对企业内部控制的运行情况作专门检查。管理层自身需要进行财务检查；审计则是股东用以对其代理人履行职责的情况实施控制的一种工具。

有关英国审计发展的讨论总体上强调外部控制，强调政府对防止企业设立、管理和清算中各种欺诈行为的始终如一的兴趣。因此也就不难理解为什么公共会计会成为一种专门的职业；其业务不是一项竞争性生意，也不是一种通常意义下的公众服务。其从业者因为工作的独立性而骄傲，并且会以一种准司法性的态度来看待其职责。

有关公司注册情况的介绍

下面表中的数据是由列侬·莱卫（Leone Levi）根据议会文件整理而成，发表在《皇家统计学会杂志》（*The Journal of the Royal Statistical Society*）33 卷第 1～40 页（1870 年 3 月）。

1844 公司法规定可以通过注册方式设立公司，该法恰恰是在铁路发展和投机处于高潮时通过的。在该法颁布后的 12 年内（1844—1855 年），有 4 049 家公司办理了临时登记（即申报），其中1 520家公司是在1845年，即该法颁布后1年之内办理的。总数中有1 605家是申请成立铁路公司。由于铁路投机泡沫凸显，大部分此类申请未获通过。仅1845年，就有1 463项有关设立铁路公司的申请被否决。

在1844年法颁布之后，经过注册登记而设立的股份公司开始大量涌现；新设公司的大幅度增加反映出了1846年的投机趋势，而在接下来的几年中，新组建公司的数量很小，反映了1847年危机的影响。紧接着是1849年破产法。1855年的新公司法引入了有限责任，加上当时的货币和产业状况，为1857年危机埋下了伏笔，这场危机又很快引出了另一部破产法（1861年）。次年，英国对整个公司法进行了整合和修订。接下来，1866年的另一场危机又导致了1869年新破产法的出台。

表18-2至表18-6并不是说在公司、经济危机和破产之间有一条明显的因果关系链。它只是说明，这3项因素是随着经济情况的逐渐演进而发生改变的，而经济情况的改变又是根源于国民期望和总体经济条件的变化。

表 18-2　　　　　　　　**1844—1855 年注册的公司数**

年度	临时注册的公司数	未完成注册的公司数	完成注册的公司数
合计	4 049	3 084	965
1844	119	119	—
1845	1 520	1 643	57
1846	292	180	112
1847	215	117	98
1848	123	60	63
1849	165	97	68
1850	159	102	57
1851	211	148	63
1852	414	304	110
1853	339	215	124
1854	239	107	132
1855	253	172	81

表 18-3　　　　　　　　　　**1844—1855 年临时注册的公司分类数据**

公司行业类型	临时注册数	完成注册数
合计	4 049	965
铁路	1 605	32
保险	411	203
煤气	361	253
公共建筑	305	43
矿业	235	98
制造业	209	81
其他	923	255

表 18-4　　　　　　　　　　**1856—1868 年注册的公司数**

年度	临时注册的公司数	未完成注册的公司数	完成注册的公司数
合计	7 056	1 245	5 811
1856	227	61	166
1857	392	123	269
1858	301	111	190
1859	326	108	218
1860	409	104	305
1861	479	135	344
1862	502	112	390
1863	760	190	570
1864	975	193	782
1865	1 014	77	937
1866	754	28	726
1867	469	1	468
1868	448	2	446

表 18-5 　　　　　　　　**1856—1868 年注册的公司分类数据**

公司行业类型	临时注册数	被禁止数量	关闭数	继续经营数
合计	7 056	1 245	2 837	2 974
矿业	1 419	259	721	439
制造业	1 016	214	450	352
煤气	678	41	102	535
贸易	539	90	256	193
公共建筑	364	33	98	233
小计	4 016	637	1 627	1 752
其他	3 040	608	1 210	1 222

表 18-6 　　　　　　　　**1844—1884 年在英格兰注册的股份公司数**

	年份	完成注册的公司数	
		1844—1869	1863—1885
公司法	1844	—	
	1845	57	
	1846	112	
危机	1847	98	
	1848	63	
破产法	1849	68	
	1850	57	
	1851	63	
	1852	110	
	1853	124	
	1854	132	
公司法	1855	81	
	1856	166	

年份		完成注册的公司数	
		1844—1869	1863—1885
危机	1857	269	
	1858	190	
	1859	218	
破产法	1860	305	
	1861	344	
公司法	1862	390	
	1863	570	790
	1864	782	997
危机	1865	937	1 034
	1866	726	762
	1867	468	479
	1868	446	461
	1869		475
破产法	1870		595
	1871		821
	1872		1 116
	1873		1 234
	1874		1 241
	1875		1 172
	1876		1 066
	1877		990
	1878		886
	1879		1 034
	1880		1 302
	1881		1 581
	1882		1 632
	1883		1 766
	1884		1 541

其他法律中的相关规定

1847 年,《燃气工程条款法》(10 & 11 Vict. Ch. 15) Sec. 38:承办者须每年向各郡有关部门报告其收支情况,此类收支数据应该由承办负责人及审计人员(假如有的话)作适当审计并出具证明。

1847 年,《1847 自来水工程条款法》(10 & 11 Vict. Ch. 17) Sec. 83:与上述要求相同。

1852 年,《大城市水法》(15 & 16 Vict. Ch. 84) Sec. 19:与上述要求相同。

1867 年,《铁路公司法》(30 & 31 Vict. Ch. 127) Sec. 30:公司不得轻易宣布股利,除非审计人员已经证明半年度的账目包含对公司财务状况充分而真实的说明,而且是出于诚意想要发放股利,在从收入中扣除全部费用之后,按照审计人员的判断可以发放股利。

1868 年,《铁路监管法》(31 & 32 Vict. Ch. 119) Sec. 3:编制财务报表并送交审计人员进行审计。Secs. 4,5:对在向交易委员会和股东提交报表的过程中有欺诈行为及伪造账目的惩处。Sec. 11:审计人员不必是股东。Sec. 12:交易委员会可以另外任命一位审计人员。该法还对收入表和资产负债表的格式作了规定。

1870 年,《人寿保险公司法》(33 & 34 Vict. Ch. 61) Secs. 5,6:应按规定方式编制年度收入表和资产负债表。Sec. 10:应将报表送达交易委员会、每位股东及投保人。Secs. 18,19:关于欺诈或伪造报表的惩处。

1871 年,《大城市水务公司法》(34 & 35 Vict. Ch. 113) Sec. 38:应有审计人员审查公司账目,他应该是胜任和无偏的,不时地由交易委员会进行任命和调换。Sec. 40:审计人员需每半年审计一次。

1874 年,《建筑协会法》(37 & 38 Vict. Ch. 42) Sec. 40:官员应编制年度收支账目及有关其负债和资产的报表。此类报表每一份都需经公司审计人员审查,在呈送联股公司注册机关的同时,在协会办公场所张榜公布。

1875 年,《友好协会法》(38 & 39 Vict. Ch. 60) Sec. 14:协会应每年将其账目送交审计,或者送交一位公开(政府)审计人员,或者送交协会依照有关规定任用的两名或两名以上审计人员。审计人员应审查总的收入支出表、资金和成果表,针对有关账目和凭证对其进行核实,若发现报表资料正确、凭证齐全并符合有关法律规定,则签字确认。

参考文献

［1］7 & 8 Vict. c. 110.

［2］8 Vict. c. 16.

［3］See the extract from the rules drawn up for the guidance of Margaret，Countess of London，1240，Cunningham，*Growth of English Industry and Commerce*，Vol. 1，p. 240，cited by Woolf，*A Short History of Accountants and Accountancy*，p. 87.

［4］James Hutton，"Suggestions as to the Appointment of Public Accountants"，*Hazlett Tracts*，Vol. 30，No. 6，London，1861.

［5］25 & 26 Vict. c. 89.

第十九章

审 计 程 序

我们无法获得可以说明 19 世纪上半叶审计程序具体特征的资料。事实上，当代一些人对会计师工作范围的描述给人的感觉是，在当时，任用审计人员进行审计并不十分常见。

从詹姆士·麦克利兰（James McClelland）根据自己的理解发布的大量有关公共实务的公告（1824 年），以及一些提交给国王，要求获得爱丁堡（1854 年）和格拉斯哥（1855 年）[1]会计师公会特许会计师资格的申请书来看，当时人们所强调的并非现代意义上的审计。那时的职业会计师感觉适合于他们的乃是如下事务。

破产和清算：

处理合伙关系解散事宜。

在破产事务中作为债权人的受托人。

在本地破产案中作为远方企业的代理人。

从破产财产中收回往昔债款和红利。

编制提交给仲裁人、法庭或议会的报告。

信托业务：

作为扣押财产的受托人。

作为可出租财产的经理人。

保险：

　　从事保险精算业务。

会计：

　　为企业登记或结算账目。

　　审查和调整有争议的账目。

　　从以上关于会计师服务范围的分类中明显可以看到，职业会计师与法律的某些领域有着极为密切的关系。对此，申请书中有特别的强调。爱丁堡的申请书几乎通篇都在强调会计师精通法律，并极力说明他们有能力作为专家无私地参与许多事务的调查。格拉斯哥的申请书中谈到，会计师可以从事"任何与算术计算有关的工作，或者进行与数字相关的调查；它还涉及更广泛的领域，需要精通有关法律的基本原理"。布朗（Brown）所引用的沃尔特·斯科特（Walter Scott）先生 1820 年 7 月 23 日的一封信（第 197 页），谈到了年轻人要在会计上取得成功必须具备的基本品质，接下来他说，"……作为我们法律职业的一个特殊分支，此处收获甚少但劳作者众多"，很直接地点出了会计实务与法律实务间的关系。

　　不过，有迹象表明，在 19 世纪最后一季，与一份重要会计文献①的发端恰逢同一时间，会计职业活动的范围有了很大扩展。在 19 世纪 80 年代的会计期刊中，F·W·皮克斯利（F. W. Pixley）、F·R·戈达德（F. R. Goddard）、约瑟夫·斯勒克比（Joseph Slocombe）、大卫·查德威克（David Chadwick）和欧内斯特·库珀（Ernest Cooper）等人都曾谈到特许会计师打算提供的会计服务。包括：

　　就簿记格式和方法提出建议；

　　为法律诉讼准备账务资料（比如事务表）；

　　办理所得税申报；

　　理清账目；

---

① 参见本章末尾有关早期专业文献的说明。

对有关欺诈和贪污的细节问题进行调查；

当引入新的合伙人或寻求财务援助时核实利润。

这足以证明，经过差不多一代人的努力，到 19 世纪中期，职业会计师提供服务的范围已经有所扩大。在并未遗忘其工作中法律相关方面的同时，会计师们使其工作在会计方面有了有效的扩展。与 19 世纪上半叶相比，此时更加强调审计。本章关注的重点也将直指审计的细节问题。尤其要注意的是审计对象，因为在这时，有关审计对象的构想已经完成。同时我们还将简单勾勒出构成审计程序的主要内容。

正如上一章所述，有关股份公司审计的法律要求乃是出于保护股东的需要。英国人认为，由于股东人数众多，不可能亲自去经营公司，因此只能将这一职责委派给董事去执行。由于股东无法检查公司记录和账目，因此需要委派其他人作为审计人员去履行这一职责。如此，股东就有了两类代理人：从事管理工作的人员（如董事）和从事评判性工作的人员（如审计人员）。法律明确要求公司董事保持会计账目并编制会计报告提交给股东；法律还要求由审计人员对这些报告进行严格检查，并且要附上一份报告，说明由公司经营者管理的资金根据会计账目来看其使用是否适当，或者依据所呈交的资产负债表来看还有多少资金尚未花费。①

就我们所知，关于审计程序，从帕乔利时代直至此刻始终未有太大变化，不过是反复查对原始分录簿与分类账记录而已。理查德·海斯（Richard Hayes）（1739 年）称其为"一条路贯通两种账"。但这并非审计，充其量不过是一种为了从算术的角度进行试算平衡而设计的簿记方法的一个组成部分而已。这种用以对所转录数据的准确性进行检查的方法有一个最自然不过的附加成分，即所谓"凭单复核"（vouching），也

---

① 约翰·斯图亚特·米尔（John Stuart Mill）认为 1844 年联股公司法有很全面的条件限制，但感觉上应该要求在全额缴纳资本的同时设立必要的账簿（并在必要时对外公开），以表明："他们（公司）的资本得到了保全，未曾受到任何损害。"《政治经济学原理》第 2 卷第 402 页。

就是对原始分录赖以存在的情境和文件进行详细检查。

审计程序中的这一项目早在中世纪就已经受到人们的关注。本书第十六章在讨论中世纪庄园管家所承担的职责时曾对此有过说明。但在对管家账目进行核查时究竟用了什么样的程序，其细节却鲜为人知；不过，一份 18 世纪晚期的文件却使我们得以窥见稍后时期这一实务的端倪。下面是一封写给詹姆斯·博斯韦尔（James Boswell）在苏格兰奥金莱克（Auchinleck）的财产代理人的信函（原件中部分字迹已经无法辨识），信中日期为 1792 年：

> "汇总现金账的借贷方发生额，并检查其余额是否与…………… 相符。
>
> 检查每一笔收到的款项；如果是租金，则检查其是否与出租簿上的记录相符；如果该笔款项或其中部分款项属于某一张票据或一张票据的一部分，则要检查有关记录或票据清单，看其记录是否准确；要查问一下是否曾出售过食物、燕麦或木材，如果对这些东西有专门的账簿进行登记，还应检查其中记录是否与…………………………………………… 相符。
>
> 我提到木材，是因为有些树木去年被刮倒了，所以有木材要卖。应该查一下是否曾卖出过水果，如果其金额已登入现金账，则看金额是否准确。
>
> 在检查现金账中用以记录现金付出的一方时必须特别小心；需要对每条记录一一进行检查，看其是否与相关数量、单价的计算结果一致，同时还要对凭证进行检查，看其是否与现金账中的记录相一致。不仅要检查总计数，还要详细检查构成总计数的各个具体项目，进行检查或核实。当现金账中任何合计数的计算存有疑问时，需要作同样检查，比如说：因某项工作向某某等 3 人按照每天某某元的标准支付现金若干；收到餐费若干，每餐某某元。对租金簿也要作认真检查，以弄清各个账户中不同的合计数是否按照租金标准作了适当记录，搞清楚提租是否经过了认真考虑，是否属于草率行事，由此可以获得许多好处，而不仅仅是得出某一种观点。在此所要做的，并不仅仅是通过校正获得足够的满意度，解决可能存在的问题，同时还可以进一步熟悉各个农场的名称，应付租金及所有者。"[2]

但是，审计所涉及的，并不仅仅是保证实际业务都能够在原始分录

（凭证）中得到真实反映，保证原始分录正确地过入分类账，以及资产负债表与分类账保持一致。资产负债表也不仅仅是"作为复式簿记系统的终点，对分类账户做出详细表达"；实际上，它是一种对企业资本账户构成情况的说明。[3]

如果资产负债表只是遵从账簿，将可能有很大的误导性，因为反映企业资本真实情况所需的一些要素可能会被遗漏，另外也有可能会加入一些虽然可能与实际业务有关，但却会在特定情况下发生表述错误的要素。资产负债表还肩负着反映一定会计期间内损益（可用盈余）的部分任务。① 如果报表编制者只是机械地复制账簿余额资料，根本不考虑对计算真实利润和真实资本至为重要的其他要素，如此生成的资产负债表对报表的读者而言无疑是具有欺骗性的。

资产负债表对股东而言非常重要，一方面因为它展现了公司资本的构成；另一方面则是因为它表明了可用来发放股利的利润究竟有多少。对这样的报表施行检查，必须尽快超越单纯的计算技术上的检查以及简单凭单核对的范畴。如此则很容易理解，会计师的经验迟早会引导他们有选择地去关注一些特别的事项，以使最终呈现在股东面前的报表不仅能够反映已经记录的事实，而且能够充分反映全部事实。

比如，在19世纪后半期人们就开始认为考察交易中的存货计价是否正确也是审计人员的分内之事。有些作者更是明确指出：存货（制成品）应按主要成本计价，即原材料（加上可能的运费和关税）加直接人工，[4]或者在市价高于成本的情况下采用成本价计价，倘若成本高于市价，则按市价计价。[5]对于应收账款，审计人员需要检查是否计提了坏账准备，

---

① "一个公司所拥有的超过其股本或资本（capitale salvum）的金额是为利润（lucrum）"——*Socini Consilia*，24，Col. 12（1544），cited by Murray, p. 14. "资产负债表是一个余额账户（account of balances），其目的在于表明所有者的资本究竟在增加还是减少。它是一个为了回答如下问题而设置的账户：该生意赚了还是赔了多少？"Wm. Sandeman, *The Accountant*, August 18，1883. 另参见：*The Accountant*，December 19，1885，*The Accountants' Journal*，January 1，and February 1，1886.

但却并不确定究竟采用直接冲销法还是备抵法更好。折旧是另一项需要关注的重要因素，对此，审计人员的职责通常会超出账簿之外。F·W·皮克斯利[6]认为，忽视坏账准备和折旧是"公众公司账务中最常见的错误"，他进一步指出：如果不定期计提折旧，当设备更新时就会产生一大笔费用，从而严重影响当期股利分配。这一问题是如此重大，乃至于麦斯逊（Matheson）在 1844 年专门写了一本书来进行讨论，名为《工厂折旧》（*Depreciation of Factories*）。同时代的文献对这一问题作了广泛讨论，论题涉及：修理费是否应该由折旧或损益来负担，以及是否需要不定期地由专家对折旧的账务处理进行评估。

会计师还要考察租赁权和专利权摊销是否合理。对此必须听取专家的建议。《会计师》（*The Accountant*）杂志 1881 年 10 月 15 日的一项陈述表明，"按照一些人上月 17 日的说法"，一个普遍存在的问题是，在困难时期人们常常会利用再估价调高不动产和出租物的账面价值。按照一位专业人士的评论意见，如果能进行适当的审计，这样的重估价就只会有助于形成一项"对股利形成特别保护"的准备金，而不可能允许其影响到可用于发放股利的金额。当今会计师也持同样观点，尽管他们仍然不得不去反对一些类似的提议。可以肯定的是，现在大多数"增值"（appreciation）项目是出现在价格上涨的好年成，而不再像从前那样是在坏年景中出现。

在对账目的算术测试中，有一个不为人们所重视的问题，即一项或多项负债可能被遗漏，其中既可能包括直接负债（direct liabilities），也可能包括有关应收票据或保险协议的或有负债（contingent liabilities）。人们希望职业审计人员能认真调查这些项目，并考察企业负债是否超出了其借债能力。①

进一步考察有关审计人员职责的意见，列出有望列入普通审计计划

---

① 在 80 年代，人们对借款似乎颇多微词。有位作者极力要求限制信贷以保护股东权益，因为公司在坏年景中身陷债务危机，将不但没有利润可以用来支付股利，而且经常会导致破产。他进一步指出，公司扩大信贷应以财产价值为基础，而不是依靠数额巨大的未缴资本。因为公司认股权可能销售一空，但最终"真正付款的却只是些无足轻重之人。"G. Auldjo Jamison, *The Accountants' Journal*, August, 1888.

的各个具体项目，可能是一件十分有趣的事。下面资料是根据专业期刊上发表的一些上世纪80年代在会计师应考人员大会上的演讲报告整理而得[7]。这些演讲中，没有任何一次能包含这一审计计划的全部项目；我们在此将其组合成一份完整的计划，在顺序上与原来的次序有所不同。

一份重构的审计计划

审计的初始阶段：获得一份所设账簿清单及一份被授予了收付款权利的人员名单；记下簿记系统的各个细节，编制查账计划；检查公司和董事会章程，注意其中有关签发支票、签署票据等一系列细节问题。

一般性说明，现金账：尽全力检查现金账，因为它是一切的根本；说明是否根据现金草账编制了完好的现金账；记下所有非经常性收支项目；看看资本账户是否有额外支出（董事会特别批准的情况除外）。

根据凭证审查现金账：细查每一笔现金支出，要求每一笔项目都有恰当的凭证，将现金收据与收据存根簿相比对。说明账目和凭证是否提交给了主管以及是否经过了系统的验证；在所有凭证上签名或签章，并对所有分录作出标记；列出遗失的凭证并在验证账目之前补上遗失的文件——除非可以通过其他途径对无凭证项目的正确性进行检验；对数据的加总和过账作全面检查。

日记簿（day-books）和日记账（journals）：检查日记簿中所有分录是否正确，以及与发票上的数量和金额是否一致；检查日记账上的所有分录及其转记情况，记下每一个由资本负担的收入项目，反之亦然。对数据的加总和过账作全面检查。

分类账（ledgers）：检查所有名义账户和个人账户的过账情况，查实每笔分录的性质；对所有数据的加总项和余额进行检查；检查记入试算表的各项余额，加总试算平衡表；看看是否有涂改账目的痕迹，查清楚是否有更改。

以上各项说明构成所谓机械的审计工作。有几项特征需要予以特别的注意：①强调根据凭证进行验证而未曾提及现代审计中账户分析的内容；②对现金簿和银行账的调节未作任何介绍（1887年一位作者对此只是有所提及而已）；③根本没有谈到用"测试"来取代全面的详细检查。不过，最后这一可能性并没有完全被忽略。80年代初，曾有一位作者在《会计师》杂志（1881年4月23日）上撰文认为，要进行全面的检查验证常常是不可能的，因为客户所愿意支付的费用仅能支撑一项相对简单和粗浅的调查。为此，有必要研究如何进行测试，以保证检查"实际上的充分性"。但是，对如何进行测试性检查，人们却所言甚少。由此不难推知，其实际应用其实也是少之又少。

除了那些有关账务检查的机械工作之外，在审计计划中，有关资产负债表项目的检查验证也受到了一定程度的关注。但是，通过对有关说明的考察不难发现，这方面的审计技术与账务资料的细节性检查相比，显然是比较弱的。

有价证券和现金（securities and cash）：检查所有有价证券和票据的真实性；检查资产的实存情况，确定现金、有价证券和债务是否账实相符；审查票据账，确定其中过期票据、重签票据及拒付票据的具体情况。

债务人账户（debtors' accounts）：确定债务人账户的账龄，并对其价值发表自己的意见；冲销所有死账（dead accounts），对可疑债务（doubtful debts）建立债务准备基金，提留充分的准备；准许扣除一定比例的折扣或折让；给每个债务人发函，告知他的余额将被扣减；要求回函说明其债务的准确性。①

存货：对库存存货的取得和计价方式进行研究；搞清楚款式过时的旧货是否加在一起和新货一样定价；与以前的存货作数量和价格上的比较；搞清楚所有存货盘点表是否都有部门主管签字并正确地过入存货总账；要求保证存货是按成本价取得并提取了减值准备；要求经理在存货簿上签字以保证其准确性。

固定资产和折旧：搞清楚自由保有的土地和建筑物是否是按成本入账；注意区分新建项目和更新项目；按复利方式设立偿债基金，以偿还因购置资产而形成的债务；注意是否为了补偿资产的磨损和折旧，以及为了抵补以租赁方式进行资本扩张而导致的支出，在损益账上经常作一些适当的扣减。②

负债：检查抵押登记簿，审查银行存折中所记录的收支项目；弄清公司主管是

---

① 作者认为："这将要求对（现金）收据做大面积的检查，但不可能是所有现金收据。"显然，这一程序在应收账款余额测试中的使用，并不像在验证现金收据中的应用那样多。

② 关于折旧计算方法所言甚少。不过，也有一位作者曾经指出，通常的做法是"时不时地在利润中作些一次性的抵减"，但他本人则更倾向于每年按一定比例形成一项基金。

否超出公司章程所赋予的借款权限；尚未支付的抵押借款利息和未付股利是否计入负债；在无力偿债的情况下，背书已贴现票据是否计入负债；设法取得已经向所有债权人和其他负债履行告知义务的声明，倘若存在有疑问的债务，则需通过提取未申明债务准备金的方式在负债总额中加计一定金额。

股本： 比较配股情况是否与认股书及公司章程一致；检查股东登记簿中持股、保证金及认股权等数据是否正确，并与机要账（private ledger）核对相符。

以上是关于审计程序的概括说明。下面将要讨论的是审计证明书。

联股公司法要求进行审计，但最初却并没有规定必须出具审计证明书。不过，1862 年公司法和 1879 年银行及联股公司法却要求审计人员，不管他们认为资产负债表是否充分和公允地反映了公司财务情况，皆需向股东提交审计报告，以适当方式表明它是否像公司账簿那样真实而正确地反映了公司事务的基本状况。这实质上是要求审计人员出具审计证明书。然而，该法却未获通过。原因在于，对某些人而言，最后这项条款似乎意味着审计人员只能对凭证作正规检查并将报表项目与分类账进行比较，除此以外将无所作为。这样马虎的检查必然会使某些违规事项难以被查到，"审计"也因此变得毫无价值。

读一下当时（1883 年）的审计证明书，就不难理解为什么会有这样的批评了。"通过检查有价证券，发现其与账簿及银行账户一致"；"我们将资产负债表中所提供的余额数据与账簿进行了比对，发现它们同样是正确的"；"我们将上述报表与账簿和凭证进行了比对，发现资产负债表中的现金、票据和贷款完全相符"。[8]

这样的审计证明书的确并不比 16 世纪 "futit, calculat and endit"①式的证明书好多少。它们让人想到的是那种极其业余的由股东委员会所进行的审计。19 世纪最后一季的职业审计人员曾发表声明说他们是在可用时间和费用严重受限的情况下开展工作的。因此很难指望他们去承担

---

① "futit，calculat and endit"是 16 世纪查账人员在审查账务后出具的证明书的意见表达方式，确切含义不明，大意是表明会计账目计算和编排正确。——译者

一份完备的证明书所要求的责任。

"像公司账簿那样"作为最终条款，并不能解释为审计人员可以选择隐藏其后的一项实质性限制。这一条款被写入法律，"让审计人员摆脱了对处于账簿之外并以此作为隐藏的公司事务所要承担的责任，但却并不意味着他们只需表明报告书与账簿分录一致"[9]。通常情况下，审计人员所要做的实际上远要多于证明书措词所内含的东西。

以上介绍虽然简单，但已足以证明，在19世纪最后一季中，审计程序已经安排得井井有条。上述框架中所包含的大部分内容在今天的实务中依然属于很好的做法，尽管现代环境要求审计人员必须提供各种服务来扩大其检查范围，或者如业务委托书中可能要求的那样减少详细检查的数量。

早期专业文献评注

虽然早在1854年，苏格兰某些城市就已经出现了一些执业会计师公会，而英格兰也于1870年有了最早的执业会计师公会，但专业文献（尤其是与审计相关的文献）的发展却异常缓慢。直到1880年，当多个英格兰城市的会计师公会联合组建英格兰和威尔士特许会计师协会（The Institute of Chartered Accountants of England and Wales，ICAEW）之后，情况才有所改观。

在组建该协会之前，有关会计师意见和活动的主要信息大多来源于创刊于1874年的《会计师》杂志。此前，除了一些普通法和少量与会计相关的法庭案例外，很少有关于会计的材料。在法庭案例中，有些涉及净利润的性质，还有一些则涉及审计人员的责任问题。①

---

① 参见第十三章所引有关利润问题的案件，同时亦可参阅以下有关审计人员职责的案件：
Nichols Case，3 De G. & J. 387，441（1858）
Spockman vs. Evans，3 H. L. 236（1864）
Mattock OldBath H. Co.，29 L. T. R. 324（1873）
下面是19世纪最后20年中所发生的有关审计人员职责的案件：
Steel vs. Sutton Gas Co. 12 QBD 68（1883）
Leeds Estate vs. Sheppard，36 ch. D 787（1887）
London and General Bank，2 ch. 166，682（1895）
re Kingston Cotton Mill，1 ch. 6；A. Mausen 631（1896）
re Western Counties Baking Co.，1 ch. 617（1897）

在最初 5 年内（即截至 1880 年），《会计师》杂志很少刊发有关审计的文章。其大部分版面几乎全给了与破产法和法庭案例相关的内容，包括有关律师和会计师工作范围的争论，以及对究竟是应该由职业会计师还是由"业余审计人员"来负责实施公司法有关条款的问题展开的讨论。因此，对于审计人员在审查企业账目时究竟是如何做的，该刊所能提供的帮助甚少。

如果我们能够找到《会计师》杂志曾经提及的另外两种出版物，这种对早期情况缺乏了解的状况或许会有所改观。第一种是：

约翰·凯迪克（John Caldcott）著，伦敦 Letts Son 公司 1875 年出版的《论会计师和审计人员的资格与职责》（*An Essay in the Qualifications and Duties of Accountants and Auditors*）。

《会计师》杂志 1877 年 1 月 6 日号上提到这部著作，认为它是很有用的，但同时又指出：没有哪一部著作能对会计师"多样化的职责"作出完整的解释。1877 年 1 月 20 日的一封读者来信针对编辑的这一评论发表了自己的看法，认为：想找到一部这样完善的著作是徒劳的，因为，"要对一项事务有全面了解，唯一的办法只能是亲身参与实践"。

显然，这一讨论激起了人们对审计程序的兴趣。不久之后，《会计师》杂志便又提到另一项内容：

《审计获奖论文》（*Prize Essays on Auditing*），作者：Chas. H. Galand，Chas. J. Recton 和 John J. Dunn，英格兰会计师公会（the Society of Accountants in England）1876 年 9 月出版。

然而，很不幸这本书我们也已经无法找到了。

1800 年，以下公会共同组建了一个协会：

公会	成立日期	截至 1880 年 5 月份的成员数
利物浦会计师联合会（Incorporated Society of Liverpool Accountants）	1870 年 1 月	29

伦敦会计师协会（Institute of Accountants [London]）	1870 年 11 月	188
曼彻斯特会计师协会（Manchester Institute of Accountants）	1871 年 2 月	103
英格兰会计师公会（Society of Accountants in England）	1873 年 1 月	286
谢菲尔德会计师协会（Sheffield Institute of Accountants）	1877 年 3 月	32

1880 年 3 月，经皇家特许，这些地方性会计师公会联合组建了"英格兰和威尔士特许会计师协会"（ICAEW）。新协会共有成员 527 人，其中会员 224 人，非正式会员 241 人，其他成员 62 人。在 1881 年 2 月之前，成员增加至 1 025 人（增加人数为 1880 年新申请者）。

该协会的影响很快便显现出来。1882 年 7 月，协会开始组织资格考试。考试科目如下［参见《会计师应考人员杂志》（The Accountant Student's Journal）1884 年 8 月 1 日刊］：

初级考试（preliminary examination）：

听写、英语短文写作、算术、代数、欧几里得几何学、地理、英格兰史、初级拉丁语。任选科目——从以下科目中任选两门：拉丁语、希腊语、法语、德语、物理、化学、动物生理学、电学、磁力学、光学、地质学、高等数学。

中级考试（intermediate examination）：

簿记、会计学、审计学、合伙和遗嘱执行账调整、受托人的权利与职责、破产清算及接管人。

高级考试（final examination）：

除对中级考试的各科目进一步提问外，还包括：破产法原理、股份公司法、商业实务、仲裁与判决。

苏格兰考试大纲［参见《会计师杂志》（The Accountants' Journal）1886 年 9 月 1 日刊］的科目范围更加广泛，尤其在法律方面：

初级考试：

听写、英语语法、算术、英国史、地理。

中级考试：

算术、代数、对数、英语作文。

高级考试：

苏格兰法、破产法、票据交换法、合伙法、股份公司法、破产接管与仲裁、遗产继承、人寿保险、保险精算学、概率论、终身年金、簿记理论与实务、信托和破产账务、审计学、司法仲裁程序。

因为考试所需，使得对会计文献的需求大增，而且已经超出了簿记和一些特定的法律议题。受此影响，在 80 年代，真正具有会计专业属性的文献开始大幅度增加。F·W·皮克斯利所著《审计人员：其职责与责任》(*Auditors, Their Duties and Responsibilities*, London, 1881 年) 一书对此即有极好的体现。该书多次再版，成为后来许多著作效仿的范本。根据《会计师》杂志 1881 年 2 月 19 日登载的该书第 1 版目录，该书内容概略如下：

(1) 公司法的历史。

(2) 任命审计人员的方式。

(3) 与会计和审计相关的法律规定。

(4) 簿记和审计原理（包括法律中有关账簿的规定）。

(5) 审计的性质和原则。

(6) 公司公布账目的形式。

(7) 资产负债表和收入账中的重要项目。

(8) 审计人员的职责与责任。

在该书第 7 版（1896 年）中，作者在基本保持原有框架的基础上对部分内容作了扩展，并增加了一些章节，如：审计人员的地位；可用于分配股利的利润；审计证明书和审计报告。

该协会的推动作用还表现在 80 年代的会计期刊中。会计杂志上所刊载的文章在性质上有了一些变化。从 1882 年秋开始，《会计师》杂志用很多版面来讨论审计人员、审计人员的职责、资产负债表的格式等内容。1883 年 5 月，《会计师应考人员杂志》创刊。人们很快便组织了各种应考人员社团，专门为会计师应考人员提供服务。两份杂志也开始刊登此类集会上发表的演讲。下面是 1883—1885 年各种演讲主题的汇总，从中可以了解到此类讨论的范围：

法律方面：破产接管与破产、财产与受托人、合伙、公司法、仲裁与判决、所得税、保险、住房会（building societies）①。

会计方面：行业簿记（比如铁路簿记、酿酒业簿记、煤矿簿记、城市簿记等）、审计人员的职责和工作程序、资产负债表的格式与内容、公司会计、折旧、商誉。

截至 1885 年，用以指导专业考试的方法业已形成，专业文献的形式也已确立。由此开始，接下来的主要任务就是在已经成型的框架内填入细节性内容。

参考文献

[1] 布朗，《会计和会计师历史》（*History of Accounting and Accountants*）第 201、第 207、第 210 页。

[2]《会计学杂志》（*The Journal of Accountancy*）曾于 1923 年 10 月重印。

[3]《会计师》杂志 1882 年 11 月 11 日刊登的一封信函。

[4] Lisle，《会计理论与实务》（*Accounting In Theory and Practice*），爱丁堡，1903 年版第 53 页。

[5] J. W. Best，《会计师杂志》（*The Accountants' Journal*）1886 年 1 月 1 日。1857 德国统一商法典草案中包含有关存货按成本或市价计价的条款。J. L. Weiner，《会计学杂志》（*The Journal of Accountancy*）纽约，卷 48，第 195 页。

[6]《会计师》杂志 1882 年 2 月 25 日刊。有关应计制和坏账的详细内容，可以进一步参考第九章。

[7] 见《会计师》杂志 1876 年 5 月 13 日刊、1881 年 4 月 23 日刊、1882 年 9 月 29 日刊、1882 年 12 月 9 日刊，以及《会计师杂志》1887 年 3 月 1 日刊；皮克斯

---

① 住房会（Building Societies）是英国一种合作社性质的金融机构，其主要业务是房屋贷款。——译者

利《审计人员：其职责与责任》的第 1、第 2 版（1881、1882）也是不错的参考，而且至今依然可以找到。

[8]《会计师》，1883 年 10 月 13 日。

[9] *London and General Bank*（1895）2 Ch. 692.

第二十章

成本会计的起源

成本会计的产生实际上只是最近之事，而不像复式记账法所代表的商人簿记那样已经有长达几个世纪的历史。从根本上来说，它是 19 世纪的产物，并在 20 世纪获得了很大发展。

某种意义上来讲，成本会计的出现是在簿记中引入了一项新的元素。若将其视为 15 世纪复式簿记的出现与 20 世纪引进财务预算之间所显现出的簿记方面唯一一项具有重大意义的新特征，应该毫不为过。在这里，物品的取得价格第一次成为成本的组成要素。在此之前，人们并不需要综合性的产品成本价格。此前的生产采用家庭手工作坊制，在这种制度下，很少有人是为了工资而工作，也没有人对计算生产活动所产生的利润感兴趣。以销售为目的的生产与以消费为目的的生产一样——主要是一种存在于家庭内部的职业。而且，不管是手工制品还是原材料交易，交易者的买入价都是直接讨价还价的结果——他根本没兴趣考虑自己物品详细的成本构成。

然而，当工厂制取代家庭制，生产即开始处于企业主的指挥之下。企业主支付工资、购买材料、监督生产过程，并通过以高于成本的价格出售商品来获取利润。他们因此有了记录的动机，这是家庭或个体生产者所没有过的。后者没有工资支出，以他的回报（高于材料的部分）作为自己的工资；而前者如果无法将其报酬与各项支出系统地联系起来，就无法衡量自己的成功程度，或以明智的方式确定价格。

因此，成本会计是产业革命的众多成果之一。作为转型期的一项重要成分，工厂制度带来了新的簿记问题，也带来了与机器和动力使用相伴随的其他许多问题。其原因在于，工厂制度代表了由为直接消费而进行的生产向商业化生产的转变。在直接消费型生产中，产品就是报酬。在工厂制度下，工人的报酬是工资，企业主的报酬则是利润。由此而引出的成本问题实际上是有关利润计算及竞争性竞价的价格问题。作为企业主必须知道自己产品的取得价格，以便：第一，判断在竞价中如何出价；第二，在必要时进行产品存货计价；第三，知道已售产品成本，据以计算利润，检查定价政策。对购进成品的商人而言，购买价格可以直接获知，并可以很便利地用于存货计价以及在计算利润时确定已销产品成本。然而，生产商却必须通过先前的记录和综合计算才能得知这些数据。

因此，工厂制度产生了新的簿记问题。工厂制度下的劳动生产率因为使用动力机械而大幅度提高，给簿记增加了额外负担。由于厂场设备投资加大，固定资产会计得到了很大发展。实际上，固定资产会计的大多数方面（包括恰当的折旧概念）是很晚才发展起来的。在 15 至 19 世纪商人簿记的发展中，人们很少注意到这方面的问题。

厂场方面资本投资的增加要求额外关注适当的工厂费用分析。随着生产的部门化及一体化程度加深，出现了许多费用，包括维修费，照明、取暖、动力等运营费，以及多种监督管理费用。总而言之，"制造费用"产生了。而且，随着动力使用量增大，间接费用占工资的比例也日益加大。这些条件引出了种种属于自身的问题。

这些与生产相关的关键性因素的发现，在加剧竞争的同时引致了额外的会计责任。随着竞争加剧，管理当局对成本费用分析的兴趣不断增强。

人们从未停止在减少浪费、查明非营利产品以及提高单位劳动生产率方面的努力。这属于成本会计的范畴。在这方面，最大的压力在于如何改进费用分类及成本在产品间的分配。在此，最值得注意的问题，是如何将一定的收入与因创造这些收入而发生的成本付出适当地联系在一起。

不过，以上种种改进绝大部分发生在 20 世纪，原因在于它们与大批量生产有着密切关系，这种大批量生产需要在动力机械方面进行大规模投资，此条件在 19 世纪并不具备。18 世纪晚期的种种发明创造传播速度极为缓慢。比如，直至 1833 年，约克郡尚有 200 000 名手工织工。由于诸多技术上的困难，动力织布机直到 1850 年都未能在毛纺织行业得到普遍应用。在美国，虽然可替换零部件作为现代大批量生产的基础早在 19 世纪第一个 10 年就已出现，但直到很长时间之后，这一原理才开始得到普遍应用。其原因在于，在进行奇迹式的现代化生产之前，必须首先在机器设计中采用许多新的技巧。

不过，与工厂制度直接相关的各种发展，乃是代表 19 世纪的基本特征，就像大批量生产是代表 20 世纪的特征一样。本章所讨论的内容，实际上称为"工厂簿记"可能更合适，只有这样才能更好地将后来成本分配的改进（"成本会计"）与商业簿记实务向工厂成本核算转型时简单的人工及材料会计相区别。

有关 19 世纪成本簿记的早期实例，始见于两部著作。① 一部为法文（1817 年）著作，另一部为英文著作（1818 年）。佩恩（Payen）的法文著作相对更为详细，出版日期也更早，因此我们先对它进行讨论。

佩恩著作[2]中的第一个实例涉及一家车辆厂三种车辆的生产。为了记录必要的事实，他们采用了两套记录，包括一套按"金额"（in money）反映的日记账和分类账，以及一套按"品类"（in kind）反映的日记

---

① 斯坦利·E·霍华德（《会计评论》1932 年 6 月）曾经提到，塞韦瑞（1675 年）认为，早在他著作所举实例中的人物开始在自己的商业企业中经营印染业务时，就已经在使用一种专门的印染账。

账和分类账①。

品类日记账
三种车辆的生产情况
备忘记录摘要

车辆（1）	305	木匠的备忘录	407
车辆（2）	102		
车辆（1）	475	铁匠的备忘录	875
车辆（2）	400		
车辆（1）	440	木材商的备忘录	972
车辆（2）	310		
车辆（3）	222		
车辆（1）	340	车轮制造商的备忘录	645
车辆（2）	100		
车辆（3）	205		
车辆（1）	70	马具商备忘录	190
车辆（2）	65		
车辆（3）	55		
车辆（1）	345	油漆匠的备忘录	575
车辆（2）	200		
车辆（3）	30		
	3 664		3 664
工厂 车辆（1）合计	1 975	企业因将完工	
仓库 车辆（2）合计	1 177	车辆转往仓库	
车辆（3）合计	512	免除会计责任	3664
	7 328		7 328

---

① 还有其他人提到，早在罗马帝国时期，"就已经将商品账户很自然地与用以反映货币价值运动的各种账户如现金、应收债务、应付债务加以分开记录；在生产或类似账户中各种商品并不与所发生的货币价值进行信息交流"。见 P·凯茨，《会计评论》，1930 年 12 月。

本账是对 3 件产品所应负担人工费用的简单分析，末尾加总算出了每辆车的成本，并记作企业生产方的"免责"总额。值得一提的是，作者从头至尾很注意数据是否相等，并用总额相等来构成对所有数据的约束。

相比之下，金额日记账记录显得更为深刻；它记录了债务的发生及支付情况，而不像上述日记账那样仅仅记录品类元素（或许我们可以称之为"生产数据"）。

金 额 日 记 账

	借		贷	利润	损失
企业应计		木匠	407		
	3 664	铁匠	875		
		木材商	972		
		车轮制造商	645		
		马具商	190		
		油漆匠	575		
仓库收到					
三辆车	3 664		3 664		
		企业免			
		除责任	3 664		
A 购买 1 号车	2 045	仓库免除			
		1 号车责任	1 975	70	
B 购买 2 号车	1 095	仓库免除			
		2 号车责任	1 177	3 664	82
C 购买 3 号车	637	仓库免除			
		3 号车责任	512	125	
现金	3 777	买主 A，B，C，	3 777		
				195	82
支付上述各项	3 664	现金	3 664		
技工费用					
	18 546		18 433	195	82

上面账户非常清晰地反映了人工和材料转变为新产品，再由产品转变为现金，用以支付生产费用的整个价值运动过程。其顺序如下：企业接受一些人的服务（并发生欠款）；仓库收到工人已完工车辆（同时发生欠付款）；车辆交给买主，他们最终以现金支付货款；用所收现金支付技工费用。用作者的话来说："企业因此成为第一债务人，仓库为第二债务人，购货方为第三债务人，现金第四，技工第五。"

以这种极为直接的方式，制造商簿记的职能在于记录生产和销售过程中服务的转换与价值的转移，简捷明了，足以让现代著作者称羡。

该书还提供了一个有关胶水厂的实例，更详细地阐明了当时的成本核算方法。该作者的分录反映在日记账中，没有任何解释性说明，在此原样复制。不过，为了在未曾复制作者所使用"流水账"记录的情况下便于读者理解各有关交易，我们加了简短的注释（以括号中的数字作为序号）。

（金额）账款日记账

借方		贷方	
(1) 企业（生产过程）········ 14 200		(1) 罗杰，制革工人 ········ 12 900	
		(1) 鲁塞尔，皮革匠 ············ 1 300	
(2) 现金 ························ 2 800		(2) 列侬，代理商 ············ 2 800	
(3) 企业 ························ 1 000		(3) 霍尔，业主 ············ 1 000	
(4) 企业 ·························· 300		(4) 经理，费用 ·············· 300	
(5) 经理已收 ··················· 300		(5) 现金，杂项费用 ·········· 300	
(6) 罗杰 ························ 7 000		(6) 信函，支票 ············ 7 000	
(7) 鲁塞尔，现金 ··············· 700		(7) 支付鲁塞尔现金 ·········· 700	
(8) 米斯特拉，铜匠 ············ 3 000		(8) 现金，铜匠 ············ 3 000	
(9) 企业 ························ 3 000		(9) 德斯韦葛内斯 ············ 3 000	
(10) 企业负债账户 ············· 2 000		(10) 工人 ···················· 2 000	
(11) 工人收到 ·················· 2 000		(11) 现金 ···················· 2 000	

(12) 企业负债账户 ········· 5 000	(12) 米斯特拉，铜匠 ········· 5 000
(13) 企业 ··············· 500	(13) 米斯特拉，维修 ········· 500
(14) 企业 ··············· 500	(14) 地主（租金）贷方 ······· 500
(15) 企业 ··············· 300	(15) 应付债权人利息 ········· 300
(16) 列侬，代理商，6 桶	(16) 企业 6 桶
列侬，代理商，10 桶	企业 10 桶
列侬，代理商，3 桶	企业 3 桶
古宁，代理商，5 桶	企业 5 桶
(17) 德斯韦葛内斯 ········· 3 000	(17) 支付账单 ············· 3 000
(18) 支票盒 ············· 8 000	(18) 列侬，票据 ··········· 8 000
(19) 米斯特拉，票据 ······· 2 000	(19) 支票盒 ··············· 2 000
(20) 古宁，代理商 ········· 457	(20) 库房已完工商品 ········· 457
古宁，代理商 ········· 294	库房已完工商品 ········· 294
(21) 吉妮-杰奎林，购 2 桶散装 胶水 ··············· 457	(21) 古宁，2 桶散装胶水 ······· 457
吉妮-杰奎林，购 2 桶散装 胶水 ··············· 294	古宁，2 桶散装胶水 ······· 294
(22) 收到吉妮-杰奎林现金 ····· 294	(22) 吉妮-杰奎林 ··········· 294
(23) 霍尔借款 ············· 100	(23) 支付霍尔现金 ········· 100
(24) 列侬，销售 19 桶 ······ 18 948	(24) 库房已完工商品 ······· 18 948
(25) 收到列侬现金 ·········· 8 148	(25) 列侬交来现金 ········· 8 148
84 592	84 592

(1) 赊购皮革制品

(2) 预收现金（贷款）

(3) 建造锅炉

(4) 欠经理垫付的各项费用

（5）偿还经理

（6）偿付应付票据

（7）偿付部分债务

（8）预付部分现金

（9）赊购煤

（10）本季度工资

（11）支付工资

（12）～（13）修理铜锅炉 3 000，阀门若干 2 000

（14）6 个月的房租 500。年租金标准为 1 000

（15）债权人同意等到销售后再偿还债务

（16）不同时间送交代理商的货物，售出后开票

（17）向德斯韦葛内斯的活期账户开出一张票据

（18）列侬交来两张支票，分别为 2 000 和 6 000

（19）将列侬交来的一张支票转交给米斯特拉

（20）代理商赊销业务

（21）从代理商处撤回商品

（22）收到现金

（23）支付账款

（24）列侬赊销 19 桶胶水

（25）列侬以现金支付余额

　　本日记账记录会过入它自己的分类账，在此无需复制其账户。它们绝大部分是一些简单的个人账户及票据账户；既没有"资本账户"也无"损益账户"。不过，下面将给出其中一个账户（见该书 18 页），以表明在"财务"分类账中反映成本要素的形式及分类方式。左边括号中的数字是为了便于查阅日记账业务，原文中并没有。

(3) 由业主负担的建造工作 … 1 000		通过本账户转出：	
(1) 材料 …………………… 14 200		列侬出售产品 ……………… 18 948	
(13) 器具 …………………… 5 000		古宁出售产品…………… (457)	
(9) 煤 ……………………… 3 000		(294)	751
(15) 利息………………………… 300			
(10) 工人……………………… 2 000		24 桶胶水销售收入 …………… 19 699	
(4) 小器具 ……………………… 300			
(14) 租金 ……………………… 500		（余额，7 101）	
(13) 修理锅炉…………………… 400			
(13) 修理器具…………………… 100			
26 800			

　　以今天的眼光来看，你可能会觉得这个账户很不完善；我们可能希望它能够很直观地显示出利润数据。如果从这个账户中以贷记方式扣除尚未售出的已完工产品存货、未消耗材料及固定资产价值，将会得到一个能够反映利润的数据。但必须记住，这个账户反映的只是企业业务的财务方面（货币）情况；有关企业业务的经营方面情况则通过"品类"分类账来反映。

　　在此我们省略了与本例相关的"品类"日记账，原因在于它所提供的资料在此并非必需。"品类分类账"已经足以提供与理解成本利润计算相关的所有数据。

　　品类分类账中包含与计算已完工及已销售产品成本相关的所有"经营类"账户。[①] 很明显，对存货记录，人们的关注已经做到了非常仔细而系统，这样只需保持各个账户余额即可揭示出生产过程所消耗的价值。特别值得一提的是，熔炉、锅炉和器具（所有代表性固定资产）的部分

---

　　① 现代会计的一项重要成就是将这两套账户在一个内在一致的系统中结合为一体，并减少了分类账账户之间的转换。

价值转入了完工产品成本。此并非所谓折旧，而是在通过将存货价值记入资产账户之后，再从资产账户中得来。不过，存货究竟采用何种计价基础，并未做任何说明。

品 类 分 类 账

仓库：	借方		贷方
原材料	14 200	已耗用	12 000
		库存	2 200
车间：			
原材料	12 000	24 桶成品胶水	12 000
仓库：			
已制成商品 24	———	送交列侬 6 桶	
		送交列侬 13 桶	
		送交古宁 5 桶	
		总计 24 桶	
熔炉：			
泥瓦匠的工作	300	记作存货	900
铁	150		
钳工	150		
砖	200	转入成品	
灰泥	50	胶水成本	100
铅	75		
石料	25		
	———		
	1 000		
工人：制造胶水			
时的工资	2 000	转入成本	2 000
锅炉：			
2 台锅炉	4 500	记作存货	4 100
修理成本	400	转作成本	800

器具：			
2 台撇沫器	225	记作存货	400
4 个漏斗	275	转作成本	200
修理	100		
煤：			
25 担	3 000	已耗用	1 000
		余额价值为	2 000
其他杂项费用：			
（1）付给债主的利息	300	转作成本	300
（2）其他器具	300	剩余价值	200
		转作成本	100
（3）租金	500	转作成本	500

这些记录看来还是不完整，因为缺少一个分类账账户来对各种标示为"结转至成本"的成本项目（贷项）进行归总。这是连接两组账户所必需，显然当时尚未设计出来，不过离此也已不远。作者的大部分目标都可以通过如下所示的分类账"摘要"得以实现：

品类分类账摘要

资产存货，或记入 新账户的余额：		胶水成本：	
材料	2 200	材料	12 000
熔炉	900	锅炉使用	800
锅炉	4 100	器具使用	200
器具	400	已用煤	1 000
煤	2 000	利息	300
其他器具	200	其他费用	100
		租金	500
		熔炉使用	100

		工资	2 000
		业务已耗用	17 000
应由业务负担的 合计数	17 000	品类剩余	9 800
	26 800	类似的总计	26 800

如果比照日记账贷方记录对"摘要"中的项目进行检查，就会发现摘要中将所有贷方项目归入了两大类：存货或成本。这一摘要实质上差不多就是现代意义上的制造账户。

用后来的成本会计知识来观察，很容易可以发现，这一"摘要"和前面提到的"金额分类账"中的"制造业务"账户非常相似。摘要中给出了设备等存货的数额（即 9 800）；这项数字从"制造业务"账户的借方发生总额 26 800 中予以扣除（贷记），得出完工产品成本 17 000，再与销售收入及完工产品存货 19 699 相抵。

这表明 1817 年的实务与有关成本会计已经非常接近；两套账户结合的关键在于使用必要的分录，将"品类分类账"中的存货与"金额分类账"中的制造业务账户结合起来。但当时并未采用这种关键性做法。如果上述摘要能够通过两个分别得来的相等的总数与制造业务账户保持一致，就会令人相当满意了。将成本（17 000，摘要的贷方发生额）与存货（9 800，摘要的借方发生额）相加，可得到一个合计数（26 800）。这一数字与财务记录中计入业务的总费用完全相等。

因此，"摘要"实际上是对制造业务中所发生的财务账费用的一种分析，同时也是为了将购入原材料中的已消耗部分与未消耗部分区分开来。用作者的话来说就是：

"企业账户的任务是将计入完工产品成本的费用支出与保留在存货价值中的费用区分开来。剩下的工作就只是从销售收入中减去成本总额来得出利润"。

（第 27 页）

对成本账户的基本目标做这种表述，显然是无可厚非的。这是一个表述极佳的目标，但却并没有可以一贯的方式平稳地达成这一目标的现实手段。人们依然会因为有办法得到非常令人满意的数据结果而感到惊奇。令人惊奇的并不在于这时的方法看起来笨拙而不甚直接，而是在于在这样早的时候，人们已经发现了一种直接且无需大量复杂的"书面作业"即可达成目标的方法。需要大量复杂的"书面作业"是两代或更晚以后成本核算的特征（下一章将对此进行讨论）。

在此将列出这一制造账户系统的另一些项目。它们可以比前面的诸种事例更清楚地表明，这位法国作者实际上是从整体上来把握成本核算问题的。下面内容主要表明创造利润的过程以及如何通过结果的同一性将两套账户"连为一体"。

品类分类账摘要

企业销售收入的贷方金额	19 669
需要加诸其上的未售物品	312
产品总额	20 011
完工产品总成本	17 000
产生的利润	3 011

这是该"摘要"的第二部分，[①] 它将生产成本（17 000，来自"摘要"的第一部分）与销售收入和存货的合计数（20 011，来自"制造业务"财务账户）放在一起，抵减结果为营业利润。需要指出的是，这一计算乃是销售收入与成本的比较；下面的计算则是资产与负债间的比较（佩恩，第 20 页）。

———————

① 这里将作者的"摘要"分成了两部分以简化解释，原文中并没有作这样的区分。

分类账账户余额平衡表

	借方	贷方
列侬 ··················		5 900
鲁塞尔 ················		600
工人 ··················		——
米斯特拉尔 ············		500
债权人 ················		300
地主 ··················		500
经理 ··················		——
应付票据 ··············		10 000
现金 ··················	5 142	
支票盒 ················	6 000	
吉妮-杰奎林 ············	457	
霍尔，所有者 ··········		900
	11 599	18 700

计算品类账户之后余额的补充，
在新账户上作借方记录：

仓库 ··················	312	
熔炉 ··················	900	
器具 ··················	4 500	
煤 ····················	2 000	
小器具 ················	200	
材料 ··················	2 200	
资产 ··················	21 711	
负债 ··················	18 700	
利润 ··················	3 011	3 011
		21 711

（来自分类账余额。其结果与原材料制造业务账户所提供的数额相同）

在得出最后的"余额平衡"结果之前，作者首先进行了"财务"分类账合计数的试算平衡。该试算表的第一部分是不完全的余额试算平衡，可与另外一种省略了"制造业务"账户[①]的试算平衡进行详细比较。如上所示，这种忽略通过"余额平衡表"的第二部分——即所谓"计算品类账户之后余额的补充"——得到了很好的补足。这些该作者所谓的"新账户上的借方记录"，实际上是存货；它们与 11 599 其他资产的合计数构成总资产（21 711）。总资产减去负债（18 700）表明利润数（本例中没有初始资本投资）。

我们会发现，第二次计算利润时使用的是资产和负债数据。第一次计算时使用的则是成本和销售数据。两种计算得出的结果完全相同，由此构成了一种在几个世纪中作为复式簿记标志性特征的等式检验（equality test）。

由此可见，法国人的方法（如这位作者所描述）虽然从现代成本会计的角度来看仍有许多明显的缺陷，但却已经以相当完善的方式将制造账户置于复式簿记系统控制之下。这些方法究竟普及到何种程度，目前尚未可知。

有关 19 世纪早期制造业簿记的另一较为粗略的讨论，可能要算 1818年一部英国著作的部分章节[3]，前面有关簿记理论的讨论中已经有所提及。该书作者科隆贺姆对商业中的复式簿记有很好的把握。虽然他所使用的某些簿记实务处理方法并不是很正统，但他的理论讨论在当时却相当出色。不过，他在系统展示制造业簿记方面却远远比不上佩恩。

其他章节的内容显示科隆贺姆对复式簿记的本质有极好的理解，但他有关制造商账户的说明却有很大不足，这不能不让人感到奇怪。显然，他在写作时完全沉迷于自己的"发明"，以至于忘了去对制造业中簿记方法的使用作出明晰的解释。科隆贺姆的注意力集中在如何通过相等的借

---

① 因此，"生产"账户如果不记录存货就不能显示利润。

方和贷方金额完成日记账分录过账业务，从而极大地节省簿记工作量。他建议（也是他的"发明"）在现金账上模拟所有原始分录，我们知道，它既是现金分类账户，同时也是特定业务中与现金相对应的其他账户的过账媒介。他系统的核心是"商品簿"，在该账簿中，采购及费用支出记入借方（并反方向过到现金账的贷方或债权人的个人账户），期末则将销售收入记入其贷方（对应地记入现金账或债务人账户借方）。本账簿在期末通过贷记未售商品及材料存货来结清，结清后的余数就是利润或损失，可过入业主资本账户，作为它最后的栖息地。[①]

以上对科隆贺姆总体方法的粗略介绍，是进一步介绍他根据特定制造业务所形成处理方法的入门功夫。所有成本（包括材料采购、费用、工资及薪金）需记入本"商品簿"中商品的借方，像当时通常的做法那样，分录中需记入大量细节性资料。除了购入的各种等级的羊毛之外（他以一家毛纺织厂为例），其他各种费用如邮票和文具支出、银行费用、税金、运输费、当月印染费、技工劳务费、生产用煤及运费、"穿经分纱费"等，也都要计入商品成本。在"工资及薪金"项目下，记录有付给"监工"（工头）和职员的薪金，以及付给纺织工人的工资。作为工资的最后一项有专门的用语表示。

很明显，"监工"对人工成本负很大责任，因为这些监工要保持工资记录，而这些记录是编制工资分录的基础。[②] 这些记录一定是做得非常详细，因为商品簿（以及现金账）中曾有一笔分录反映出如下事实：

3月8日　与现金相对应——本周工资及零星费用

---

① 塞韦瑞在其 *"Le Parfail Negociant"*（1675年）一书中推荐一种适用于小型交易的账簿，其左首页面用以记录采购支出，右首页面用以记录赊销。见斯坦利·E·霍华德，《会计评论》1932年6月。不过，却未曾发现任何通过两部分页面的结合来确定余额的企图。

② "在大型制造业企业中，大量琐碎详细的支出要求设立许多辅助性账簿，以便将现金及商品账户从大量细碎的业务中解脱出来，从这个角度来讲，羊毛车间、工厂及仓库的监工们，确实需要为各自的部门分别保持账簿以反映工资及各种小额费用支出。监工们常常需要有几种流水账和一本分类账，这些账簿本身构成一个小型的账户体系。但是，作为主要账簿的辅助账，它们仅仅是一些用以定期传递其自身补充信息的备忘记录。"（科隆贺姆，第127页）

按照登记簿 A 所记捡选、梳理、纺纱费用 ················· 178　15　9

按照登记簿 B 所记织布、缩绒等费用 ················· 193　15　10

按照登记簿 C 所记精整、熨烫、打包等费用 ··············· 181　4　8

由上可知，在原始备忘簿中，与纺织厂的 3 道主要工序（即纺纱、织布、精整）相对应，对人工成本作了粗略的分类；无疑，这些细节性资料，再加上有关工作量的种种信息，为业主提供了如他所需的单位成本数据。但其复式记录却没有按步骤或按产品批别提供单独的成本资料或成本分析资料。

在某些方面，有关材料及已完工布匹的记录在形式上要优于人工记录；然而，在此依然缺少最后一步，使材料记录与购货、支出等有关财务记录保持一致。作者把重点放在对会计的观察方面，认为人们给予材料会计的关注很少，而且根本不区分欺诈性记录所造成的损失与仓库中货物被盗所造成的损失。（第 44 页）以这一逻辑为基础，他提出了一个很好的材料记录系统，并提出了一种相当现代的观点，就是分别设置原材料、在产品及产成品账户。但他为了简化过账而作的"发明"却使他为每个账户设置了独立的账簿。[①]

这 3 本材料账是后来"存货分类账"（stores ledgers）的极好的原型。作为其早期形式，可能需作进一步描述。购入羊毛时需分等级以数量形式借记羊毛账（wool book），当"用于生产时"则作贷方记录。余额为尚未使用的数量。领用原材料时借记生产账（manufactory book），登记时并不是按羊毛的磅数来记，而是要按"在正常的、管理良好的情况下根据事先设定的规则和比例"应该产出的产量（布匹件数）来记。产品完工时贷记该账。余额表示在产品情况。产成品账（finished-goods book）借方登记已完工产品，贷方反映所有的销售或委托销售。余额表示尚未销售的库存产品。（第 45 页）

---

① 然而，他对过账工作的节约还不足以抵销由于将序时记录与分类记录截然分开而造成的统一性缺失所造成的麻烦。现在我们相信，记录的清晰远比节约簿记员的时间更为重要。

应注意的是，这些记录只记数量。羊毛是按重量和等级在借贷两方的分栏中进行记录。贷方账页靠右首最后一栏表明所用羊毛应当生产的布匹数。在其他账簿中，记录单位不是磅（数量）而是布匹件数。在此，记录同样也是按布料种类分成不同类型（"薄毛呢"等），各个类型又分别分成 4 个等级。这三种材料记录账中并不反映货币价值。

要在这些账簿中同时反映货币价值和数量并加入对人工成本的适当分类，从而确保做到真正的主要成本会计，似乎并非难事。但在当时，这却是一个十分重大的步骤。其间许多数据给作者的印象，可能是在当时它们并不十分适合作为簿记材料；当时的簿记依然处在最初的债务及商业交易时代。正如我们所见，佩恩和科隆贺姆并未能进展到将纯操作性交易（purely manipulative transactions）（也就是不涉及人或款项支付的交易）作为传统财务簿记的一个主要部分的地步。佩恩通过使用两套截然不同的记录来保持业务与交易相分离；科隆贺姆则将基本业务数据保存在备忘记录中，最多只能做到勉强与财务记录相协调。

显然，当时人们只是隐约感觉到簿记不仅仅是和买与卖、人欠与欠人、债款的偿付与收回相关的财务记录。各种非财务性业务——比如增加所需的人工成本和所购材料、将材料成本从仓库账户结转至工厂账户，然后再转至仓库账户等——夹杂在那些已经有三百多年历史，人们已经相当熟悉的业务之中，恰如新近闯入的陌生人。要将这些新生事物契合到已建立了很长时间的框架中确非易与之事，需从全新的角度对簿记的目的及可能作出诠释。①

科隆贺姆提出的制造账户中还有一个细节需作进一步讨论，这就是存货。如前所释，各种材料记录账只是表明库存产品数量。然而，这些数据并不是待在那里静止不动，而是要通过使用进入商品簿，进入最后

---

① 簿记作为一种记录工具所具有的弹性，即使在 130 年之后也还是让我们吃惊，因为它还可以承担更多的责任，比如标准成本。

的完成阶段以计算净利润合计数。

作者提供了一张存货表，该表的数量数据来自材料账，经过扩展后加入了货币价值。其中在产品被解释为"处于中间阶段的平均数"。表中没有给出单价，给出的数据也不足以让读者自己从中算出价格。作者或许是有意忽视了成本记录的一项主要功能（存货定价），也可能是在无意之间忽略了对此作出解释。不过，他却将这些存货的总数之和以恰当的形式记在了商品簿贷方，并注明两边的差额应"转至利润"。

19世纪的簿记教科书中考虑制造业会计的很少。佩恩和科隆贺姆这些从现代观点来看并不完善的章节，与该世纪前30年中其他簿记作者对此问题的贫乏的论述相比，并无多少例外或过人之处。然而，亦有少数与此相反的事例。

19世纪前曾有一位作者（罗伯特·汉密尔顿）[4]用几页的篇幅在自己的著作中讨论"技工及制造商"的账簿与账户。他提到一种材料账，用以记录材料采购及消耗量；他还提到一种工资账，用以记录工人姓名、工作天数、工资率；一种工作账，记录"交给工人的材料数量以及随后收回的完工产品数量……材料价值、工资以及完工产品价值分别记入不同栏目"。

工作账中系统地记录了价值和数量，从这方面来看，这种记录要优于30年后科隆贺姆所描述的材料记录。罗伯特·汉密尔顿还在另一个细节上与科隆贺姆不同，即他试图对重要的分类账账户作出更多解释。他认为分类账除了包括人员、损益、存货、现金等账户外，还应包括"更多用以反映经营费用的不同开支渠道的账户，如材料、工资、机器的维持、租金、消费税、附带性费用（incident charges）等"。他还简要描述了一个用以反映"交易或生产情况的总账户"，该账户于年末以借方反映"材料及其他费用账户的余额"，并在贷方记录"完工产品价值"。考虑未完工产品价值之后的余额即可视为损益。他的完工产品账户每月用借方记录完工产品数量，贷方登记产品销售数量。据作者所言，"如果价格不变"，该账户将以库存产品价值作为余额。如果价格发生变化，余额与单位存货的账面价值相比较，可以反映出价格变动所造成的损益。

这位作者显然试图通过特定的分类账户将所有成本要素与存货结合在一起（这是佩恩和科隆贺姆未曾做过的），这一举动差点打乱整个解释。对如此早的时期而言，进行费用的细分无疑是一个很好的建议，但他"交易总账户"及产成品账户的使用却很难令人满意。或许他是试图设立一个"在产品"账户和一个"产成品"账户。若果真如此，就不应该说前者的余额表示损益；因为它是借记成本，贷记完工产品（按成本价），除了部分完工的存货以外，这个账户应该是平衡的。他的产成品账户相对要好一些，因为如果该账户借方（已完工产品）和贷方（已销售产品）都是按成本计价（"如果价格稳定不变"），其余额必然是未销售产品；同样的，如果"价格发生变化"，也就是说借方按成本计价而贷方按售价计价，认为这个账户反映了损益就会是正确的。

汉密尔顿的著作比科隆贺姆早了整整一代；比科隆贺姆晚一代的教科书，若关涉这个主题，在解释制造账户方面，一般都无法做得像他这么好。克勒普 1858 年的著作就是一个例证。[5] 他展示了应该如何来描述"制造商的会计系统"（第 151 页），但是，除了按数量和种类反映的原材料账及产成品账之外，他却没有任何创新。这些东西显然是为了用于计算存货数量。这些数量与"各自的平均价"相乘，产生"有关存货实际价值的准确估计"。然而，作者并没有说明如何确定"平均价"。虽然他们注意到了某些佩恩和科隆贺姆都未曾注意的阶段，但不论是汉密尔顿还是克勒普，都未能在描述一个综合性工厂账务系统方面获得成功。尽管如此，成本会计却确实已经产生。

参考文献

[1] Alford，L. P.，*Laws of Management*，New York，1928，p. 53.

［2］Payen，Anselme，*Essai sur la tenue des Livres d'un Manufacturies*，Paris，1817，
pp. 8-12.

［3］Cronhelm，F. W. ，*Double Entry by Single*，London，1818.

［4］Hamilton，Robert，*Introduction to Merchandise*，Edinburgh，1788.

［5］Krepp，Frederick C. ，*Statistical Bookkeeping*，London，1858.

第二十一章

19 世纪晚期成本会计的发展

在 19 世纪大部分时间里，制造业本身尚处在快速发展的过程之中；因此，该世纪前 30 年中的簿记教材大多未能提出适当的工厂记账方法，也就不足为奇。工厂会计问题必然出现在寻获解决这些问题的方法之前。佩恩和科隆贺姆之所以被称为先驱，是因为他们在工厂制度本身还十分稚嫩的时候就已经意识到了工厂记录问题。

从已有的各种著述中可以看到，在 19 世纪最后 10 年（尤其是其中最后 15 年里），制造业会计已经得到很好的组织和阐释，尽管其完善性依然无法与 20 世纪相比。在这个短暂的时期内，有三部重要的英国著作对此作了深入考察[1]。这些书的作者（加克和费尔斯、G·P·诺顿、J·S·刘易斯）皆有丰富的实际工作经验（他们本身即是工厂经理、特许会计师等），因此，他们的著作代表了当时最先进的思想和实务。

在此无需对他们每个人所提倡记录制度的细节作详细讨论。我们所要做的，只是对八九十年代英国成本会计的情况作一个总体上的描述。为此需要作两方面的考察：①成本记录是否通过复式簿记与商业簿记相互结合；②制造费用的处理。

在诺顿的解释中，商业账户和生产记录是明显分离的。事实上，他对这种分离也是明显持赞同态度。他曾经写道："生产部门账户应该全部属于交易账户的补充，[1] 这些账户既不应该对普通簿记形成干扰，也不应该构成其一部分……将所有东西囊括在一个完整的复式簿记体系中的想法是对的，但做法却很不明智。"（诺顿，第 219 页）

诺顿对成本会计方法的解释集中在交易账户和制造账户上。对前者，他是用表格形式对其具体内容作了仔细分类；对后者，则是以大部分得自账簿以外的累积数据为基础编制了一张报表。下面是他的交易账户（或表）。

诺顿的交易账户

（左边）

借方	交易账户		
计入存货，即：			
	在产品材料 ……………………………………	×××	
	完工产品 ……………………………………	×××	××
"	已耗材料 ……………………………………		×××
"	已耗染料 ……………………………………		×××
"	已耗化学品，肥皂，糨糊，油等 …………………		×××
"	外包作业 ……………………………………		×××
"	已耗包装材料 ………………………………		×××
"	运费 …………………………………………		×××
"	工资 …………………………………………		× ××
			×××
"	余额结转至第二部分 ……………………………		×××
			×××

---

[1] 在一篇题为"贪污及其防范"的论文的末尾（《会计师》杂志，伦敦，1887 年 3 月 1 日）F·R·戈达德谈道："成本账簿作为商业账簿的补充，置身于商业账簿之外，无法起到防止挪用的作用。"

交易账户

计入固定费用（工厂）：

工厂经理薪金 ····································	×××
技工、工匠和水管工工资 ····························	×××
看守人和计时员工资 ····························	×××
动力账户 ····································	×××
租金、不动产税、税金、煤气和保险费 ··············	×××
工厂设备安装、维修和更换 ························	×××
马厩 ······································	×××
工厂建筑维护 ································	×××
杂费 ······································	×××
设备、机器的折旧 ····························	×××
梳理机 ····································	×××
	×××

计入固定费用（仓库和办公室）：

马厩 ······································	×××
租金、不动产税、税金、煤气和保险费 ··············	×××
杂费 ······································	×××
仓库和办公室薪水 ····························	×××
推销员薪水和出差费用 ························	×××
佣金 ······································	×××
仓库和办公室设备折旧 ························	×××
	×××

计入一般费用：

银行费用 ····································	×××
销售折扣 ····································	×××
坏账 ······································	×××
	×××
利润余额 ····································	×××
	×××

交易账户

计入借款及资本利息 ····························	×××
" 所得税 ····································	×××
	×××
" 本杰明·萨默斯，三分之二 ····················	×××
" 威廉·布莱克本，三分之一 ····················	×××
	×××
	×××

诺顿的交易账户

		(右边)
第一部分		贷方
销售 ………………………………………………	×××	
减去退回和折让 ………………………………	×××	
" 代理工作 ……………………………………		×××
" 持有的存货：		
加工中材料 ………………………………	×××	
库存完工产品 ……………………………	×××	
		×××
		×××

第二部分	
转入第一部分余额 ……………………………	×××
" 购货折扣 ……………………………………	×××
	×××

第三部分	
结转余额 ………………………………………	×××
	———
	×××

这是一个扩展的交易账户，其第一部分采用的是主要成本（材料和工资）与销售收入相对照的形式；在扣除了在产品和在库存货后，① 将余额（主要成本）转至第二部分。第二部分将购买折扣作为收入项目列示，并将费用细分为 3 部分，即工厂固定费用、仓库和办公室固定费用以及一般费用。这一部分的余额标示为"利润"，并结转至第三部分。在第三部分里，减去借款和资本利息以及所得税后的余额在两位合伙人之间进行分配，然后转至各自的资本账户。

这个账户给读者印象最深的可能是将生产性制造费用（工厂固定费用）与作为主要成本的材料及工资相分离，并分为不同的部分。作者认为这种细分（第 217 页）是很必要的，因为第一部分余额与销售数之间比例关系的任何变动都是价格（材料、工资或销售）变动的结果。第二部分中固定费用的任何变动（除了是由于产量的大幅度增减所造成之外）都被认为是营运费用（working expense）的节省或浪费，因为"销售的任何合理增加……都会在不增加第二部分费用的情况下增加第一部分的余额"。（第 218 页）

现代读者希望该账户表明完工产品成本计算情况并提供单位产品成本价格作为计算存货价值的基础，因此这种细分会显得有些奇怪。但是要看到，诺顿提出的交易账户并不以此为目的；我们不能简单地将它与今天商业与工厂簿记在同一个统一系统中相互协调的情况下所采用的制造账户相类比。这些账户来自纺织厂的商业分类账，这些成本记录与商业簿记相分离，构成一个独立的部分。这就意味着交易账户是用来处理支出而不是成

---

① 按照诺顿（第 259 页）的说法，存货应按如下方法计价：

原材料，成本价加运费、手续费，减去卖主的回扣；

在产品，材料成本（如上所述）加上已经完成加工的各道工序通常的交易价格；

已完工并按订单生产的产品，售价减去估计的佣金、运费、利润、毁损、折扣等。

非订单产品，售价减去上述各项抵补以及可能的折旧、仓储费用、销售费用、销售利润。

作者接着说道："如果乐意，可销售商品也可按成本定价，按算出的当年成本加上生产工序通常的交易费用。不过，通常情况下以售价作为计价基础更为可靠。"

本，它所显示的是最终利润的计算而不是产成品成本计算。[①]

诺顿的成本记录与商业账户相分离，并被设计用来将成本分配到各部门和工序。这就使得制造商能将他的成本与在别处加工他的产品时通常的交易费用相比较。这些分离记录的焦点是所谓"制造账户"，它其实是一张独立的表格，而不是真正的分类账。在此我们将首先说明该表的资料来源，然后列出具体表式。

几个加工部门的工长需每周对置于他们监督之下的已完成工作量作出记录；这些数量数据集中到中心办公室，依生产部门或工序，按同类作业的交易（或外加工）价来计价。构造制造账户的另一项准备工作是按生产工序对商业账簿中的经营账户所反映的支出进行分析。该分析表（诺顿，第 196 页）按货物、梳毛和毛纺、精梳和精纺、织布、染色、完工定型等分设栏目。除此之外，还有一份仓库保管员提供的各工序耗用原材料报告及一份按工序编制的工资分析表。工厂固定费用（即生产性间接费用）按照一定比率通过主分析表中的工序栏进行分配，有关比率我们将单独进行讨论。在汇集了这些数据之后，就可以构造出如下所示的制造账户。

制造账户（见表）的第一部分将已耗材料成本和工序的交易价成本

---

① 然而，商业分类账中的几个辅助账户显示了某些与现代成本会计相似的特点。马厩账户就是一个典型例子。该账户借方反映：马匹、草料、铁匠工资、马夫工资（后者从工资账户转入）；贷方反映：余额的结转（作为资产），一部分转到工厂账户上，另一部分转到仓库账户上。这种账户形式组织得很好，并被广泛用于服务部门费用的再分配。

此外还有其他一些很现代的元素。预提费用和预付费用已经在辅助账户中以一条称为"计入准备金"的分录作了确认。比如，在租金和动力、煤气及保险费账户中，借方出现了如下分录：

6 月 30 日，计入准备金即：

截至 6 月 30 日的租金……………………××

　　"　　　　　煤气………………××

　　　　　　　　　　　　　　　　××

减去预付火险费……………………　　×

　　　　　　　　　　144 英镑 4 先令

然后这部分准备金作为贷方余额，写在横线下，转入下期。

列在一边，而将销售价和未售库存品列在另一边，两个部分相互对照。工序成本数据得自工长的已完成工作报告。因此，"销售毛利"（gross selling profit）作为本部分的余额就表示了每道工序进行专门化生产时按照目前价格所能产生的利润。

在该表的第二部分中，仓库和办公室的固定费用以及一般费用按照与经营账户上同样的数额记在借方。贷方反映的是从上一部分转下来的毛利，因采购折扣而形成的收入以及"各部门的利润"。最后一项可能需要作些解释。费用分析表中各栏目总计数要分部门列示在制造表本部分中来自第一部分的类似的部门数字之旁。这样，部门或工序实际成本就可以与同样数量产品的目前交易价或外加工价进行比较。由此得出的部门利润表明与作业外包相比，业主在自己的工厂里完成该项作业的营利能力，同时，第一部分的"销售毛利"（扣除销售费用及一般费用之前的利润）显示了非生产活动产生的利润。

制 造 账 户

借方	第一部分		
计入存货 ……………………………………		×××	
〃 材料 ……………………………………		×××	
〃 外包作业 ………………………………		×××	
〃 包装材料 ………………………………		×××	
〃 运费 ……………………………………		×××	
			×××
〃 制造样品（除材料以外的成本）…………		×××	
〃 各生产工序，按交易价，即：			
纺纱部门			
冷凝和纺纱 …………………………	××		
捻线 …………………………………	××		
绕纱 …………………………………	××		
			×××
精梳精纺部门			
梳毛 …………………………………	××		

借方	第一部分			
纺纱 ·······························	××			
		×××		
织布部门				
整经和绕纱 ·················	××			
织布 ·························	××			
		×××		
染色部门				
羊毛染色 ·················	××			
毛条 〃 ·················	××			
纱线 〃 ·················	××			
布匹 〃 ·················	××			
提色 ·····················	××			
		×××		
精整部门				
洗涤 ·······················	××			
修补 ·······················	××			
精整 ·······················	××	×××	×××	
			×××	
计入余额——销售毛利转入第二部分 ·············			×××	

第二部分		
计入仓库和办公室固定费用，即：		
马厩 ···························	×××	
租金 ···························	×××	
零星支出 ·······················	×××	
仓库和办公室人员薪金 ·············	×××	
推销员薪水和出差费用 ·············	×××	
佣金 ···························	×××	
设备折旧 ·······················	×××	×××
计入一般费用，即：		
银行费用 ·······················	×××	
销售折扣 ·······················	×××	
坏账 ···························	×××	×××
计入每个交易账户的净利润 ··················		×××

制 造 账 户

第一部分	贷方
销售 ……………………………………………………………………………	×××
代理工作 …………………………………………………………………………	×××
存货 ……………………………………………………………………………	×××
	×××

第二部分			
由第一部分转入的销售毛利 ………………………………………			×××
	借方	贷方	
各部门利润，即：	各工序实际工资及费用分析	第一部分中各工序已完成工作	利润
纺纱部门 ……………………	×××	×××	×××
精梳精纺部门 ………………	×××	×××	×××
织布部门 ……………………	×××	×××	×××
染色部门 ……………………	×××	×××	×××
精整部门 ……………………	×××	×××	×××
	×××	×××	××× ×××
采购折扣 ……………………………………………………………			×××

这种数据安排十分巧妙，比起只列示实际工序成本的表来，这个表给了管理部门更多具有管理价值的资料。尽管本表处在复式簿记系统之

外，但却通过最后得出与作为复式簿记记录一部分的交易账户一致的净利润，通过在其他点上与得自商业账户的总计数的核对，与复式簿记记录紧密相连。

与诺顿相反，加克和费尔斯明确支持将商业和制造账户结合在一个系统里。他们写道："工厂账簿绝对不能像通常那样被认为仅仅是备忘记录……它们应该包括在账房账簿中。从总分类账得出的资产负债表所具有的明显优势——该表同时还包括了商店及库房中账簿的余额——绝对不能丢失。"（第7页）

他们关于协调分类账户的计划具有很强的逻辑性，要描述起来也非常容易。首先，所需原材料和人工要分别记入相应的账户；然后，当几种物质元素在工作场所相互结合，需在账户中同样地将几种成本（或价格）因素加以结合。这意味着将材料成本和人工成本从各自的账户中结转到汇总性制造账户。制造账户借方还会转入来自现金账上直接用于生产过程的各种杂项支出。[①] 已完工产品（主要）成本需定期从制造账户转至存货账户，制造账户上的余额就是局部完工产品的成本价。存货账户上定期变化的数额表示已生产完工而尚未售出货物的成本价。每发生一笔销售，需在账户上作两次调整。一次调整应按由顾客负担的销售价进行并贷记交易账户；另一次调整是将已售货物的成本价从存货账户转到交易账户借方。通过这种处理，已售产品生产成本和销售价被对照式地置于同一个账户中，如此则可在作为复式簿记系统自身一个组成部分的分类账中恰当地算出毛利。[②] 上述关系可用图式表示如下。

---

① 需要注意的是这并不是"生产性制造费用"，这一要素将在另一部分进行讨论。加克和费尔斯并没有对制造账户本身作任何描述，但从上下文（比如第67页，第69页，第235页）中似乎可以看到当时已经在使用这个账户。

② 加克和费尔斯在第2版前言中说道，他们相信他们的书是第一次尝试向英国读者提供"一个系统的规范工厂账户原则的论述"。但是他们可能甚至会认为他们所描述的生产的基本账户会保留下来，因为在以后的40或更多年里，他们的内容和关系都没有发生变化。

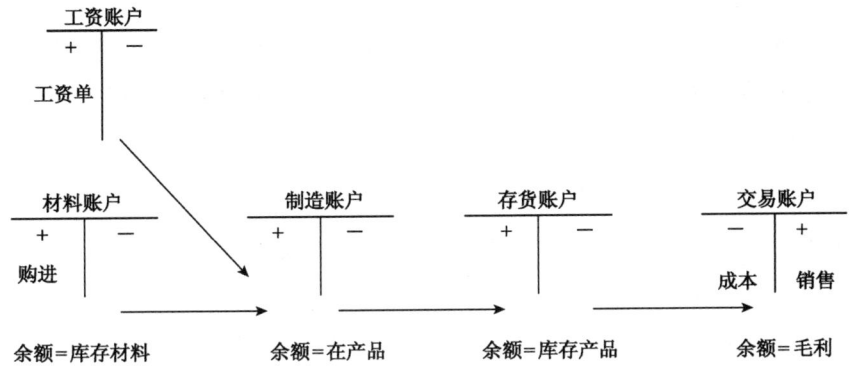

上图所体现的主要事实是，与将材料和人工转换为商品的生产过程所包含的工作流程相对应，还有一个价格数据流。[1] 这似乎是制造业会计给簿记带来的一个新概念。加克和费尔斯并未从这个意义上进行讨论——他们在构思和规划他们的账簿时可能很少作哲学上的考虑——但当人们将这种安排与普通商业会计计划进行比较时，无疑都会发现有一些新东西进入了复式簿记。换言之，人们发现复式簿记可用于一些全新的、前所未有的用途。[2]

制造业的核心考虑是材料和人工的转化，商业中的核心考虑则是货物的交换。复式簿记在一个交换的时代发展成为一个完整的系统，直到19世纪仍然处在一个交换的氛围中。只要交换是它的目的和环境，簿记就会把服务支出表示为资本的临时性扣减——实际上是损失。然而，随着制造业时代的到来，诸如人工及劳务之类的支出必须（与具体的材料一起）作为待转化的财产要素；它们代表资本投资而不是假定的资本损失。对簿记来说这是一种新的观点。

只要簿记在其使用者的观念中完全和商业交易（即交换）相联系，

---

① "当我们要更好地理解从原材料和劳动到可销售产品的转换时，除了广泛和复杂的交易外，系列的生产经营过程也要受到关注，这种监督就需要一个严格的方法来准确和迅速地确认已完成的工序"。J. S. Lewis，工厂的商业组织，第 XXXV 页。

② 令人遗憾的是没有更多的资料来研究 1818—1887 年间复式簿记是如何来处理生产记录的。

就很难找到将制造或非交换性业务插入这个闭锁系统的理由或方法。①
在这种情况下，这些非商业性业务会很自然地被当作与总的商业支出分析相分离的东西独立地进行处理，并要求与复式簿记的关键性数据总体上检测一致。这正是佩恩和诺顿所描述的内容。后来，如加克和费尔斯所写的那样，商业和制造要素得到了完整的结合，这种结合可以看做一种证据，证明了当时复式簿记作为一种管理工具的可能性得到了广泛的认可。②

这3本著作中第二个有趣的特征是制造费用的处理。19世纪和20世纪实务中最大的区别也就在此。对这种费用的性质在早些时候人们就已经有所了解，然而，由于其特殊的复杂性，在处理上还有些困难。

我们曾提到诺顿使用的分析表，他通过该表按部门或工序进行费用支出的分解。材料和供货成本按照保管员的报告进行分配，工资按作业或工序进行分配，工厂固定费用的分摊则五花八门（第196页，第222

---

① 或许这在某种程度上可以解释为什么在Payen和Norton所描述的方法里缺少生产和商业交易的结合。然而，Norton应该知道Garcke和Fells的著作，因为他的著作比他们的著作要晚两年。因此，可以假定他故意以一些特殊的理由分开了商业和生产要素。他可能已经认识到纺织生产商账簿体系结合的可能性，感到对纺织生产商来说，将资料的计算与"外加工成本"进行对比更合适。因为这样的话生产商可以在自己生产和外出加工两种方法之间选择获利更多的一种方法。另一方面，Norton的例子是1884年的，这个事实提出了这样的假设，即手稿在1889年出版前已完成一段时间了，它反映了1884年到1887年Garcke和Fells的著作出版之间的实践活动情况。

② Garcke和Fells所提出的完整的报告、摘要和记录账簿的系统提供了将成本数字从账户转到另一账户的技术。员工的计时卡为工资账簿提供了原始数据，而工资账簿又是工资单的基础（借方：工资，贷方：现金），而在工资分配账簿中，劳动根据工作单或工序分解记入主要成本分类账（借方：生产，贷方：工资）。购货发票通过储藏室已收账簿记入储藏室分类账，并通过发票分配账簿记入商业分类账（借方：储藏室，贷方：卖主）。储藏室许可证（我们所说的通知单）通过储藏室发出账簿记入储藏室分类账并通过工作账簿计入主要成本分类账（借方：生产，贷方：储藏室）。主要成本分类账的定期摘要给出了关于已完工产品和移交至仓库的数字（借方：存货，贷方：生产）。当发生销售时，货物的成本价值就会转入销售分解账簿（借方：交易，贷方：存货）而销售价格记入了日记账（借方：客户，贷方：交易）。储藏室分类账的余额与储藏室账户的总数一致，主要成本分类账的余额与生产账户一致，存货分类账的余额与存货或仓库账户一致。除了某些账簿的名字和支付制造费用的错误，这个过程在今天看来都是很好的实务。再后几年里，制造费用得到了更多的重视；但是早期的作者认为与劳动和材料成本相比，它是一个小问题。或许制造费用相对比例的大幅上升能够部分解释近年来所发生的转变。

页）。动力费"按各部门运转的机器"分摊，煤气则按汽灯数或各部门的计量表分摊；"房租、不动产税和税金"按场地面积细分，保险费则"按保险单分配"；维修费可按支出记录和工人的工时报告单分解。厂场设备折旧倾向于按各组固定资产的递减价值的百分比分配，也可进行定期重新估价并按估计的资产使用寿命及其残值每年作固定的扣减，作为一种替代方法。上述费用处理的结果令人十分满意，但正如诺顿的整个成本处理一样，间接费用在各部门间的分配同样是在复式簿记体系之外进行的。

加克和费尔斯将成本要素引入了复式簿记系统，但却未曾清楚说明制造费用（也被称为"公司费用"）处理的分类账程序。这种失误无疑应该归因于术语上的歧义，诸如间接费用（indirect expenses）、公司费用（establishment charges）、固定费用（standing charges）、工厂费用（factory charges）、间接工厂费用（indirect factory expenses）、工厂一般费用（factory general charges）、一般费用（general charges）、车间费用（shop expenses）等。也许用工厂费用（包括工长的工资、房租、燃料费、照明费、供热费、清洁费等）和公司费用（包括职员的薪金、办公室租金、办公用品费等）两个术语来区分最为适宜。无论如何，他们两人其实对此有着必要的区分，因为他们曾经谈到（第122页），处于最佳状态的制造业企业是按生产成本（人工、材料及工厂费用）对其已完工存货进行定价，"而不加任何利润或与工厂费用相区别的固定费用"。在存货计价中包含一定比例的公司费用的做法"怎么指责都不过分"。

尽管上述观点表明这些作者对那些属于生产成本的费用和属于管理成本的费用有极为深刻的理解，但他们却未曾提出在账户中对这些费用处理的确切方法。他们指出（第71～74页），虽然有些企业并没有进行间接费用分配的打算，但如果能按照工资或包括工资和材料费用的成本的一定比例在各种作业之间进行这些费用项目的分配，则可对这些项目形成一种更有效的控制。不过，对于如何将这些数据加入成本记录，他们未作出任何说明。他们曾提到应该在主要成本分类账（即现代的作业成本分类账）中为这些费用专门加上一栏，或者在该成本分类账中所记录的每项作业的末尾为间接费用和折旧加上一定百分比；但却依然未曾对如何将这些"间接费用"通过制造账户从各种费用账户过到存货账户，并最终与人工及材料费用一起转到交易账户作出解释。推测起来，费用应该遵循与人工及材料相同的程序，因此，三个成本项目（而非两个项目）会经由前面所描述的顺序进行处理。如此来看，整个程序框架上是极为现代的。但是通观全书，得到的总体印象却似乎是在企业成本会计的实际使用中，几乎不可能以这样系统的方式通过分类账户完成间接费用处理。这一结论通过刘易斯有关成本处理方法的描述（第221页，第386页）得到了进一步印证。

刘易斯的书中多处表明，为了作业估计的目的，工厂间接费用被简化成了比率（工资百分比）（见该书第二十二章），计入公司费用账户的实际支出，与商业企业费用账户处理方式一样，直接转入了损益账户。为了对这一论点提供支持，我们可以引证刘易斯的观点，他曾讲到，所有公司费用、折旧、厂场建筑维护费、房租、不动产税、税金、交易费用等，皆须"结转至损益账户借方"（第221页，第386页），且需在产品完工入库时按主要成本借记存货账户（第210页，第353页）。但在该书最后的"其他"一章中，却提到另外一种方法，按照这一方法，（重型机床）费用应该尽可能在贷记车间管理费用（shop-establishment-charges）账户的同时记入工作通知单号（第475页），这好像并不是当时通行的做法。在此他似乎在提议将车间费用通过分类账转账业务结转至制造账户。但在其他各处（如第176页），费用与主要成本的这种联系却体现在全新作业的投标估算及存货盘点方面，而非直接的分类账转账之中。

当时的作者们并非全没有意识到将间接费用通过分类账记录分配到生产过程的可能性，他们只是更偏爱其他方法。刘易斯曾经谈到，有些企业还是非常愿意将间接费用分配到生产过程中去的，但这种做法同时也遭到激烈的反对。这种做法最大的负面影响在于按"武断的"（提前估计出来的）公司费用百分比贷记费用账户，可能大大超出实际支付的费用水平。如此做法，由于要同时借记在产品，因而会"造成虚计资产"。①

因此，人们更倾向于在期末进行存货盘点时才将制造费用与主要成本放在一起。这样不仅可以掌握制造费用的"全貌"，而且可以保证数据的调整是按实际支出而不是任意或虚假的估计进行。通过一个居间的"暂记账户"（在此无需对该账户作详细说明），已付费用的适当部分会临时转入尚未出售的产成品存货，并从损益账户中加以扣除。在结清所有账户后，暂记项目将被冲回，存货（存货账户）亦将恢复其初始主要成本价值，剩余的制造费用将迟延至后来某一时日转入损益账户。②

从美国有关 19 世纪会计的极为稀少的资料中我们可以看到，美国人的观点总体上与英国人的观点相类似，但其表达却远不如他们那样完整和系统。在为数不多的一般簿记教材的简短章节以及少量定期出版的文集中，有关这一问题的论述很不充分。唯一一部值得关注的较有分量著述，是亨利·梅特卡夫（Henry Metcalfe）的著作[2]（纽约，1885 年）。即便是这么一部优秀的作品，从会计的角度来看也是很不完善的，因为作者最后（第 289 页）坦承他没有能力提出一种能够通过现金账户验证成本表的方法（也就是能够将成本记录与普通记录"绑在一起"的方法）。他的著作之所以不尽完善，还有另一种解释，乃是基于这样一项事实，即：该书绝大部分所涉及的是政府兵工厂的车间管理问题，这里既没有资本问题，也不涉及企业主利润问题。因而，它并非描述一个账户系统，而是说明军队受托责任的"文书工作"，通过这种安排，可以使有

---

① 然而，必须指出的是，并不是所有的作者都担心武断的百分比。John Mann，在会计师 1891 年 8 月 29 日和 9 月 5 日的两篇文章中就毫不犹豫地提倡定期的贷记直接费用账户（作为工资的一部分）并将工资和材料借记成本分类账户。

② 如将被观察到的，这种处理方式就暗示着"车间建造费用"本质上就是"费用"，尽管从一开始制造费用就是和劳动、材料联系在一起的，现代的处理方式隐含着制造费用是"资产"这么一个特点。这个区别与保险账户可选择的处理方式类似：如果被认为是资产账户，就计算已消费部分并结转，未消费部分留在账户中；如果被认为是费用账户，计算资产部分并结转，余额为已消费部分。

关官员将其成果与公开市场上同类工作的价格进行比较。梅特卡夫上校强烈推荐用卡片来保持所有原始记录。这种做法可以通过制表及汇总之前多种形式的数据分类拣选，极大地加速记录过程，因而在很大程度上优于以账簿作为原始记录。这种想法在现代系统中颇受青睐，显然，这里是第一次将该方法用于工厂记录。

如同在英国一样，在美国，早期的做法同样是对传统的商品账户概念进行一定程度的拓展，并以之来满足简单的工厂簿记之需。约翰·弗莱明（John Fleming）1854年的著作[3]中曾经提出过一个极为出色的早期例证。在一个简单的实务设计中，他使用了一个工厂账户（factory Account），该账户经过处理之后的余额可用以表示利润。

工 厂 账 户

建筑物成本	已售出的布料等
购进的棉花	已发出的布料等
人工工资	
购进的煤	
职员和费用	余额（存货）
损益（余数）	

将建筑物成本包括在借方并定期计入贷方的存货中，与长期以来所建立起来的、将营利性资产和与之相关的费用和收入联系在一起考虑的做法是极为一致的。早期教科书中最常见的例子是不动产账户，该账户不仅记录财产的成本，而且记录资产的维护费用和租金收入。在年末将财产计入存货（稍微折旧）后，该账户将显示来源于该财产的净损益。

在19世纪80年代偶尔也能看到类似的观点。德怀特·S·道（Dwight S. Dow）[4]在描述他的一个实务设计时说道："簿记员会开立一个他所谓的制造账户，像处理商品账户一样对它进行处理……即借方登记各项收入物（材料、人工成本等），贷方登记各项给付（完工产品销售收入）。"他未曾对制造费用作出解释。Ａ·Ｏ·基特里奇（A. O. Kit-tridge）[5]提到了一个制造商账户，该账户在借记客户账户时作贷方记录。前述账户乃是所谓"成本项目"之一，看上去像主要是从现金账的一个特别栏目中演化出来。该账户余额表示"至完工日产品总成本"，但对它与制造商账户之间究竟是何关系，未曾有任何解释。该作者有关费用的观念是极为混乱的，他没有将工厂费用与一般费用区分开来。

但是，按商品账模式使用账户的方法也未能躲过批评。例如，《簿记员》杂志[6]的编辑就反对缺少细节性的描述，认为在工厂中"系统的会计职责"要求有三类信息：①代表原材料成本的信息；②将原材料转换为完工产品的成本信息；③确定完工产品收益的信息。

对制造费用未曾有任何考虑。詹姆斯·霍华德（James Howard）[7]曾列出一个有关成本核算的账户表，并称所有账户可分为三类，分别表明生产中所用全部物品的采购情况、所产物品及其成本价，以及销售完工产品的成本及有关费用。但他没有指出如何将这些账户具体进行分类。

加拿大安大略省会计师协会的亨利·埃利斯（Henry Ellis）[8]显然是将所有费用混在一起（他提到了差旅费、运费和送货费）并称有必要知道那些需要"加诸成本之上以得到一个可产生合理销售利润的价格"的支出项目所占比例。如果作者没有进一步提到对存货而言"主要成本是适当的计价标准"，这完全可以理解为指的是一般管理费用。没有任何证据可以让人觉得他使用"主要成本"一词除了有助于现在对材料和人工成本的理解之外还有其他什么东西。梅特卡夫（Metcalfe）上校[9]喜欢将前一年（或前两年的平均数）的车间费用合计数除以车间已完工时，以"获得一个负担率，借以确定本年度单位工时的人工应负担的费用"。不过，这样将估计费用分配到作业之上，与实际支出并不相关。

今天的读者可能希望这些作者中有人能详细阐述他们的计划，并更好地反映出当时的思想。由于我们省去了工厂制造费用对产品的影响及应用的讨论，这种想法可能显得更为突出。不过，这仅仅从另一个角度说明了现在的兴趣在于更好地对制造费用进行分析，或者说，由于最近的种种发展，比如竞争的加剧、主要设备投资的增加、经营管理的加强，都需要有更严密的控制，因而需要对制造费用作更细致的分析。

自然，在19世纪，即使在最好的成本会计实务中，其细节部分也难免有所不足，因为在当时，如同工厂管理一样，成本计算还是一项新生事物。对簿记而言，这是一个过渡或成长时期。长期以来，传统的簿记和商品交换联系在一起，而现在它被要求来满足对它而言相当陌生的新要求。不过，它也取得了一定进展。当它被会计人员用于记录各种生产物进入仓库，并最终到达顾客手中（通过交换）的整个价值转换过程时，它朝着簿记使命的最终实现迈出了大大的一步。就像借、贷概念纯粹是指财产的增减一样，人们认识到了对通过分类账户来提供价值流的可能性，使簿记作为一种半统计性程序，在数据的科学处理方面有了很大进展。

现在要看到这些缺陷是很容易的。在打好的地基上增加上层建筑，总比根据设计最初动工要容易许多。因此，也就很好理解为什么19世纪的成本记录常常无法与商业簿记相互协调。人们其实意识到了对两者进行协调的可能性，并在有些情况下大力提倡协调，然而，即使翻遍典籍，也依然会觉得协调仍属创新，而非惯常的行径。

这一时期考虑的重点是主要成本，间接成本只是间或有所提及。将材料和工资费用以正确的方式分配到特定产品或作业上去并为各个材料账户保持持续的余额，需要大量的记录以及数据的重新分类，所有这些要求都是商业簿记未曾遇到过的。这种"簿记体系"自身的发展并未取得任何成就；将这些记录与分类账户"绑"在一起，通过存货分类账来证实存货账户，通过主要成本分类账来证实主要成本账户，同时将存货和主要成本与现金支出相协调，则是一项令人羡慕的原创性成就。的确，将成本会计程序的表达列为仅次于复式簿记的第二大成就，应该毫不为过。

像这样伟大的变革自然不可能在见证了其奠基过程的一两代人中完成。鉴于此，也就不难理解为何缺少对制造费用的关注。前已述及，在成本会计奠基之时，既没有激烈的现代产业竞争，也未曾发生工业固定资本的迅速扩张。人们并未忽视考虑相关费用的必要性，因为在进行合同估价或产品计价时必须特别虑及于此。但是，费用确实未能像货物、材料或工资那样，在商业记录或成本记录中得到同样认真仔细的对待。在当时最佳的实务中，人们已经知道如何将费用分配到各项作业，其方法是按照人工成本（或人工成本与材料成本之和）的一定比例将费用加诸其上，但是这种认识并没有能够得到一贯的应用，以表明费用可以像人工成本那样在账户之间"流转"，并最终到达产品。

"费用"依然明显被视为"损失"；要想认识到费用是一项必需的服务成本，它能够而且应该具有像在车间中操纵的物质一样的特性可以在账户中转移，显然为时过早。费用在当时被理解为一项要素，应该作为尚未出售的商品存货的一部分作递延处理——如同一项尚未收回的投资，就像库存产品中所蕴含的原材料一样。但是，在生产过程中将费用计入产品的整个程序普遍并不像人工成本组织得那样好。

总的来说，由于成本会计的出现，19世纪对会计学的贡献还是很值得注意的。同时它也是一个重要的基础，因为自那之后再无很大作为，人们所做的只不过是根据具体的环境变化对已有程序进行调整，并将成本分配细化到不同的产品单位上去。成本会计是因工业化的需要应运而生的。它的使命在于为经理人员提供详细的人工及材料成本信息，使其能够将自己的生产成本与同类产品的外部价格进行比较，或以过去记录作为基础，估计他所能承受的特定产品的合同价格。因此，归根结底，成本会计所代表的是工业革命对复式簿记的影响；它是簿记（一种记录）向会计（一项精密的管理工具）扩展的一个重要标志。

参考文献

［1］这些书是：E·加克和 J·M·费尔斯的《工厂会计》（*Factory Accounts*），伦敦，1887；乔治·P·诺顿的《纺织商簿记》（*Textile Manufacturers Bookkeeping*），伦敦，1889；以及 J·S·刘易斯的《工厂的商业组织》（*The Commercial Organization of Factories*），伦敦，1896。

因为手头没有前两本书最初的版本，因此只能参考加克和费尔斯著作的第 4 版（1893），以及诺顿著作的第 4 版（1900）。然而，这些后期的版本看起来仍有可能代表了 19 世纪 80 年代最先进的实务。比如，近代一位作者（约翰·惠特莫尔《会计学杂志》1930 年 9 月，第 200 页）称："我想我能根据记忆说 1902 年的版本（加克和费尔斯的著作）和 1887 年初版时实质上是一样的。"诺顿在第 3 版的前言中写道，这本书较之以前的版本只是修订了一些小错误，并没有实质性的改变。

［2］Henry Metcalfe，生产成本，纽约，1885。

［3］John Fleming，复式簿记，匹兹堡，1854，第 115 页。

［4］Dwight S. Dow，账簿，纽约，1882，第 80 页。

［5］《簿记员》，纽约，1880 年 10 月 26 日，卷 I，第 131 页。

［6］同上，卷 IV（1882），第 157 页。

［7］同上，卷 II（1881），第 33 页。

［8］同上，卷 II（1881），第 146 页。

［9］Metcalfe，同上，第 166 页。

第二十二章

会 计 的 演 进

前面章节说明了 20 世纪之前簿记和会计发展的一些基本情况，同时也讲明了人们所熟知的有关全部历史的故事中的另外一个部分，即：各种事件的相互影响。

会计是具有相关性和进展性的。影响会计的环境不断改变，老方法在变化了的环境下不再有效，以前的观念也变得不再与新问题相关。变化了的环境中产生新的观念，促使天才们提出新的解决问题的方法。倘若这些观念和方法获得成功，又会反过来影响环境。其结果我们称之为进步。①

会计中包含两类相关性。第一类是会计与当前问题的相关性，是会计解决当前问题的能力。仅仅为了在复杂的现代组织和时下错综复杂的财务事务中保持中心地位，会计就必须不断作出实质性的贡献。会计在过去取得了巨大的成功，而不仅仅是保持了其地位。这一点从职业审计师人数的日益增加和成本会计领域的大规模扩展就能得到证实。诸如标

---

① "会计学和会计技术的进步，使得企业经营活动规模、复杂性和范围的扩大成为可能。这些变化反过来又刺激了会计知识和会计技术的进步。经营活动决定了所需记录的种类，而所做记录又可能反过来影响经营活动的种类。"——John Bauer，《社会科学百科全书》（*Encyclopaedia of the Social Sciences*），V. I，p. 404.

准成本、解释性比率、财务预算等工具，皆属最近会计向解决现代企业问题作出贡献的典型例证。不过，探讨会计究竟将会作出什么样的贡献，显然超出本书的范围，尽管这个主题具有非常大的吸引力。①

第二类相关性是在解释会计的起源时，有关其过往发展与所处历史环境之间的关系。这是本书真正的主题。会计是在已知情境下为满足已知需求而产生；它与其环境协同地演进并发展；其任何变化皆可从源自当时环境的压力中找到解释。如此则可以确定地说，会计是进步且具有相关性的。其产生有其原因，其发展也有其目标。

关于复式簿记起源与环境间的关系，本书第一篇中已有顾及，在此只需作一简单回顾。至为重要的是，复式簿记乃是中世纪的产物，而非源自古典的遗存；其发展得益于十字军东征之后的商业扩张，其最终成型所需要的，是私人所有制下的商业，而非贵族主导的奴隶化商业形式。一旦这些条件具备，有关财务记录的各种细枝末节就很快协同起来，构成完整而统一的复式簿记方法。其后数世纪，无论企业组织形式（独资和合伙）还是商业的基本特征，都很少再发生变化。在此期间，簿记也没有任何根本性的发展。除了为提高记录的准确性和经济性而在技术上有一定程度的细化之外，再无任何压力足以促成更大的变革。

然而，考虑到后来的发展，就有更多要提的了。从簿记到会计的发展与现在极为贴近，其中事实无需过多猜测。因此，理解其间各种力量的相互作用、描述其间所发生的种种变化也就显得更为容易。

19 世纪英国职业审计的发展可以作为一个例证，很好地说明先前条件是如何导致了后来的结果。如果只是指明法定审计是职业审计获得增长的基础，显然是远远不够的，因为马上就会有另一个问题产生：为什么会通过这样一项法令？这有几个答案：

（1）19 世纪初的英格兰，赞成自由组建公司的压力大增。来自政府

---

① 一些作者已经对会计的贡献发表了自己的看法。如 Oswald 的 *Das Verhaltmis der Buchhaltunglehre zur Sozialokonomik*；Scott 的 *The Cultural Significance of Accounts*.

的阻力开始慢慢减弱，到了该世纪 20 年代，人们找到了一种解决问题的办法，就是依照一项普通法令来组建公司。这是第一个要点：商业扩张的压力导致依据法令组建公司。

（2）公司法规定必须进行审计。因此，第二个要点就是，英格兰在 18 世纪初所经历的股票投机的惨痛教训导致了 19 世纪公司法中某些保护性条款，包括对董事会的各种活动进行审计以维护非活跃股东的利益。

（3）为什么公司法认定的是审计而非其他保护性工具？这就是第三个要点了：封建时代的英格兰曾经用过一种极为适宜的用以对代理责任实施有效监督的方法——审计。这一观念很容易地被用来与 19 世纪的需求相适应，审计也因此成为解决联股公司问题的对症良药。

然而，即便是理解了为什么会通过这样一种法令，以及为什么审计会被作为治病良药来用，也并不等于可以理解为什么会有一些人应运而生，成长为职业专家。这些人开始只是簿记员。簿记是审计的基础；股东对公司事务的了解，必须依赖代理人为他编制的簿记数据。但是，仅仅懂得复式簿记方法并不足以成为"专家"。当由股东所构成的审计委员会意识到其所承担任务的复杂性时，他们很快开始寻求帮助。时下的法律允许他们聘用"会计师"。无疑，在某些情况下，这些来自外部的助手可能只是与特定企业并无关系的簿记员。但很多时候需要的是经验丰富和有很强判断能力的人员。这些人从哪里来？在那些对复杂的破产账务及其他诉讼相关事务有过深入研究的人群中，人们发现了此类人员。与那些整日只是应付记账事务的人相比，他们对各种方法和手段的了解远为深入。

破产清理工作乃是因那些为在债务人无力偿债时向企业债权人就其债权提供保护而制定的法律而起。在英格兰长期经历一系列金融危机的过程中，无力偿债乃是司空见惯之事，由此证明，19 世纪的企业危机是导致职业审计发展的极为重要的贡献因子。由此可见，如果简单地说审计是英国公司法的结果，显然是不够的。相反，审计是很多因素共同作用的结果，有些是直接而现时的因素，有些则是极为间接而遥远的因素。

下图依种类和时间对这些因素作了概括。

审计的相关性

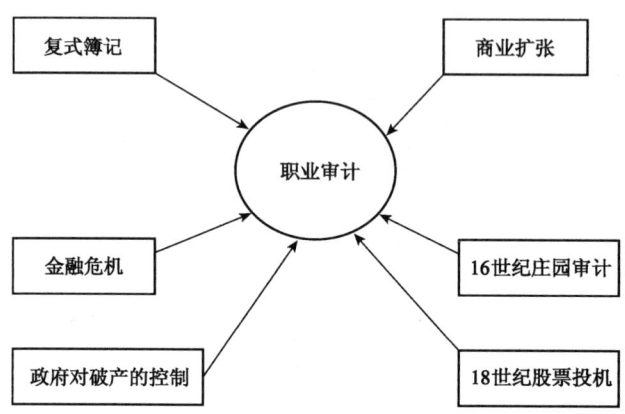

值得一提的是，英国政府在此过程中扮演了极为重要的角色。为了尽量保护债权人不因丧德债务人恶意操纵而遭受不公平的损失，政府很早就颁布了破产法，并不断对其进行修订以增强保护。公司法中有关信息公开的章节和审计条款也是因为类似目的。之所以加入这些内容，乃是为了保护股东（债权人之一种）免受股票承销商和公司董事欺诈行为的损害。这是一个有组织团体（政府）为了非组织团体的利益而对个体行为实施限制的一个极好的例证，此处，非组织团体为债权人和股东。

以上事例极好地说明了会计发展与社会自身发展之间的相关性。假如英国没有议会，或者虽有议会但却对当时的社会需求充耳不闻，职业审计断不会于彼时彼地出现。19世纪意义上的职业会计也不可能在15世纪的英国出现，因为那时没有可以导致它产生的恰当问题。我们当然也不能指望用15世纪的"受托责任"会计来满足19世纪的会计需求。

另一个有关周围环境与会计发展间关系的极好例证是会计理论的兴起。早期簿记教科书大多对复式簿记进行长篇累牍的介绍，但却极少涉及理论上的探讨。它们几乎都是描述性的——对簿记程式作文字上的刻画。这种情况后来因为有关如何确定借贷方向的经验法则出现而稍有改观。但直至 19 世纪，也只是偶尔才有一些簿记教师会意识到靠死记硬背来学习簿记知识在方法上的不足，并尝试用推理来取代规则。只有这为数不多的人才真正看到，簿记并非只是一种日常的文书工作，而业务分析也不仅仅是账户拟人化的过程。在企业工作的实际经验让他们对簿记的终极目标有了清醒的认识，而那些早期数学家和写作大家们却没有。对良好教育的深度追求引领他们想方设法去找寻能够发现簿记内在逻辑的方式方法。

簿记逻辑的线索潜藏于"所有权"之中。当老师开始就所有者费用账户及企业主与其企业间关系展开思考时，理论开始出现。此处正是从本质上区分资产与费用的基础，其中蕴含许多有关账户的理论。也是在此处，真正显示出了对账户进行分类的重要性，即将同类账户归结一处，以便与具有其他显著特征的账户群组相对照进行观察。人们认为财务报表的主要价值就是在此基础上产生的。它同时也是将大量数据经过整理以具有启发意义的形式进行展现时所依赖的技术基础。

虽然会计理论的出现很大程度上要归功于那些致力于揭示复式簿记之理性一面的老师们，但若是说由于公司的出现所导致的各种问题引发了更多讨论并因此导致更多理论的产生，甚至超过簿记老师所做的，应该也毫不为过。

公司对会计理论的贡献表现在三个层面。因为承担有限责任，从而有了在企业中实现保持投入资本的法律责任。为此，准确计算资产数量以做到安全分配就变得极为重要。因为需要进行此种计算，因而使得能够让一个人适当区分资产和费用的相关知识就显得十分重要。

由于公司制企业的组建导致经济实体的存在具有了明确的持续性（虽然其成员可变），从而产生了维护企业生产能力的经济义务。因此需用进一步实用的理论来指导管理层定期计算利润。也因此需要用适当的理论来进行折旧处理，使之作为一项必要的生产成本，而不再是作为一项自愿性的利润储备。

最后，由于公司是在代理管理下的资本集聚，因此有必要用"数据了解"取代投资者的直接了解。财务报表成为股东了解公司事务的媒介，从而使得通过精心选择的账户分类让报表清晰易懂变得更为重要。一度显得学究气的理论，开始于此充分展示其效用，从而远远超出教室进入广阔的实务领域。

各种条件聚合在一起，促进了簿记记录时分析企业业务所遵循逻辑的改进，也提高了提供财务事实时的明晰性。这就是理论——一种对簿记学中定义和概念的完善。同是这些条件中的一部分与另外一些具有更深社会属性的条件一起，共同创造了对专家职业服务的需求，同时也造就了一批能够提供此类服务的专门人才。这就是审计——一种审查簿记数据的方法。此外还有另一些环境条件促使簿记技术本身获得了巨大进步——即所谓成本会计。

因为我们对机器时代太过熟悉，因而难以认识隐藏在成本会计中的巨大革命。正如复式簿记是会计记录方面的一场革命，成本会计则是商业簿记中的一场革命。在商业簿记中，一件物品的成本只是其购买价格，成本会计则是一个十分复杂的产品成本计算过程。

在复式簿记演进的时代，包括随后好几代里，企业大多是商业企业而非工业企业，是贸易而非制造。当时的生产乃是家庭手工作业，是一种谋生的手段而不是为了对其后高于成本的利润进行分配的生产活动。当然，那时也有"成本"——收集来或自家种植的原材料以及家人的劳动，但没有工资，雇员很少，投入资本也不大。那时是不需要成本簿记的。

当人们开始为了货币工资而工作，企业主们将工人和材料集中到一个屋檐下时，开始出现了成本核算问题。这就是所谓"工厂制度"；其成本簿记（如果想要探究的话）也主要是关于材料种类及所产物品数量问题。不过，在当时还真的有一种确定货币成本（材料价格、支付的工资）

的真实需要，其目的在于"检验"售价是否适当。这个目的通过一种一般性方法可以很容易达到，因为"羊毛"和"工资"支出通过贸易支出账户也可以很快确定。

因此，成本会计起源于工厂生产制度。但其成长乃至最终结出果实，却有赖于工业革命土壤之培育。伴随着工业革命，出现了动力机械——起初是水轮机，随后为蒸汽机；机器的使用带来了固定资产、折旧、公司费用（制造费用）等成本核算问题。后来成本核算的性质变得更为明晰，其计算方法也日趋完善。人们用了很多技巧在产品单位之间进行成本分配，以至于成本会计本身最终也被当成一种分解与综合的和谐统一体。但其起源却类同于工业革命复杂的起源：从土地到城镇的转移，由服务向工资的转换，动力机械的发明。如果我们想要对成本会计有充分的理解，这些因素就是其背景。因而，成本核算如同审计和会计理论一样，同样属于环境的产物。

有关会计演进部分历史的故事至此已经讲完。它为我们提供了一份有关商业扩张和经济环境变化对会计之影响的现实画卷。其重点之一为15世纪，当时，由于商业和贸易快速增长的压力，人们将账务记录扩展为复式簿记；重点之二为19世纪，类似压力（这次压力来自商业和工业方面）导致人们将复式簿记扩展为会计。此乃永无止息的历史长河的又一个横断面，其中"……所有事件、条件、制度、个性，皆直接源自先前的事件、条件、制度、个性"。

译　后　记

　　数年辛苦，几番辍而又起，本书终于完成译校付梓，实有如释重负之感。

　　2004 年入恩师郭道扬教授门下，不久即接受了译校利氏本书的任务。恩师十分重视本书，称其为"20 世纪 30 年代以后对世界会计界产生深刻影响的会计历史论著"，认为它开创了史论与史证相结合地系统研究会计、审计问题的崭新格局，具有很高的研究参考价值，他也常引其中经典论断教导我们。就是这样一部影响深远的会计名著，因为多种原因，一直以来却没有中文译本。谈及此事，恩师常以为憾，因而亲自组织安排了本书的译校工作。对利氏这部著作，我也是心仪已久，并为其思想之深邃、论理之精辟以及文字之隽永而深深折服。曾在这方面有过些许经验的我，不揣浅陋，与众同门一起担当起了译校本书的重任。然而，当初译稿一点点汇拢过来，我却越来越感到心惊。要将这样一部精深的著作转换为另一种文字而不失其真意，却是件极大的难事。于本人，实不愿因为我的原因让这部经典名著蒙受任何不敬，译校工作因而变成一个旷日持久的过程。粗算起来，迄今为止已有七八个年头，实愧对恩师和同门的托付与信任。

　　《1900 年前会计的演进》是利氏在其博士论文的基础上修订而成。

1933 年由美国会计师协会（American Institute of Accountants，AIA）出版委员会将其纳入《会计史经典丛书》正式出版，几十年来一直被奉为会计理论的经典，产生了巨大的国际影响。通常人们将它看作一部会计史著作，但它探究和分析会计发展与社会环境之间的关系，其影响之深刻，远在会计史领域之外；它揭示了许多重要的历史事实，论理精深，更是一部深刻的、具有奠基性意义的会计理论论著。它对会计本质及发展演进规律的研究，迄今依然无人能够超越。时光流逝，不但未能减损其光彩，反而因为岁月的沉淀，让其显得更加厚重和深沉。1981 年，美国会计史学家学会再次编辑和出版了该书重印版，著名会计史学家普雷维茨撰写了编者前言，著名会计学家齐默尔曼撰写了序言。Atheneum Press 公司亦曾出版该书精装版，足证其地位之崇高。

本书中译本是集体劳动的成果。恩师郭道扬教授亲自主持翻译的组织工作。本书最终译稿的翻译者为：冉明东（第一、第二、第十九章）、宋小明（第三、第四、第五、第七、第八、第九、第十一、第十三、第十四、第十五、第十七章）、陈正林（第六章）、张志宏（第十章）、张敦力（第十二章）、宋丽梦（第十六章）、李国运（第十八章）、陈敏（第二十、第二十一、第二十二章），宋小明总校。需要说明的是，其中一些章节因为多方面原因后来作了重译，因此以上分工与最初的翻译分工有所不同，颇有不得已之处，敬请谅解。在译校过程中，我们尽了最大努力来保持原书风貌，力求准确传神，但因水平所限，谬误在所难免，敬请读者不吝指正。

感谢立信会计出版社的编校人员在本书出版过程中所付出的辛苦劳动，也感谢在本书翻译出版过程中提供了帮助的各界人士，尤其感谢黄成艮编辑，与他合作是一件十分愉快的事。

宋小明

2014 年 3 月 28 日于上海

会计经典丛书已出版著作目录